KB003454

파워블로거 핑크팬더가 만난 후천적 부자들

부동산 경매시장의 마법사들

이재범 (핑크팬더) 지음

책수레

3 아이 엄마도 할 수 있는 부동산 경매 (앨리스)

〈부동산 경매시장의 마법사들〉을 처음 펴낼 때, 부동산 시장에서 꾸준히 투자하고 성장해 가는 분들을 소개하려는 목적이 컸다. 그분들을 직접 만나 이야기한 인터뷰 내용을 가감 없이 전달하고 싶었다. 내 목소리로 그들의 진심, 원칙, 방법론이 오염되지 않기를 원했다.

당시에도 그랬지만, 지금도 여러 투자자의 경험담과 이야기를 생생하게 전달하는 부동산 책은 거의 없다. 그런 면에서 이 책은 여전히 그 가치가 높고 훌륭하다. 여기 소개한 투자자들은 당시에도 그렇고, 지금도 투자와 사업으로 바쁜 나날을 보내고 있기도 하다.

많은 사람들이 나에게 이 책을 구할 수 있냐고 물었다. 출판사에서 절판되었기에 나로서도 방법이 없었다. 때마침 좋은 책을 읽을 수 없어 안타깝다는 출판사의 제안을 받고, 다시 펴낼 수 있게 되어 무척 기쁘다.

이 책이 출간된 후 부동산 시장에는 많은 일이 벌어졌다. 책이 막 나왔을 때는 부동산 시장에 그다지 온기가 돌지 않았다. 상대적으로 부동산에 대한 관심이 덜했다. 그런 상황에서는 다들 책에서 소개한 투자 방법을 주의 깊게 보지 않았을 것이다.

첫 출간 당시 책에서 소개한 방법대로 투자를 실행했다면, 자신하건대 시간이 지난 지금 훌륭한 투자 수익을 맛보았을 것이라 생각한다. 그렇기에 어떤 독자는 수차례에 걸쳐 읽고 또 읽어 자신의 것으로 만들려 노력했다는 이야기를 나에게 들려줬다.

좋은 투자 책은 초보자가 아닌 투자자들이 알아본다. 초보자는 무엇이 좋은지 알아보기보다는, 꿈과 희망을 주며 가슴이 뜨거운 책만 찾는다. 반면에 오랫동안 투자한 사람들은 책 내용이 투자에 실질적인 도움을 주느냐를 중요한 가치로 받아들인다.

사람들을 현혹하는 투자 책은 많지만, 진솔하게 자신의 투자 방법 등을 솔직하게 이야기한 책은 드물다. 이 책에 나온 사례와 방법은 내 이야기가 아니다. 그래서 더 자신 있게 이야기할 수 있다.

내 이름으로 나가는 책이지만, 실질적인 주인공은 러브, 자유롭게, 앨리스, 제이원, 호빵이다. 그들의 이야기를 사장시키지 않고 또다시 소개할 기회를 얻게 되어, 그 누구보다 내가 더 기쁘다.

몇 년 전의 투자 사례와 방법론이지만, 큰 투자원칙과 철학은 변함이 없다. 투자를 잘한다는 것은 유행에 민감하게 움직이는 것이 아니라, 자신만의 원칙과 방법을 오랫동안 유지하며 적용하는 것이다. 시간이 지났어도 이 책에서 전달하는 내용이 여전히 유효한 이유다.

이미 여러 사람이 읽고 혼자서만 몰래 본 것처럼 당신에게도 그런 기회가 왔다. 여러 번 곱씹어 읽고 체득하여 그들의 투자원칙을 적용한다면, 다음번 마법사는 당신이 될 것이다.

　지금 이 순간에도 전국의 많은 곳에서 부동산 경매 강의를 듣고, 책을 읽고, 현장조사를 하고, 입찰하는 수많은 사람들이 존재한다. 다들 돈을 벌어 경제적 자유를 이룩하겠다는 굳은 결심으로 시작한다.

　하지만 이들 중에서 1년이 지나도 여전히 부동산 경매를 하는 사람은 처음 시작한 인원의 10%도 안 된다. 남은 10% 중에서도 또다시 2~3년 후까지 계속해서 부동산 경매를 하는 사람은 그중에서도 10%가 안 된다.

　돈을 벌어보겠다는 결심으로 시작한 부동산 경매 투자가 쉽지 않다는 것을 알기에 각오를 다지며 노력했는데, 이런 결과가 온 이유는 무엇일까? 도대체 몇 년이 지나도 부동산 경매 투자를 포기하지 않고 끝까지 한 사람들은 어떤 사람들일까?

　나와는 무엇이 달라 그들은 내가 포기한 부동산 경매를 아직도 하는 것일까? 특수물건으로 화려한 수익을 자랑하고 처음부터 많은 돈으로 남보다 앞선 출발선에서 시작한 이유 때문일까?

　몇 년이 지나도 부동산 경매를 하고 있다는 사실은 중요하다. 자신만의 투자 방법을 통해 수익을 꾸준히 내고 있다는 증거다. 도대체 이런 사람들은 어떤 식으로 시작했고 성공을 경험했는지 모든 사람들이 궁금해 한다. 운 좋게도 내 주변에는 엄청난 투자의 고수나 수십억 원을 버는 사람은 없어도, 자신의 능력범위 내에서 꾸준히 수익을 내는 사람들이 있었다. 과연 이들은 어떻게 부동산 경매를 시작했고, 어떤 노력을 통해 지금까지 부동산 경매를 하고 있는지 궁금했다.

이들에게도 분명히 부동산 경매를 모르던 시절도 있었을 것이고, 부동산 경매를 처음 배워 좌충우돌하면서 시행착오를 거듭하던 시절도 있었을 것이다. 이들이라고 책이나 강의를 통한 부동산 경매학습 과정을 거치지 않고, 처음부터 수익을 낸 타고난 투자자는 아니었을 것이다. 누구에게나 걷지도 못하고 기어 다니는 유아 시절이 있던 것처럼.

이들이 직접 들려주는 생생한 목소리를 통해 가감 없이 부동산 경매에 대한 이야기를 들어보고 싶었다. 사람들은 특수물건을 하거나, 한 건으로 엄청나게 큰돈을 벌어야만 부동산 경매를 제대로 한다고 생각한다.

그런 능력자들도 부동산 경매판에는 존재한다. 하지만 진실은 그들보다 훨씬 더 많은 투자자들이 자신의 능력 범위 내에서 무리하지 않는 투자를 통해 안정적으로 수익을 창출하고 있다는 사실이다. 물론 알고 있는 지식과 경험에 따라 '무리한다'는 개념이 달라지겠지만.

사람들이 화려한 연예인들의 삶을 동경하여 그들이 입는 옷이나 라이프 스타일을 추구하면서 과소비를 하는 것처럼, 부동산 경매에서도 자신과는 전혀 어울리지 않는, 부동산 경매 책에서 언급된 수익은 크지만 해결하기 어려운 물건에 뛰어들어, 상대방이 파 놓은 함정에 빠져 수익은 고사하고 가진 종잣돈마저 다 잃어버리고, 투자와는 담을 쌓기도 한다. 부동산 경매 책을 펴낼 정도의 실력자들이 수많은 시간

동안 시행착오를 거쳐 얻은 경험의 결과를 짧은 시일 내에 똑같이 따라할 수 없는데도 말이다.

이 책에서 소개하는 이들은 짧게는 5년에서 길게는 10년 넘게, 부동산 경매로 차곡차곡 자산을 늘리고 수익을 내고 있다. 단 한 건의 투자로 엄청난 수익을 보기보다는 오히려 잃지 않기 위해 투자하는 사람이 더 많다.

남들이 부러워할 능력으로 부동산 물건의 어려움을 해결해서 수익을 보는 것이 아니라, 자신이 할 수 있는 능력 안에서 조금씩 조금씩 원하는 결과물을 하나씩 맛보고 있는 사람들이다.

미취학 아이들을 돌보면서도 꿈을 갖고 움직이는 앨리스님, 신혼이라는 단꿈에서 깨어나서 냉정하게 자신의 현실을 파악하고 투자한 새댁님과 남편님, 꾸준하게 작은 물건으로 월세 소득을 차곡차곡 늘려온 자유롭게님, 사업가적인 마인드로 이론과 현장을 접목해서 실행한 제이원님, 자신의 적성이 이쪽에 있다는 것을 발견하고 즐겁게 투자하고 있는 호빵님이 책의 주인공이다.

최대한 당사자들의 생생한 목소리를 그대로 독사들에게 진달히기 위해서 인터뷰 전문을 실었다. 책을 읽어보면 그들이 대단한 능력을 갖추고 어려운 물건을 해결해서 수익을 본 사람들이 아니라, 누구나 할 수 있는 투자를 한 사람들이라는 것을 알게 될 것이다.

이들은 처음 시작한 그 순간부터 지금까지 수익이 날 때도 있었고 손해가 좀 날 때도 있었지만, 포기하지 않고 꿋꿋이 부동산 경매를 하고 있다. 이들이 어떤 이야기를 할 것인지 궁금하지 않은가? 난 너무 궁금했고, 그 내용을 이렇게 책을 통해 공개할 수 있어 나 자신뿐만 아니라, 이 책을 읽는 모든 분들에게 행운이라 생각한다.

현재 부동산 경매에 관심이 있는 분들은 '누구에게나 처음은 있었다'는 사실을 확인할 수 있고, 이제 막 부동산 경매를 익힌 분들은 어떤 방향으로 투자를 해야 할지에 대한 팁을 얻을 수 있을 것이다.

또한 몇 번의 투자를 통해 부동산 경매에 대한 보다 깊은 모색을 하는 사람은 자신이 앞으로 가야 할 방향을 알게 될 것이며, 이미 충분한 수익을 보는 사람은 자신과는 다른 부동산 투자 방법을 참고할 수 있을 것이다.

부동산 경매에는 스스로 고수라고 떠벌리거나 남들에게 칭송을 받고자 하는 자들이 있다. 제일 좋은 방법은 투자한 물건의 번지수를 알려달라고 하여 등기부등본을 확인하는 것이다. 그렇지 않고 화려한 무용담만 떠벌리며 부동산 경매 초보자들을 현혹하는 사람들은 조심해야 한다.

이에 비해 이 책에 나온 투자자들은 묵묵히 자신의 길을 걷고, 자신의 실력에 맞게 하나하나씩 풀어가며, 실제로 수익을 보고 있는 사람들이다.

책을 통해 확인하라!
당신도 할 수 있다는 것을!

핑크팬더 이 재 범

부동산 경매시장의 마법사들

알콩달콩
부부 경매단

러브님&남편님

러브님과 남편님

블로그 http://blog.naver.com/ssr222

투자 카페 정기모임이라는 곳에 처음 갔을 때 너무 쑥스럽고 누구랑 이야기해야 할지 몰라, 이곳저곳 눈을 둘 곳이 없어 뻘쭘하게 서 있을 때, 나에게 아는 체를 했던 두 사람이 있었다.

나이도 어려 보이는데 두 사람이 부부라며 친근하게 호탕한 웃음과 함께 잠시 이야기를 나눈 것이 인연이 되어, 지금까지 연락을 주고받고 있는 러브님과 남편님이다.

만날 당시 20대 후반이라 '젊은 나이에 무척이나 빨리 투자 분야에 관심을 갖고 시작하는구나'라는 대단하다는 생각과 '벌써 투자에 관심을 갖고 있다니 위험하지 않을까' 하는 걱정도 없지 않아 있었다.

자주 연락하고 만나지는 않았지만, 꾸준히 서로 연락하며 그분들의 생각을 조금씩 알게 되었다. 처음 만났을 때 부동산 경매에 관심을 갖고 시작했던 마음을 아직도 잊지 않고, 끝까지 포기하지 않고 노력한 결과로, 지금은 결실이 하나씩 나오고 있었다.

남들은 신혼이라 알콩달콩 살기 바쁘고, 즐기느라 미래에 대한 특별한 대비 없이 사는 여느 젊은 신혼부부에 비해, 이들은 결혼할 때부터 현재가 아닌 미래를 위해 준비하고 노력해서, 본인들이 원하는 결과를 차곡차곡 하나씩 만들어 내는 모습이 너무 좋아 보였다. 젊을 때 시작하는 것이 얼마나 무서운 일인지 온몸으로 보여주는 부부이다.

결혼하며 부동산 경매를 알게 되다

두 분은 언제, 어떻게 경매를 알게 된 거예요?

러브: 저희가 결혼할 때 없이 시작했거든요. 보증금 1,000만 원에 월세 50만 원인 오피스텔에서 시작했어요. 혼수도 없었고, 양가 부모님께 받은 것도 없었고, 우리가 일어서야 했어요.

저는 결혼할 때 돈 받은 게 없었고, 오빠가 5~6천만 원 있었어요. 그걸로 시작하다 보니까 돈을 굴려야 된다는 생각은 있었고, 그걸 제시해 준 게 경매였어요. 경매를 해서 자산을 늘려보고자 경매 책을 보기 시작했죠. 그걸 읽고 나서 시작하게 됐죠.

그러면 어떻게 해서 경매하기로 마음먹은 거예요?

남편: 저는 재테크에 관심이 많았어요. 펀드나 적금을 하다가, 부동산도 하면 돈을 굴리는 데에 도움이 될 것 같아서 공부했고, 아내가 저보다 실행력이 좋아서 하게 됐죠. 책을 딱 몇 권 읽고 '대박이다', 당장 하자고 했죠.

하자고 마음먹고 그다음에 뭐 했어요?

러브: 저희가 3월에 결혼했고, 6~7월에 한참 경매 책 읽고, 8월쯤

에 바로 굿옥션 1년 치 결제하고 물건을 검색했어요. 그때 많은 책을 읽었고 도움이 많이 됐죠. 책에 수익률 계산하는 게 나오잖아요. 그걸 보면서 개념이 잡혔죠.

4천만 원에 낙찰받아서 보증금 1,000만 원에 월세 30만 원에 내놓으면 수익률이 20% 정도 되니까, 이런 물건을 찾자고 해서 간 곳이 천안에 있는 오피스텔이었거든요.

그때 당시에 금액도 싸서 5천만 원 미만이었고, 보증금 1,000만 원에 월세 35만 원 했어요. 강의도 안 듣고 입찰했는데, 낙찰받지 못했죠. 2~3개 정도 들어간 것 같아요. 그리고 그 해 가을부터 본격적으로 시작했죠.

첫 물건의 임장(현장조사)은 어떤 식으로 했어요?

러브: 처음에 받은 아파트가 평촌에 있는 소형 아파트인데, 제가 그 동네에서 10년 넘게 살았었어요.

그러다 보니 동네도 아는 데고, 그 당시에 어떤 고수분께서 저희가 열심히 하니까, 소형 아파트들은 이렇게 보면 된다고 저를 데리고 여러 군데 임장하면서 많이 알려주셨어요.

첫 낙찰 물건의 낙찰가는 급매보다 1천만 원 정도 저렴한 수준이었어요. 스무 명 넘게 입찰이 들어왔는데, 그걸 다 밟고 낙찰받았어요. 왜 받았냐면, 좋은 지역의 아파트를 실투자금 적게 묶이고 투자 가능했기 때문이에요. 물론 투자방법은 다양해요. 단기 매도도 있고, 대출 많이 받고 보증금이랑 월세 받아서 수익률 세팅하는 것도 있고요.

이 아파트는 무엇보다 전세가가 매매가 대비 높다는 점이 강점이었고요. 신혼부부들은 전세가가 500만 원이 더 비싸다고 해도 집수리가 잘 돼 있으면 그 집부터 가잖아요. 그걸 노리고 돈 안 묶이고 전세로 세팅해서 집을 하나 가지겠다는 목표로 받은 거였어요.

결과적으로는 선순위 대출을 2,000만 원 남기면서도, 당시 전세 최고가를 갱신했고요. 수리비 포함해서 실투자금은 100만 원 정도 밖에 안 들었어요. 이 물건은 2년 좀 넘게 보유하고 팔았는데 중형차 한 대 값 조금 안 되게 수익을 얻었죠. 그렇게 시작했어요.

📋 물건분석은 살고 있는 지역부터

처음 시작했을 때 어떤 관점으로 물건을 검색하신 거예요?

러브: 처음에는 저희가 배운 게 전세 투자이다 보니까 그런 물건들 위주로 찾았어요. 그 조건은 매매가 대비 전세가가 높은 동네죠.

그러다 보니까 그 당시에는 수도권 소형 아파트를 많이 봤죠. 그런데 이게 낙찰받기 쉽지 않은 거예요. 저희도 첫 낙찰을 감정가 대비 90% 이상으로 받았었고, 몇 번 하면서 보니까 '이게 아닌가' 하는 생각도 들더라고요.

이후에 저희가 눈을 돌린 게 레버리지 효과를 이용해서 대출 많이 받고 월세 세팅해서, 한 달에 이자 내고 뭐 내고 20만 원이 남으면, 그게 10채면 200만 원이 된다는, 그런 단순한 생각으로 거기에 맞는 물건들을 보기 시작했어요.

매매가 대비 전세 90% 수준의 물건을 어떤 식으로 찾았어요?

러브: 국토교통부 실거래가를 통해서 봤죠. 거기에 매매가랑 전세가 나오니까요.

'매매가가 1억원이면 전세는 9,000만 원이다.' 이걸 알아야 되는데, 알아가는 과정에 있어서 봐야 할 물건이 엄청 많은데, 어떤 식으로 하나씩 했냐는 거죠.

러브: 일단 그래서 아는 지역부터 봤어요. 저희가 산본에서 신혼집을 시작했고 평촌에서 오래 살았으니까, 그쪽부터 봤거든요. 하나하나씩 다 확인하면서 본 거예요. 딱 보고, 전세가 보고 '이거 괜찮네', '이 지역 전세가 높네' 하는 식으로 지역을 하나하나씩 찾았어요. 그리고 현장에 나가서 실수요자 컨셉으로 '전세 구하려고 하는데 전세 물건 있냐'는 식으로 확인했어요.

처음 낙찰받았을 때 느낌은 어땠어요?

러브: 그날 저희 남편과 같이 법원에 갔어요. 사람 엄청 많잖아요. 저는 밖에서 기다리고 있었고 남편은 안에 들어갔죠. 안양 법원은 입찰자가 많은 것부터 개찰을 해요. 첫 번째로 하더라고요. 그래서 일단 남편이 들어가고 저는 밖에서 입찰가가 얼마 되는지 적고 있는데, 17명 중에 저희보다 높은 게 없는 거예요.

가슴이 두근거리기 시작하는데 낙찰자가 될 것 같았죠. 남편이 영수증을 받고 나오는데 '드디어 내가 백만장자의 대열에 들어섰구나.' 하는 생각이 들었고 너무 좋았죠. 지금도 그때의 심정이 떠올라요.

소재지				도로명주소검색			
물건종별	아파트	감정가	130,000,000원	오늘조회: 2 2주누적: 0 2주평균: 0 조회동향			
대지권	23.532㎡(7.118평)	최저가	(80%) 104,000,000원	구분	입찰기일	최저매각가격	결과
				1차	2010-	130,000,000원	유찰
건물면적	35.1㎡(10.618평)	보증금	(10%) 10,400,000원	2차	2010-	104,000,000원	
				낙찰 : 125,110,000원 (96.24%)			
매각물건	토지 건물 일괄매각	소유자					
				매각결정기일 : 2010. - 매각허가결정			
개시결정	2010-05-31	채무자		대금지급기한 : 2011.			
				대금납부 2011. / 배당기일 2011.			
사건명	임의경매	채권자	중소기업은행	배당종결 2011.			

러브님의 첫 낙찰 물건

📝 명도는 원만하게

명도는 어떤 식으로 했어요?

러브: 명도는 남편이 했어요.

남편: 채무자 이름인데 알고 보니까 장모가 살고 있더라고요. 장모를 소액임차인으로 해놓은 거예요. 가서 만나니까 할머니는 모르쇠로 일관했어요. 그래서 내용증명 하나 간단하게 보내니까, 할머니 아들한테 전화가 오더라고요. 채무자는 사위이고 할머니 아들한테요. 채무자의 처남이죠.

우리 엄마 나이도 많으신데, 이게 뭐냐고 놀라서 전화했다는 거예요. 협상 테이블이 꾸려져서 이사비를 얼마 달라고 하는 걸, 잘 얘기해서 어느 정도 적당히 주고 원만하게 마무리했습니다.

이사비에는 뭘 포함해서 준 거예요? 어떤 식으로 지급했어요?

남편: 공과금을 포함해서 이사비를 줬어요. 50만 원인가 관리비가 밀렸는데, 그거 포함해서 이사비랑 지불했어요.

명도할 때 큰 어려움은 없었나요?

남편: 큰 어려움은 없었던 것 같아요. 처음이다 보니까 저도 긴장하고, 그 사람도 처음이라서 긴장하고요. 법원 가서 사건 열람해서 서류를 보니까, 이 사람들도 입찰을 했었더라고요. 어머님 이름으로요. 돈이 없는 사람은 아니라는 생각이 들었어요. 돈이 없는 사람이면 어느 정도 사정을 봐줄 마음이 있었는데, 그런 것이 아닌 게 포착되니까 굳이 이사비를 줄 필요가 없다는 생각이 들었어요.

원만하게 큰 소리 없이요?

남편: 네, 큰 소리 없이 잘 이사 나갔어요. 제가 합의서에는 백 얼마 주기로 했는데, 20만 원을 더 달라고 하더라고요. 그래서 제가 나중에 주겠다. 따로 주겠다고 하고 키 받으러 만났는데, 솔직히 일부러 3만 원만 넣고 갔어요. 그런데 키 주면서 20만 원 달라고 하더라고요.

꼬깃꼬깃한 돈으로 3만 원밖에 없다고 죄송하다고 했어요. 이게 무슨 소리냐고 혼나고 나서 깔끔하게 입금해 줬습니다. 단호하더라고요. 자기가 거지인 줄 아냐고. 그래서 죄송하다고 했어요.

📝 내 물건의 인테리어는 직접

명도 끝나고 인테리어는 어떻게 했어요?

러브: 인테리어 할 때도 저희는 처음에 알려주신 분 도움을 많이 받았어요. 인테리어의 순서가 어떻게 되는지 모르니까요. 화장실 먼저 해야 하는 건지, 부엌을 먼저 해야 하는지 등등. 전혀 개념이 없었거든요. 그분 통해서 도움을 많이 받았고, 인터넷 카페에 가면 인테리어 후기 많잖아요. 거기에서 인테리어 이미지도 많이 참고해서 잘 했어요.

맡긴 게 아니라 직접 했어요?

러브: 직접 하기는 했어요. 가르쳐 주신 분이 순서는 화장실부터 하는 거라고 알려 주셨고, 그분이 추천한 업체도 있었고요. 기본적으로 저렴하게 하려면 '내가 감리 역할을 해야 한다', '1:1로 컨택해서 수주해야지 저렴하게 한다'라고 알려주시더라고요.

화장실 따로 연락하고, 싱크대 따로 연락하고, 조명도 따로, 도배 장판도 제가 직접 방산시장 가서 골랐어요. 그렇게 스케줄 잡고, 그렇게 진행했죠.

일을 맡길 때 카페에 올라온 자료를 참고해서 이렇게 해달라고 일을 맡긴 거예요? 사진 보여주면서?

러브: 사진도 보여주고, 타일도 원하는 스타일이 있어서, 제가 직접 방산시장 나가서 타일 골라서 그걸 의뢰했죠. 사진 자료가 많이 도움이 되더라고요. 그런 거 위주로 해서 컨셉을 마음속에 잡고, 가서 설명

할 때에도 '하늘색 타일인데 길쭉하게' 그렇게 했죠.

첫 번째 물건 인테리어 비용이 어느 정도 들어간 거예요?

러브: 600만 원 정도 들었어요.

남편: 분양 받은 사람이 오래 살다 보니까, 너무 지저분해서 전부 수리를 했어요.

수리 끝나고 부동산 중개업소에 내놨죠? 얼마 만에 계약이 됐어요?

러브: 수리 도중에 계약이 됐어요. 그래서 '조금 더 비싸게 내 놓을 걸' 하고 후회를 했죠. 1억 1,500만 원으로 전세 최고가를 갱신한 거예요. 사실 말이 안 되는 게, 이 집을 급매로 1억 4천만 원에 살 수 있다고 했거든요. 대출이 2천만 원 있었고 전세 1억 1,500만 원이면, 말이 안 되잖아요? 그런데도 들어오더라고요. 집이 예쁘니까 금방 나간 거죠. 그 물건을 계기로 '인테리어를 하면 되는구나.' 생각이 들었죠. 그리고 인테리어를 시작하게 되었죠.

📝 물건선정과 입찰가격을 부부가 함께 결정

첫 물건 끝난 다음에 '경매를 본격적으로 해 볼까' 그런 마음을 갖게 된 거예요?

러브: 네. 저는 길 건너에 있는 아파트에서 10년 동안 월세를 살았는데, 저희 부모님은 투자 개념이 없으셨거든요. 내가 지나다니면서

늘 보던 아파트가, 내가 직접 살지는 않지만, 내 집이 됐다는 게 감동적이었거든요. 이건 된다고 생각했죠. 그때부터 열심히 경매하자고 결심했죠. 성과가 눈에 보였으니까요.

그리고 나서 그런 물건만 계속 본 거예요?

러브: 역세권 소형아파트를 봤는데 첫 번째 물건 처리하는 도중에 또 낙찰받았어요. 2010년 겨울에 첫 낙찰이었고, 두 번째 낙찰이 2011년 초였거든요. 신도시에 있는 오피스텔이었는데 그것도 역시 마찬가지로요.

오피스텔은 전세가가 의미 없기는 하지만, 보증금 1,000만 원에 월세 60만 원 정도 나오는 물건인데, 감정가가 매매가 대비 최소 2천만 원가량 저렴했던 거예요.

그래서 신건에 들어갔어요. 신건에 들어가서 낙찰을 받았어요. 이 물건도 처음에 저희 많이 가르쳐주신 분과 함께 임장 갔다가, 이 정도면 괜찮다고 추천해주셨던 물건이에요.

단독?

러브: 두 명 들어왔어요. 낙찰가 정할 때 엄청 고민하다가 욕심을 내서 신건인데 700만 원을 더 썼나? 2등은 꼬리만 붙이셨더라고요. 200만 원 더 썼어요. 그래서 500만 원 차이로 받았죠.

낙찰 가격 산정할 때 어떤 식으로 의논해요?

러브: 처음에는 대중없었어요. 그냥 급매가보다 싸야 하지 않을까?

급매에서 명도비 빼고 수리비 빼고 이런 식으로 계산했죠. 맥시멈 금액을 정해 놓고 이 물건이 얼마나 탐나냐에 따라서 맥시멈까지 쓸 것인가, 꼬리만 붙일 것인가, 그런 식으로 결정하는데 사실 지금도 뚜렷한 기준은 없어요. 어떻게 입찰하냐고 하면 얘기는 못 하겠지만, 뭔가 이제는 감이 생겼으니까요.

4년 정도 하다 보니, 이 정도면 낙찰받지 않을까? 낙찰받고 후회하지 않을까? 둘이 하는 얘기가 있어요. 욕심 나는 금액은 2~3천만 원 더 질러야 할 때가 있잖아요. "그렇게 질렀는데 단독이야. 괜찮아?" 거기에서 생각하죠. 무조건 받아야겠다는 건 그런 식으로 쓰고요.

두 사람이 가격 산정할 때 대략 1억 1천 정도는 일치했는데, 세부적으로 들어가면 의견이 갈릴 수 있잖아요. 그럴 땐 어떤 식으로 결정해요?

러브: 돈 가진 사람 얘기를 듣죠. (웃음)

남편: 저는 덜 쓰자. 이쪽은 조금 더 쓰자.

러브: 두 번째 낙찰받은 오피스텔은 남편이 2백만 원 더 쓰자고 한 거예요. 원래 감정가에 500만 원 더 쓰려고 했는데 누군가가 6백만 원을 더 쓸 것 같대요. 600만 원에 꼬리를 붙여서 680만 원 얘기하는데, 이왕 그럴 바에는 앞자리 올리자고 해서 감정가에 700만 원을 더 붙이게 된 거예요. 입찰가 산정하는 건 욕심을 어떻게 컨트롤하느냐 같아요. 안 그러면 끝도 없이 올라가니까요. 욕심을 덜 갖는 사람 위주로 생각을 하죠.

남편: 입찰가를 적게 쓰고 싶다는 건 수익을 많이 내겠다는 의미잖아요. 그러니 역으로 생각하면 수익에 대한 욕심을 좀 버리면 입찰가

를 좀 더 쓸 수 있다는 뜻이기도 하더라고요. 덜 먹어도 수익이 나는 물건이면 괜찮은 것 같아요.

러브: 사실 1,000만 원 더 써도 저희는 항상 대출 80% 받으니까 실투자금은 200만 원 더 들어가는 거잖아요. 그렇게 생각하면 한도 끝도 없이 올라가요. 매매가 기준으로 해서 세금 떼고 뭐 하고 했을 때 얼마 정도 수익을 볼 것이냐, 거기에서 이제 왔다 갔다 하죠.

두 사람이 항상 법원에 같이 가지는 않죠? 그러면 집에서 나름대로 결정을 했어요. 그런데, 현장에서 바뀔 수도 있잖아요. 그런 경우 없으세요?

러브: 바뀐 적은 없어요. 아니면 법원에 한 명이 갔을 때 분위기라는 게 있잖아요. 그러면 조금만 더 쓰자 할 때도 있는데, 그래 봤자 100만 원 정도예요.

100만 원 더 쓰자고 본인이 결정했을 때 전화 연락해서 합의해요? 본인이 질러요?

러브: 그냥 얘기하죠. "100만 원만 더 쓸까?"라고. 그럼 "100만 원만 더 써" 하죠. 그래 봤자 20만 원 차이거든요. 80% 대출이니까요.

그러고 나서 욕한 적 없어요. 왜 더 썼어?

러브: 있죠. 두 번째 낙찰받은 오피스텔요. 500만 원 차이가 났으니까요. "무슨 욕심이 이렇게 많냐?" 낙찰받고 나서 뭐라고 했죠.

📝 전세가격은 매년 올라갔다

두 번째는 신건에 들어간 거잖아요. 그때는 초보였을 텐데. 과감하게 들어가 수익은 괜찮았어요?

남편: 네, 전세가 낙찰가 이상으로 올라서, 지금도 계속 전세 놓고 있어요.

러브: 오피스텔은 수익률로 접근하기 때문에 월세 놓고 진행해야 되는 물건이에요. 은퇴하고 나서 자금이 많은 분들이 할 수 있는 것이지, 저희 같은 사람들이 하는 게 아니더라고요. 거기가 지하철역 바로 앞이라 입지가 좋아서 갖고는 있는데, 욕심처럼 팔지는 못하고 있죠.

남편: 이상하게도 팔리지는 않는데 전세는 잘 나가요.

러브: 전세 물건이 없으니까요. 아파트 전세도 그렇지만 오피스텔은 더더욱 없잖아요. 그냥 나가더라고요. 현재 전세가격이 당시 낙찰가보다 1천만 원가량 높아요. 지금은 그냥 대출도 없고, 사실 세입자분 돈으로 명의만 우리 집이지, 공짜로 갖고 있는 집이나 마찬가지죠.

남편: 1년 단위로 계약을 갱신하면서, 1년에 500만 원씩 올려 받았으니까요.

뉴스에 나오는 것처럼 전세 사는 사람이 부자인 셈이네요(웃음).

러브: 계약하러 가면 물어봐요. 어떻게 돈을 이렇게 많이 모으셨냐고요.

두 건 끝나고 천안에 가게 된 거예요?

러브: 천안은 두 건 받기 전에요. 첫 낙찰은 2010년 겨울이라고 했잖아요. 천안은 그해 8월에 간 거니까요. 첫 임장지가 천안이었던 거죠.

천안이나 그쪽에?

러브: 2011년이죠. 순서대로 말씀드리면 신도시 오피스텔을 하고 나서, 그해 봄에 오피스텔을 또 받았어요. 서울에서요. 그것도 마찬가지로 신건이었고, 20~30개가 개별 경매로 나왔는데, 거기에서 실수했어요. 시세 조사를 잘못한 거죠. 부동산 중개업소에서 말한 시세를 크로스체크 하지 않고, 높게 이야기한 시세를 철썩같이 믿은 거죠.

웃긴 게, 다른 부동산 중개업소에서 보증금 1,000만 원에 월세 50만 원으로 이미 말을 들었는데도, 보증금 1,000만 원에 월세 75만 원이라는 이야기를 들으니까, 그걸 믿게 되더라고요. 거기에서 참.

제가 그 집에 혼자 왔다 갔다 하면서, 페인트칠을 하고 타일도 그때 처음 붙여봤는데, 하면서 진짜 엄청 울었거든요. 내가 이걸 무슨 부귀영화 누리겠다고 받아서 생고생을 하나 했는데... 그리고 나서 그해 여름에 지방 아파트로 갔어요.

📄 임대가격은 정확하게 파악해야

서울에 있는 오피스텔은 실수라고 했잖아요. 수익률 때문인가요?

러브: 네.

남편: 시세 조사를 했을 때, 보증금 1,000만 원에 월세 50만 원이면, 이 물건 들어가면 안 되는구나 했는데, 잘못 들은 거죠. 홀린 거죠.

보증금 1,000만 원에 월세 75만 원 얘기하니까. 그건 뭐 서울에서는 나올 수 없는 수익률이다 생각하고 흥분한 거예요.

그래서 감정가에 2천만 원 가까이 더 적어서 낙찰받았어요. 감정가가 잘못되었다고 생각하고. 그렇게 해도 수익이 난다고 생각했으니까요. 위안이라면 다행히 차순위랑 그렇게 차이가 크지는 않았다는 거?

그렇게 해서 받았던 건데, 개별 경매가 나오면 물건이 한꺼번에 쏟아지니까 가격이 좀 내려가잖아요. 서로 먼저 놓으려고 경쟁하니까요. 저희는 묵묵히 몇 달 동안 수리하고 임대를 내놨어요.

내놓는 날 부동산에서 올라와서 보더니 너무 깜짝 놀라는 거예요. 여기에서 이런 집 상상한 적 없다고. 자기네가 브리핑 잘하겠다고. 결론적으로 기존 시세보다 보증금도 더 높고 월세도 더 높게 세를 놨어요. 그나마 전화위복이라 생각했어요.

그리고 오피스텔 특성상 세입자들이 오래 살지 않아서 계약 기간을 다 채우지 못하는 경우가 많은데요. 그럼에도 불구하고 이분들이 피터팬 카페 같은 데에 직접 매물을 올려서, 한 달 내에 알아서 새로운 세입자를 맞추시더라고요. 집이 예쁘니까요.

그래서 덕분에 복비를 처음에 내고, 그 이후에는 낸 적이 없는 것 같아요. 당연히 지금은 처음 세 놓은 금액만큼은 받지 못하지만 그래도 그냥 세금 내고 이자 내고 하면서 밥벌이는 해요.

초창기에는 결국 오피스텔, 소형 아파트하고 그 이후에 그런 쪽만 노리고 한 채 한 채 늘려서 월수입을 늘리자, 이런 식의 전략을 짜고 그쪽으로 가기로 한 거예요?

러브: 저희가 그 오피스텔 하면서 너무 마음고생을 한 게, 어떻게 보면 잘된 것 같아요. 지금 생각해 보면 나중에 크게 실수할 수도 있을 건데, 그때 미리 한 번 실수해서요. 사실 실수라고 할 수도 없죠. 똔똔이니까 괜찮아요.

"시세 조사를 할 때 우리가 너무 쉽게 한 부분이 있었구나." 마인드 컨트롤 하는 걸 그 오피스텔로 배운 거예요. 이걸 수리하고 세 놓기까지 기간도 꽤 걸렸어요. 봄에 낙찰받고, 세 놓은 게 여름이니까요.

둘이 얘기를 많이 했어요. 앞으로 어떤 식으로 투자할 것인가. "일단 오피스텔은 하지 말자. 돈 있는 사람들이 수익률 보고 하는 거지, 오피스텔은 전세 투자 하는 게 아니다." 그때 처음 깨달았죠.

또 포트폴리오라는 것에 대해서 개념이 생기기 시작했어요. 처음에 저희가 했던 전세 끼고 하는 아파트 같은 건, 실투자금이 얼마 안 들면 괜찮다고 생각했었죠.

그런데 이걸로만 해서는 큰돈 모으기 쉽지 않다는 결론을 내렸어요. 그때는 외벌이었으니까요. 월급 외에 우리가 수입을 낼 수 있는 것들은 어떤 것일까 고민했죠.

"한 달에 100~200만 원 이상 월세 수입 받는 게 뭐가 있을까?" 생각해 보니까 상가더라고요. 저희가 아마 그때부터 상가를 나름대로 현장 답사 다녔을 거예요.

잘 모르지만, 시중에 나온 상가 관련 책을 보면서 대략 감을 잡고, 여러 군데 상가 돌아다니면서 상권도 보고, 그때부터 지속적으로 상가에 대한 지식을 쌓아 나갔어요.

결과적으로 작년에 상가를 낙찰받아서 세를 받기 시작했는데, 사실 오피스텔 투자할 때 대출받는 게 쉽지 않아서, 세를 놓기 전까지 투자금이 거의 다 묶여 있었어요. 돈이 없으니까 물건을 봐도 못 들어갈 건데도 공부했었거든요.

그래서 일단 "오피스텔과 소형 역세권 아파트는 한계가 있다. 다른 데로 눈을 돌려 보자." 생각했죠. 그러다가 지방에서 부동산 붐이 일어났어요. 사실 생각해 보면 끝물이었어요. 막차 탔어요.

그때 당시 읽은 책에서 '나만의 엘도라도를 찾아라'라는 부분을 보면서 '지방에서 사람들이 돈을 벌고 있구나' 생각을 했죠. 막차라는 생각은 안 하고 '나도 하나 갖고 싶다'는 마음만 앞섰죠.

📄 나만의 엘도라도를 찾아보다

그게 2012년 여름인가요?

러브: 네, 여름에 수리 다 하고 세 놓고, 지방을 가보자고 생각했죠. 저는 검색할 때 항상 집에서 노트북 들고 스타벅스에 나가서 해요. 이틀 동안 찾았어요. 그 전에 매각된 거 보면 낙찰가율이 보이잖아요. 100% 넘어가는 게 수두룩한 거예요.

'이렇게 해도 돈이 되나?' 생각되어 부동산 중개업소에 전화해 보면 돈이 되더라고요. 매매가가 계속 오르는 상태이니까요. 엘도라도를 찾으라는 것에 꽂혀서, 아직 손 안 탄 걸 하고 싶은 거예요. 개척하고 싶었던 거죠.

그렇게 한 지역을 찾게 되었는데, 거긴 네이버 부동산으로 봐도 부동산 중개업소 자체도 많지 않고, 서너 군데 전화해봤는데 말하는 게 다 달라요. 그리고 할아버지나 할머니가 운영하는 부동산이 많다 보니까, "4천만 원에도 안 팔려요." 하더라고요. 마지막으로 젊은 분이 하시는 부동산 중개업소에 전화하게 됐는데, 그거 팔아 줄 수 있다고 하시는 거예요. 믿음이 가더라고요.

감정가가 4천만 원대 중반이었고 그때 당시 부동산 중개업소에서 6천만 원에 거래할수 있다고 했어요. 전세도 없으니까 5천만 원에 빼 보겠다 하셨고, 그래서 다음 날 KTX 타고 내려갔어요. 나름 KTX 역세권이었거든요.

내려가 부동산 중개업소에 가서 얘기하고 괜찮겠다 싶더라고요. 입찰하는 당일에도 제가 혼자 새벽에 KTX 타고 내려갔죠. 10명인가 들어왔는데 감정가보다 800만 원 정도 더 적어서 낙찰받았어요. 2등이랑 100만 원도 차이 안 났고요. 받고 나니까 '나도 트렌드를 탔구나' 하는 생각이 들었죠.

그런데 그 집은 지방이다 보니까, 제가 아는 업체들을 불러서 할 수가 없어서 수리가 어려웠어요. 수리할 때 제가 3박 4일 동안 내려가서 찜질방에서 자면서 페인트칠하고 수리했고, 3일째부터 남편이랑 놀고 있는 제 남동생을 오라고 해서 셋이 했죠.

지방이 재미있는 게, 아파트 단지가 있으면 경비실과 관리실이 여러 가구의 사정을 속속들이 다 안다는 거예요. 경비원들과 관리소 직원들의 파워가 되게 세요. 관리소장님이 젊은 분이셨는데, 수리한 것을 보시고 전세 얼마에 낼 거냐고 물으시더라고요. 5,000만 원에서 5,500만 원 정도에 낼 거라고 했더니, 그 가격에는 안 나간다고, 많이 받아 봤자 4,500만 원이라고 말씀하시는 거예요. 자기 아는 사람 이 집 구하니까, 그 사람한테 얘기해 보겠대요.

우리는 4,500만 원에 안 한다고, 부동산 중개업소에 5천만 원을 얘기했다고 했더니 그건 말도 안 되는 시세래요. 그런데 수리하고 나서 일주일 만에 금방 나갔는데, 5,500만 원에 나갔어요. 그 집은 타일도 다 제가 하고, 화장실도 그렇고요. 업체 불러서 작업한 건 도배 장판하고 싱크대밖에 없었거든요.

그렇게 하고 나니까 수리 비용이 300만 원도 안 들었고, 그 동네에서는 휘둥그레지게 수리가 된 물건이고, 그래서 5,500만 원에 나갔고, 복비 내고 이것저것 다 계산해 보니까 200만 원 정도 들었더라고요. 그렇게 했어요. 그런데 하고 나서 보니까 또 막차였어요.

남편: 막차라기보다는 손이 안 탄 데는 손이 안 타더라고요. 탄 데가 또 타고 하는데, 거기는 처음부터 안 탄 데라서 지금도 안 타요, 그냥 사정사정해서 나중에 팔았죠.

혼자 가니까 그렇죠, 여러 명이 같이, 흔히 말하는 작업을 해야 되는데.

러브: 그래도 팔았어요. 얼마 전에 팔았죠. 지방이 어려운 게, 지방은 한 번에 여러 개를 해서 부동산에 맡겨서 소식을 들어야지, 하나밖에 없으니까, 우리도 신경 안 쓰고 잘 몰랐거든요. 그런데 이 지역 전체 인구가 10만명인데 900세대 정도를 분양한 거예요.

신규로 분양하니까 저희 아파트가 소형 아파트였는데 물건이 안 빠지는 거예요. 투자자도 안 붙고요. 그래서 부동산 중개업소에 내놨는데, "팔 수 있을까 모르겠네요?" 하면서 가격을 후려치시더라고요.

남편: 6~7개월 지나도 소식이 없었는데, 관리실에 내놓고 나서 2주 만에 연락이 오더라고요. 지방은 진짜, 완전, 관리실 파워가 세요.

러브: 그리고 계약을 하러 내려갔는데요. 그 자리에서 또 깎더라고요. 이거 참. 우리는 KTX 타고 내려갔으니까 그냥 없던 거로 하고 올라오기도 그렇고 하니까, 그걸 잘 이용하시더라고요.

남편: 셀프 수리하다 보니까 그때는 깨끗해 보였는데, 시간이 지나 화장실 타일 붙인 것도 약해지고, 집도 지저분해지더라고요. 또 전에 살던 사람이 애 키우던 사람인데, 저희가 내려가서 집 상태 확인하고 보증금을 돌려주기는 힘들잖아요.

그래서 알아서 하라고 했는데 약간 파손된 게 있다 보니까, 그 자리에서 또 후려치더라고요. 사정사정하면서 조금만 후려쳐달라고 부탁하고, 간신히 설득해서 법무사에서 계약서 썼어요.

그러면 관리 소장님들 수수료 주고요?

남편: 많이 후려치셔서 바로 법무사 사무실 가서 했어요.

러브: 그렇게 수익이 많지 않아요. 한 달 월급 정도인데 그래도 그냥 지방도 해 봤고 가서 돼지국밥이라도 먹고 온 게 경험이죠.

남편: 저희는 다양한 뭔가 했는데 엄청나게 큰 수익은 없었어요.

러브: 그런데 그런 경험이 이제 자산이 된 것 같아요. 우리는 여태까지 투자하면서 잃은 게 없거든요. 잃지 않았고, 계속 꾸준히 하고 있죠. 우리 집에 TV가 없잖아요. 둘이 저녁 먹고 강아지 데리고 산책 나

가요. 1시간 반 내지 2시간 정도 걷는데, 걸으면서 하는 얘기가 경매 얘기밖에 없어요. 둘 다 아주 미쳐 있는 거죠. 1년, 2년, 3년, 이제 4년이 되니까 습관이 된 거예요.

예전에는 어둡고 컴컴한 데에서 빛을 보고 물건을 봤다면, 이제는 볼 수 있는 시야가 넓어졌죠. 그래서 예전에 우리가 했던 투자에 대해서 스스로 평가도 하고, 좋은 경험이었다고 얘기하기도 해요. 만약에 그 과정이 없었다면 지금도 보는 물건만 보고 있었을 거고, 발전도 없었을 텐데 말이죠.

어쨌든 간에 꾸준히 하다 보니까, 이제는 진짜 스타트 라인에 선 것 같은 기분이 들기도 하고, 이제는 하게 되면 제대로 된 것들만 할 수 있겠다는 확신이 오더라고요.

남편: 어디에서 본 글인데 대나무가 성장하려면 뿌리부터 5년 큰다고 하더라고요. 그럼, 우리는 칡인가?

러브: 진짜 뿌리가 많이 컸어요. 알게 모르게요. 나중에 복기가 되니까요. 지방 투자도 지금 돌이켜 보면, 그때 당시에 지방이 오를 수밖에 없었던 에너지가 있었고, 저희가 투자한 지역은 변두리였기 때문에 많이 안 탄 거였죠. 이런 것들을 알게 되니까, 재미있더라고요.

산업단지를 봤어야 했는데.

남편: 그런 거 안 보고 전세가가 매매가 대비 싸네, 오르겠네만 생각했죠. 단순히 1~2천 오르겠지 했는데 안 오르더라고요. 크게 보는 눈도 생기고, 다 중요한 경험인 것 같더라고요.

러브: 예전에는 무슨 호재가 있다고 하면 그런 것에 대해서 잘 모르

겠다는 생각 때문에 못했거든요. 이젠 나름대로 기준이 생기니까, 어떤 식으로 작용하겠다, 작용할 수 있겠다. 그런 생각이 들고요. 그러면 먼저 잡아 놓으면 그게 나중에 도움이 되겠다는 생각이 들기도 하고, 응용이 되더라고요.

삼성빌라 Before & After

📝 부동산 경매로 부모님께 효도

지방까지 투자하고 나서 그다음부터 어쨌든 돈도 묶여 있고, 그러면서 투자의 다른 방향 모색을 하는 시간이 들어간 거잖아요.

러브: 오피스텔에서 세도 나오니까, 보증금은 회수했고요. 다른 방법을 모색해봤는데, 모색한다고 바로 길이 열리는 게 아니더라고요.

그래서 그다음에는 저희가 주택 물건보다는 상가를 보겠다고 여러 군데 돌아다녔어요. 이제는 우리가 주변 정리해 볼까 싶어서, 저희 엄마 사는 집부터 매도를 고려 중이에요.

아까 말씀드린 것처럼 첫 번째 낙찰받은 아파트 옆에서 10년 동안 보증금 1,000만 원, 월세 50만 원에 살고 있었거든요. 그게 너무 싫은 거예요. 엄마를 우리 집으로 이사 시켜 보자 생각하는데, 우연히 집 근처에 너무 싸게 떨어진 빌라가 있는 거예요.

세만 보고 들어가도 괜찮겠더라고요. 아파트 단지 사이에 있고, 연식도 10년밖에 안 됐고, 그래서 낙찰받아 그 집으로 이사 보내드렸거든요. 물론 저희가 그 집에 한 달 이자가 30만 원 나가는데, 엄마한테 45만 원 받았어요.

집 명의는 누구로?

러브: 제 이름으로 받았어요. 빌라가 좋은 점은 대출이 잘 되더라고요. 감정가 대비 70% 정도에 낙찰받았어요. 제1금융권에서 대출을 받았어요. 원래 80% 얘기했는데, 대출 담당자가 몇 번 얼굴 보고 얘기하시더니, 낙찰가 대비 87% 정도 대출을 해줬어요.

원래 살던 집의 보증금 1,000만 원이 있었으니까, 엄마가 1,000만 원 보태고, 실거주용으로 신경 써서 수리했어요. 수리비 1,000만 원 들었고, 제반 비용이 나갔고요.

그 집에 1,500만 원 정도 투자가 됐으니까, 엄마한테 돈을 받았었는데, 지금은 이자만 내시라고 한 상태죠. 다 해드릴 만한 상황은 아니니까, 이제는 30만 원만 받고 있어요. 되게 좋아하세요.

처음 입주할 때 행복하셨겠네요?

러브: 무척 좋아하셨죠.

본인 집인 거잖아요. 어머님 명의는 아니지만...

러브: 그렇죠. 그래서 사실 그건 얼마 전에 팔려고 했어요. 저희가 7천만 원대에 낙찰받았거든요. 실거래가를 보니까 최소 1억 1천만 원에는 팔 수 있을 것 같다 싶어서 팔려고 하는데, 집의 문제가 뭐냐 하면 탑층이란 거예요.

방은 두 개이고, 화장실이 되게 작고, 주방 겸 거실이 있고, 전용면적은 12평이에요. 그래도 앞 옥상이 넓고 화단이 있어서, 이런 거 찾는 사람한테는 어필이 될 것 같더라고요. 일반 투룸보다는 나으니까요. 햇볕도 잘 들고요. 예쁘게 해서 팔려고, 400만 원을 들여서, 옥상에 데크를 짰어요. 이제 진짜 예뻐졌거든요.

그런데 사람들이 안 사네요? 그리고 우리 엄마도 판다고 하니까, 그때야 "사실 있잖아" 하면서 계단도 높고 기타 불만 사항을 말씀하시는 거예요. 그래서 빨리 팔아서 이사시켜 주겠다고 했죠.

그런데 막상 매물 올리고 사람들이 보러 오니까, 아쉬운 거예요. 이사 가려고 하니까 아쉽더라고요. 그래서 결론은 그냥 사시라고 했죠. 1억 3천만 원에 내놨는데, 팔리면 땡큐고, 안 팔려도 살고 있으면 되니까요.

남편: 저희끼리 하는 우스갯소리로 가족 대기 수요가 있거든요. 저희 아버지랑 동생들이 그 집에 살면 되니까요. 가족 공동체 타운하우스? 어머님을 다른 데로 이사 보내드리면서요.

가족끼리 돌리면서 가격 올리겠는데요? 하하.

남편: 동생 신혼집으로 써도 되고요.

러브: 집이 괜찮아요. 참, 그 빌라 낙찰받을 때 우리 동네에 아파트가 또 괜찮은 게 있더라고요. 19평짜리가요. 엄마 빌라는 꼭 낙찰받자 생각하면서, 가는 길에 아파트도 하나 넣어봤는데, 그게 된 거예요. 이 아파트도 첫 낙찰 물건처럼 전세 세팅을 했고요.

역세권 소형 아파트는 전세가가 기본적으로 받쳐주기 때문에 굳이 팔 필요가 없고 해서, 좋은 물건은 받아서 갖고 있는 것도 괜찮겠더라고요. 여차하면 나중에 들어가 살 내 집이 있다는 게, 고향처럼 느껴지기도 하고요.

당동 물건 Before & After

📄 상가 투자를 결정하다

현재로서는 두 분의 경매 투자 역사에서 1기가 끝난 거고, 본격적으로 다른 방향으로 시도해 보는 게 상가지요?

러브: 네. 그런데 상가만은 아니고요. 이제 공부도 많이 하다 보니

까, 돈 벌 곳은 정말 무궁무진한데, 문제는 돈이 없다는 것이에요. 1기가 거기에서 끝난 거였고, 그 이후로는 바빴고, 그 물건들이 해결되기 전까지는 어차피 돈이 묶여 있는 상태였으니까요. 동네 아파트를 봄에 낙찰받아서 여름에 전세 놨어요. 그때 잠깐 전세가 소강상태라 원래 우리가 목표한 것보다는 싸게 놨거든요.

그렇게 하고 나니까 돈이 생겼고, 그해 말에 상가를 처음 낙찰받았어요. 낙찰가가 9천만 원 좀 안 되고 보증금 1,500만 원, 월세 85만 원에 세를 놨어요. 대출받아 거의 돈 안 들이고, 한 달에 이자 내고 나서도 55만 원 정도씩 들어와요. 그것도 해보고 나니까, 단순하게 생각할 때는, 이런 거 10개만 만들면 한 달에 550만 원이라고 생각했는데, 상가는 맹점이 있더라고요.

평생 갖고 가서 상속할 거 아니면 팔아야 하는데, 문제는 매매더라고요. 매도가 가능한지가 훨씬 더 중요한 사항인 거예요. 다행히 저희는 낙찰 후에 그 물건의 진가를 알게 됐어요. 그 동네가 관공서 근처에 있다 보니 사무실 수요가 많더라고요.

저희가 받은 건 중소형인데, 이쪽은 대형수요도 많은 지역이라는 걸, 알게 되었고요.

정말 잘 받았네요. 그 동네를 롯데가 싹 개발하는데.

러브: 그렇긴 한데요. 사실 물건만 놓고 볼 때는 층수도 높고 평수도 애매하다 보니까 이건 사무실로만 쓸 수 있겠더라고요. 그래서 이걸 수익률 7% 정도 세팅하고 계산해 보니까 1억 3천 정도 하더라고요.

그렇게 내놨을 때 과연 똑같은 7%짜리 물건 중에 내 걸 먼저 선택해 줄까 그런 생각이 들었어요. 그래서 상가가 매매가 쉽지 않기 때문에, 이런 거 10개 가지면 기분이 좋을까 생각이 들더라고요.

상가는 좋은 걸 하자. 그 어떤 사람 눈으로 봐도 좋은 것. 그때 돈 많은 사람들이 10억짜리 상가 사서 보증금 1억, 월세 500만 원에 세를 주는 게 이해가 되더라고요. 1층 코너 상가 같은 거요.

그 사람들이 멍청해서 9억 쏟아붓고 500을 받는 게 아니라, 그게 제일 안전하니까요. 어떻게 보면 부동산이지만 환금성이 좋으니까. 바로바로 팔 수 있는 거잖아요. 그래서 그거 받고 나서 작년 여름에 또 하나 상가를 낙찰받았는데, 거기는 사무실로 하는 게 아니고, 장사하는 상가로 2층을 받았어요. 아직 공실이에요. 상가 공실이 왜 무서운지 이제 알겠어요.

처음 받은 상가는 금액이 워낙 적으니까 한 달에 이자가 나가봤자 그리 크지 않아서 무서울 게 없었는데, 이번 건 낙찰가가 높다 보니 이자도 꽤 지출되고 관리비까지 나가니까 무시할 수가 없더라고요. 부딪혀서 배워요. 남들이 상가 공실 위험하다, 상가 공실 무섭다 해도 그냥 할 수 있는 거 아닌가 했는데, 한 달 한 달 피가 마르더라고요.

공실 기간은 얼마 되지 않았는데 심리적으로 압박이 대단해요. 이게 또 직접 경험해 보니까 확실히 알 수 있는 게, 겨울에는 안 움직여요. 상가의 경우에 특히 연락이 없다가 이번에 봄이 되고 나서, 두세 군데에서 보고 가셨거든요. 봄이 되니까. 그래서 또 조만간 좋은 소식 있지 않을까 해요.

상가 볼 때 제일 중요하게 보는 게 뭐예요?

러브: 상권이요. 이 상권이 사람들이 이용할 수밖에 없는 상권인지, 아니면 지나다니면서 흘러 다니는 상권인지.

첫 낙찰 상가처럼?

러브: 사실 처음 낙찰받은 상가는 얼떨결에 받은 것 같아요. 아는 분들과 같이 받았는데, 알고 나니까 괜찮은 상가였죠. 상권의 종류를 보면 오피스가 잘 되는 데가 있고, 택지개발지구의 경우에는 주거용에 사시는 분들이 이용하는 상가잖아요. 학원이라든가 병원이라든가 그런 특징이 보였다고 해야 하나요. 어쨌든 첫 번째 상가는 얼떨결에 받았는데 잘된 것 같아요.

위치가 좋은 곳이니까.

러브: 과연 매매될지는 아직 모르겠어요.

📝 합의를 해야 투자를 결정한다

시작부터 지금까지의 투자사례까지 히스토리가 이어졌잖아요. 지금은 보통 물건 검색을 어느 정도 해요? 매일 몇 시간 해요?

러브: 저는 요즘에 사실 바빠서 거의 못하고 남편이 알아서 하는데. 저는 물건 검색은 하루에 몇 시간 그렇게는 안 하고 일주일에 한 번 정도 몰아서 해요.

남편: 저는 거의 매일 해요. 지금까지 투자는 보유해서 세를 받든지 2년 후에 팔든지 그렇게 하다 보니까 투자금이 바닥이 나서요. 단타 치는 걸 찾자. 그래서 얼마 전에 받은 것도 그 목적으로 받았고요.

한 편으로는 두 사람이 결정이 내릴 때 주도권은 러브님이 있는 게 아닐까 하는 생각이 드는데. 아니에요?

남편: 그런 것도 있고요. 다 다른 것 같아요. 본인이 조사한 부분에 따라서.

임장 갈 때는 두 사람이 항상 같이 가요?

남편: 같이 갈 때도 있고 따로 갈 때도 있어요.

지금까지 항상 두 사람 다 OK한 물건만 들어간 거예요?

남편: 거의 그렇죠.

둘 중의 한 명은 아닌 것 같은데, 한 명이 확신 있어서 들어간 건 없어요?

남편: 없어요.

물건을 검색해서 괜찮다 싶은 건 본인이 가나요?

남편: 요새는 꾸준히 하는 편이고요. 관심 물건에 넣어 두고 수시로 확인해요. 저는 단순히 괜찮으면 넣어 두고, 같이 공유를 많이 하죠.

임장은 일주일에 한 번, 이주에 한 번?

남편: 주말이나 평일에 시간 되면 같이요.

물건 괜찮으면 일단 가는 거예요?

남편: 현장 가기 전에 인터넷으로 시세나 입지 조사를 많이 해요. 그래서 검증되면 그때 가서 확인해요.

아까 얘기했을 때 처음 시작할 때 4천만 원 정도로 시작했다고 얘기했잖아요. 맞나요?

남편: 4~5천만 원 정도죠. 신혼집 보증금 1천만 원 제외하고요. 저희도 집 형편이 썩 좋지 않다 보니까, 제가 돈을 모아서 보탰어요. 지금 생각하면 끔찍했을 정도로요. 그때 우리도 신혼집을 전세로 알아보고 있었어요.

그때 우리는 전세자금 대출을 받아서 들어가야 하는 상황이었고, 받아서 들어갔으면 지금 4년이나 지났으니까, 전세금을 한 번 올려 주고 이번에 또 올려줄 걱정하고 있었겠죠. 일단 지금은 투자하면서 큰돈을 벌지는 못 할지언정, 앞으로 돈 벌 수 있는 방법을 모색하고 배우고 있는 거예요. 다행이라는 생각이 들더라고요.

러브: 맨땅에 헤딩하니까. 진짜 진흙밭에서 헤딩해야 하는 상황이거든요.

늪 아닌 게 어디예요?!

러브: 설마, 늪은 아니겠죠.

월계동 물건 Before & After

📝 초기 자본금은 얼마가 적정할까?

본인들이 생각할 때 처음 시작하는 사람이 어느 정도 금액이면 권하겠어요?

러브: 글쎄요. 주변에서 보면, 그냥 아예 처음부터 지분 물건이나 법정지상권 같은 거로 시작하신 분들은 천만 원만 있어도 된다고 하잖아요. 그런데 생초보가 그런 물건부터 한다는 건 힘들죠. 저희처럼 그냥 남들 많이 하는 역세권 소형아파트 한다면, 5천만 원 정도면 충분히 할 수 있지 않나 싶어요.

남편: 저희도 4~5천만 원 들고 시작했으면, 처음에는 계속 단타 치면서 투자금을 불렸어야 했는데, 거기에서 잘못한 것 같아요. 지금 생각해 보면요. 그 정도 금액을 가진 사람들은 2~3년씩 보유하기보다는 투자금이 1억원이 될 때까지 계속 사고팔고 사고팔고를 해서 파이를

키운 다음에, 얼마는 상가 월세 받는 것에 꽂고, 얼마는 단타 치는데 사용해야 할 거라고 생각해요.

그렇게 보면 경매를 하고자 하는 사람들에게 센 금액 같은데.

남편: 2~3천만 원이라도 있어야겠죠.

보통 경매 처음 시작하는 분들이 1~3천만 원으로 시작하잖아요. 4천만 원 이상으로 하는 사람이 많지는 않을 것 같거든요.

남편: 금액이 적으면 적을수록 남들보다 더 노력하고, 공부해야 할 것 같아요

러브: 사실 3천만 원으로도 잡을 수 있는 물건이 많이 있잖아요. 인천에 있는 소형 빌라 같은 것들요. 금액대에 따라서 시작할 수 있는 물건이 달라지는 것 같기는 해요. 제가 5천만 원으로 말씀드린 건, 제가 처음에 그런 물건을 해 봤으니까, 그러려면 넉넉히 4~5천만 원 있으면, 물건 잡기에는 좋다는 뜻이죠.

남편: 1억원짜리 물건이라면, 대출을 80% 받아도 2~3천만 원은 있어야 하니까요.

러브: 거기에 기준을 맞추면 될 것 같아요. 초보자는 1억 5천만 원짜리 물건을 하려면 내가 얼마가 필요한지 개념이 없잖아요. 그냥 간단하게 계산하려면, 낙찰가의 30%는 있어야 물건을 해결할 수 있다고 보면 돼요. 만약 대출 70%라면, 낙찰가의 40%는 있어야 하고요.

📄 유연한 관점 확보가 중요

어떤 성격을 가진 사람이 경매를 잘하는 것 같아요? 주변에 경매하는 사람들 보면 성격상 어떤 특징이 있는 분들이 잘하시나요?

러브: 장기적으로 놓고 봤을 때는 끈기 있는 사람요. 지금 당장 성과가 보이지 않아도 계속 투자하는 사람들이 다양하게 할 수 있잖아요. 여유롭게요. 그런 것 같아요.

그리고 열린 사고도 필요하고요. 내가 하는 투자가 가장 좋은 투자가 아닐 수 있다는 생각을 항상 갖고 있어야지요. 시장이 바뀌면 투자 방법도 변해야 하거든요.

유연한 사고를 해야지만 시장이 바뀔 때마다 바로바로 칼도 썼다가 화살도 날리고 가능하죠. 그렇지 않으면 아닌 것 같아요. 일단은 열려 있고 유연해야 되지 않나 싶네요.

그리고 좀 대범한 면도 있어야 하고요. 소심하면 할 것도 못하더라고요. 과감하게 투자하는 것도 필요한데, 과감하게 투자하려면 공부가 탄탄하게 뒷받침되어야 하고요.

공부는 어떤 공부 말하는 거예요?

러브: 현재 시장 상황에 대한 공부도 필요하고요. 아파트가 들썩들썩하는데 엄하게 다른 것 하는 것보다는, 그게 더 단기간에 수익을 낼 수 있는 방법이잖아요.

시장을 보는 눈도 필요하고, 또 그때그때 쓸 수 있는 스킬을 익히기 위해서 여러 강의도 듣고, 많은 사람을 만나면서 이 사람의 좋은 점과

저 사람의 좋은 점들을 다 자기 걸로 만드는 게 중요한 것 같아요.

시장 상황에 대한 공부는 어떻게 해야 하나요?

러브: 사실 저희가 그동안 아파트 물건은 안 봤어요. 상가를 하느라고요. 그런데 작년에 상가 낙찰받은 시기부터 아파트가 난리 났더라고요. 전세난 때문에요. 이건 현장에 있어야만 보이거든요.

시장을 알려면 현장을 주시하고 있어야 하고, 낙찰을 받아서 어떤 부동산이나 어떤 지역을 알게 되면, 주기적으로 현장에 가서 "요즘 어때요? 사장님" 하는 노력이 있어야 하는 것 같더라고요.

이번에도 보면 전월세 대책으로 세금에 대해서 나왔잖아요. 그런 거 나왔을 때 누군가 해주는 강의를 듣는 것도 좋지만, 기사 전문만 제대로 봐도 '이렇게 바뀌겠구나!'라는 계산이 되더라고요.

그러면 본인이 직접 계산해 보고 '전세 보증금으로 10억원을 받아도 실질적으로 과세되는 건 크지 않겠구나'하는 생각을 해두면 되죠.

물론 그걸로 인한 과세는 크지 않아도, '의료 보험 같은 것들이 올라가겠구나' 하는 생각이 꼬리를 무는 거죠. '의료 보험을 많이 안 내려면 어떻게 해야 하나? 사업자를 내야 하나? 사업자 냈을 때 주의할 점은 어떤 것이 있나?'

자기가 머릿속에서 가지치기하면서 생각해 봐야겠지요? 물음표가 생기는 부분에서 강의를 들어 해결해야지, 처음부터 가지를 치지도 않고 어디 가서 듣기만 한다면, 그런 건 조금 아니지 않나요? 평소에 많이 생각하고 고민해야 될 것 같아요. 관심도 갖고요.

아까 만약 다시 처음으로 돌아간다면 어떤 식으로 투자하고 싶다고 했잖아요? 어떻게 시작했으면 좋겠어요? 시작은 소형 역세권이었는데, 다시 처음으로 간다면 어떤 투자를 할 것 같아요? 초보자들이 참고하기 좋게 말씀 좀 해주세요.

러브: 만약에 다 아는 상태에서 과거로 돌아간다면, 저는 지방이 뜨기 전에 지방에다 투자를 한 번 할 것 같아요. 지방은 두 배 뻥튀기 됐으니까요.

남편: 투자금을 어느 정도 선까지는 계속해서 불리는 투자를 해야 내몰리지 않을 거 같아요. 지금은 한번 돈이 묶여 버리면 손가락을 빨아야 하는데, 계속해서 투자금을 회수하거나 키우는 투자가 중요한 것 같아요.

📒 본업에 충실하는 것이 중요

두 분은 전업투자는 아니잖아요. 전업투자는 어떻게 생각하세요?

러브: 주변에 전업투자자 몇 분 보니까, 그분들 사정을 속속들이 알지는 못하지만, 일단 기본적으로 많이 내몰리더라고요. 심적으로요. 전업투자를 하려면 자기만의 확실한 무기가 있어야 하고, 플러스로 넉넉한 자본이 있어야 해요. 넉넉한 자본이 없는 상태에서 생활비 만 들어가면서 전업투자 하려면, 일단 많이 내몰린다는 것을 충분히 생각해야 해요.

저희는 어느 정도 수준까지는, 예를 들어 월세 수입만 500만 원이라고 해도, 남편이 직장을 그만두지 않은 상태로 계속 투자하려고요. 사람들이 전업투자에 대해서 환상을 갖고 있는데, 쉽지 않아요.

그리고 한 달에 들어오는 월급도 지금은 적은 것 같지만, 막상 일을 그만 두고 전업투자 하려고 보면, 얼마 안 되는 2~3백만 원이 아쉬워지는 순간이 오기 때문에, 전업은 고려하지 않고 있어요.

남편: 직장인이 투자하면, 회사 월급 받아서 생활비 쓰고, 투자 수익은 플러스 알파 보너스 개념이잖아요. 전업투자는 생활비를 투자한 걸로 벌고, 예상치 못한 지출이 생기다 보면 내몰리게 되는 것 같아요. 시간적 자유도 좋지만, 그게 다는 아닌 것 같아요. 오히려 직장인이 유리한 부분이 있지 않을까요?

그러면 두 분은 어느 정도 수준이 되면 전업을 할까요??

러브: 회사도 다니고 투자도 하려고요. 꾸준하게요.

월 1~2천만 원이 들어와도?

러브: 돈이 있으면 그 수준에 맞는 투자를 하면 되니까, 계속 새로울 것 같아요.

직장은 계속 다니겠다?

러브: 네~~

지금 다니는 직장에 본인 나름대로 자기와 맞는 게 있는 것 같아요? 단순히 돈만 벌기 위해서 직장 다니는 게 아니고?

남편: 맞는 부분도 있고, 금전적인 부분도 있고요.

월세로 1,000만 원을 벌면, 회사에 누가 다니려고 하겠어요? 본인이 다니고 있는 회사에 대해서 나랑 잘 맞는 게 있으니까, 그런 생각을 하는 것 아닐까요?

남편: 아무래도 직장생활도 저와 맞다 보니, 투자도 부담 없이 하는 것 같아요. 직장생활 하면서 투자하려면 시간 내기가 쉽지 않을 수 있는데, 아내와 함께 투자한다는 점이 큰 시너지를 내는 것 같아요.

전업투자를 만약에 한다고 하면 일단은 말리겠다?

러브: 네, 저는.

저한테 강의 들은 사람 중에 두 명이 전업하고 있어요. 한 분은 여자분인데도, 35살인가 그래요.

러브: 결혼하셨어요?

안 했어요. 직장 다니는 걸 힘들어했거든요. 처음부터 명확한 목적을 갖고, '전업은 1년 있다 해라' 했는데 6개월 만에 전업하더라고요. 지금은 저보다 잘해요. 공매도 하고, 경매도 하고, 토지도 투자하고요.

러브: 대단하시다.

실제로 제 카페에는 각종 경매 카페를 링크해놨어요. 저한테 강의 듣고, 그 이상은 저한테 배울 게 없을 거니까, 다른 카페 가서 강의 듣고 활동하라고 해요.

　　러브: 강점 같아요.

인정하는 거죠.

　　러브: 이제는 솔직하고 담백한 게 자체 무기에요.

📝 젊었을 때 시작해 체면 지킬 정도면 된다

오래 가야죠. 제 실력이 이것뿐인데 오래 안 가면 큰일 나죠. 그럼, 두 분은 경매를 만나서 잘됐다고 생각하세요?

　　러브: 그럼요. 평생 할 수 있는 거니까요. 투자는 사실 시간도 무시 못 하는 거잖아요. 경험도 그렇고요. 우리는 남들보다(제 생각에는) 10년 정도 빨리 시작한 건데, 10년이면 그게 어디예요?

두 사람이 내 나이 되면?

　　러브: 많이들 그 얘기 하시는데 "그 나이 됐는데 뭐지?" 하면 어떡 해요?

내 나이 되면 나보다 자산이 많겠다고요.

　　러브: 몇 년 전에도 그 얘기 들었어요.

　　남편: 저는 만약에 우리가 경매 투자를 안 하고 전세금 구해서 전세 들어갔으면, 만기 때 전세금 올려주려고 전전긍긍했을 것 같다는 생

각을 해요. '집주인이 전세 올려 달라고 하면 어떻게 하지?' 그러면 또 외곽으로 밀려날 수 있고, 그렇지 않은 것만 해도 좋은 것 같아요. 방향을 다르게 잡고 가는 거니까요.

말 그대로 자본주의에서 만든 시스템 내에서 순응하면서 사는 사람들이 대부분인데, 그걸 이용하면서 살려고 노력하는 거잖아요.

러브: 발버둥 치고 있는 거죠. 하지만 이게 재미있는 것 같아요. 당장 눈에 띄게 사정이 나아질 건 아니지만, 점점 아는 게 많아지고, 어느 순간부터는 예측하는 게 그대로 될 수도 있고, 그러면 그다음부터 돈은 따라오는 거니까요.

그리고 저희는 아무것도 없이 시작한 것이라서 (저희가 장남 장녀 커플이에요), 나중에는 책임을 져야 하는 부모님들도 계시죠. 가장이다 보니까 간절한 마음으로 시작하지 않았나 싶기도 하고, 만약에 부자 부모님 만났으면 아마 안 했겠죠.

부자가 아니라도 두 분(부모님)이 사시는 데 지장 없을 정도?

러브: 당신들(부모님) 삶을 당신들이 알아서 영위할 수 있는 정도? 대단하신 것 같아요. 은퇴하고 나서요.

저희 부모님이 그 정도거든요.

러브: 부럽다~~

몇 년에 한 번 해외여행 갔다 오시죠. 매월 돈 모아서 산악회 사람들하고 몇 년에 한 번 갔다 오세요. 아버지는 현재 경비 근무하시거든요. 그러면서 갔다 오시는데, 존경스러워요.

러브: 건강하신 것만으로도 감사하죠. 돈은 우리가 벌어서 해드리면 되니까요.

📝 투자는 다양하게

두 분은 경매가 재미있어요?

러브: 재미있죠.

남편: 처음에는 경매가 재미있었는데, 하다 보니까 부동산 투자 자체가 재미있더라고요. 경매나 부동산이나 다 연결되니까요.

러브: 아직도 배울 게 정말 많아요. 땅도 그렇고 분양권이나 재개발, 재건축 같은 건 한 번도 안 해봤어요. 그것도 그런 시기가 올 건데, 그러기 전에 공부해 놓고, 이번에는 미리 대비해 놓고, 파도 탈 때 타봐야지요. 파도가 다 지나가고 나서 후회하지 말고요. 투자 상품은 무척 다양하니까 매력적인 것 같아요.

부동산 투자에서 다양한 걸 다 한 번씩은 해 보고 싶은 생각이 있는 건가요?

러브: 네, 저는 그래요.

어떤 것을 정해 놓고 하겠다는 게 아니라?

러브: 네. 저는 투자 스타일을 딱 규정 짓고 싶지는 않아요. 그때그때 돈 되는 것, 재미있는 것이면 할 것 같아요. 맛있는 것만 먹고 다니면 얼마나 좋아요. 그리고 포트폴리오 짤 때도 남들보다 다양하게 짤 수 있잖아요? 저는 여러 개를 다양하게 해보고 싶어요.

많이 공부해야겠네요?

러브: 네.

📑 NPL은 아직 모르는 영역

현재 경매에서 유행하는 게 NPL이잖아요. 여기에 대해서 어떻게 생각하세요?

러브: NPL이 유행하는지 잘 모르겠어요.

NPL (Non Performing Loan)

은행에서 돈을 빌린 채무자가 3개월 이상 이자를 연체하면, 은행은 이 채권을 무수익여신(더 이상 수익이 나지 않는 채권)으로 분류하고, NPL이라고 한다.
NPL 투자는 이런 부실채권을 싸게 사서, 경매를 통해 배당받거나 기타 방법으로 채권을 회수하는 것을 말한다.

유행한다는 의미가 투자 많이 한다기보다는, 많이 회자 되잖아요?

러브: NPL에 대해서는 저는 모른다고 하거든요. 몇 번 해 보려고

시도했던 분의 말에 의하면, NPL 물건이 일반인까지 내려오는 건, 좋지 않은 게 내려온다고 하더라고요. "그래요?" 하고 말았거든요. 그런데 어때요? 궁금해요.

NPL도 잘하면 되는 건데, 일반인이 접근하기는 힘든 것 같고, 어느 정도 네트워크가 있어야 하는 것 같아요. NPL도 돈이 되는 건, 특수 물건이더라고요.

일반 물건의 NPL은 돈이 되지 않고, 특수 물건 NPL을 해야 돈이 되는 것 같아요. NPL 자체를 은행에서 파는데, 개인은 못 사고, 법인 자본금도 몇천만 원으로는 안 되거든요. 10억 단위 정도?

200억짜리를 한꺼번에 몇십 억이나 몇 억에 사거나 그래요. 그 안에는 완전 부실채권이 포함되어 있는 거예요. 그중에 몇 개가 괜찮은 것들이죠. 팔면 돈이 돼요.

그걸 사서 자기네들이 괜찮은 건 갖고, 안 좋은 건 밑으로 쏟아 내고, 이런 식으로 하기 때문에, 결과적으로 NPL은 부동산과 금융 두 가지를 알아야 하거든요.

부동산을 볼 수 있는 능력과 채권을 소화할 수 있는 능력 두 가지가 포함되어 있기 때문에, 유행하는 것만큼 많이 투자하는 것 같지는 않아요.

부동산 경매로 돈이 안 된다고 해서, NPL로 사람들이 많이 가고 있잖아요. 거기에 대해서 어떻게 생각하는지 궁금해서 물어봤는데, 제가 답변 드리네요.

📑 부부가 함께 하는 경매의 길

두 분은 경매를 평생 할 생각이세요?

러브: 평생 해야죠. 경매라기보다는 부동산 투자를 평생 하는 거죠. NPL도 규모의 경제잖아요. 돈 많은 사람들이 많이 먹는 구조인데, 저희도 하면서 자산이 많아지면, 수준에 맞는 물건을 쉽게 하는 방식을 시도해보겠죠.

그런 것도 하게 될 거니까, 앞으로 어떤 강의를 듣고 어떤 걸 받아들여서 어떤 식으로 투자하게 될지 모르겠지만, 그냥 스스로 평가하기에 잘하고 있다 싶고요. 앞으로 1~2년 동안은 자본금 키우는 것에 집중하려고요.

나의 제국을 만들겠다? 제국까지는 아니고 성 정도? 두 사람은 부부가 같이 경매를 하고 있잖아요. 부부가 경매를 같이하는 사람이 많지 않아요. 그 부분에 대해서는 어떤 거 같아요?

러브: 부부가 같이하는 게 좋죠. 일단 공감대가 형성되니까 같이 대화할 수 있는 시간이 많아진다는 것이 좋아요. 그리고 일을 나눠서 할 수 있잖아요.

혼자 하면 힘들 수 있는데, 대출 알아보고 명도하고, 세 놓는 것은 남편이 하고, 저는 인테리어밖에 안 해요. 인테리어 하고 임장하는 건 제가 해요. 하다 보니까 고유 영역이 생기더라고요.

내가 더 힘을 써서 하는 부분이 있고, 남편이 더 힘을 써서 하는 부분이 있고, 하고 나서 성과가 났을 때 그 열매가 좋잖아요. 그걸 둘이

서 오롯이 느낄 수 있다는 것이 좋잖아요.

　제가 못 보는 부분을 남편이 보기도 하고, 실수를 훨씬 줄일 수 있어요. 보통 경매하시는 분들이 커뮤니티를 만들어서 여럿이 하고 싶어 하는데, 그 이유가 어디 가서 공감대를 형성할 수 없잖아요. 친구랑도 대화가 안 되니까요.

　그런 공감대를 만들기 위해서 노력하는 건데, 저희는 둘만으로도 충분하거든요. 그런 면에서 매력적인 것 같아요.

그러면 두 분은 경매로 인해서 부부 사이가 더 좋아졌다고 생각하나요? 경매가 없이 부부 생활을 이어가는 것과 경매 하고 나서 부부 생활을 비교하면, 서로 더 잘 알게 된 것 같아요?

　러브: 그건 모르겠어요. 경매 없이 결혼 생활한 적이 없어서요. 상상이 안 가는데요? 일에 대한 공통 분모가 있다 보니까, 직장동료 같은 느낌이 들 때도 있어요. 더 좋아진 것 같아요.

　남편: 사업을 같이 영위하는 거다 보니까 성격을 확실히 알게 되죠. 싸울 때도 확 싸우고, 화해할 때에는 금방 화해하고, 그런 건 있네요.

두 분한테는 경매가 어떤 의미 같아요?

　러브: 경매라기보다는, 부동산이 제가 예전에 꿈꾸던 삶을 현실로 가능하게 하는 수단이 아닌가 생각해요. 저희 부모님은 한 번도 당신들 집을 가진 적이 없으세요. 보증금 1,000만 원 월세 50만 원짜리에 10년 살면서(IMF 때부터 월세 살았는데), 맨날 동네에서 슈퍼 갔다 오면서 보면, 옆에 부동산 중개업소에 붙어 있잖아요. 이게 8천만 원부터 시

작했어요. 8,200만 원, 8,500만 원, 9,000만 원, 올라가는 게 보였어요. 다니면서 '오르네' 했죠.

고등학생 나이였으니까요. 천만 원 차이가 얼마나 커요? 집에 가서 우리는 얼마냐고 물어봤어요. 보증금 1,000만 원에 월 50만 원이래요. 돈이 있어 집을 샀다면 1,000만 원 올랐을 텐데, 관심이 없었던 거예요. IMF 터지고 나니까 이게 1억 원이 넘어가는 거예요. 1억 원이면 얼마나 큰 돈이에요. 분한 거예요.

그 사람들은 이 집으로 8천만 원짜리가 1억 2천만 원이 돼서 4천만 원을 벌었는데, 우리 엄마는 보증금 1,000만 원, 월 50만 원짜리에 계속 살고 있으니까요. 나중에 어디에서 집 살 때 대출해 준다는 얘기를 들었는데, 우리는 대출해서 집 살 생각 없냐고 물었어요. 없으시대요. 저는 그게 트라우마처럼 남아 있었어요.

20살 돼서 아르바이트하고, 애들 만나고 하면, 서로 나중에 뭐 하고 싶냐고 얘기하잖아요. 그러면 저는 나중에 집주인 될 거라고, 월세 받고 살 거라고 얘기했었어요. 한처럼 남아 있었는데, 어쨌든 지금은 집주인이잖아요. 앞으로 어떻게 될지 모르겠지만, 내 꿈을 실현할 수 있는 도구죠. 재미있죠.

일반 친구들과는 생각하는 게 달랐네요?

러브: 달랐죠.

20살짜리 어린 친구가 걸으면서 부동산에 있는 그런 걸 본다는 것이 흔하지 않잖아요. 스쳐 지나가잖아요. 그런 걸 보면서 그런 생각을 했었다는 게...

러브: 저도 부동산에 관심은 있었어요. 결혼할 때 경매 이야기를 받아들일 수 있었던 것도, 하고 싶었지만 방법을 몰랐던 건데, 그 방법을 가르쳐 주니까, 바로 받아들이지 않았나 싶어요. 그리고 둘 다 없이 시작하다 보니까, 잘 살고 싶다는 욕구가 컸죠. 이게 시너지를 낸 것 같아요.

저도 그런 말을 자주 해요. 조금 부족해도 절박함만 있으면 성공한다고. 대부분 내가 움직이지 않는 것은 절박하지 않아서 그런 거라고요. 아직까지 살만하니까 그렇게 사는 거지, 다 잃어봐요. 움직이지 말라고 해도 움직일걸요?

인터뷰를 마치며

만날 때마다 통통 튀는 목소리의 러브님과 진지한 목소리의 남편님은 서로서로 보완하는 멋진 부부라는 생각을 했지만, 함께 이야기를 나눠보니 더더욱 천생연분으로 서로 떼려야 뗄 수 없는 사이라는 확신을 갖게 되었다.

둘이 만나 서는 게 아니라, 홀로 선 둘이 만난다고 했던 서정윤의 홀로서기처럼, 두 사람은 서로 시너지를 낸다는 것이 어떤 의미인지 알려주는 부부였다.

어린 나이에 중개업소를 돌아다니고, 낙찰받은 집에 사는 사람을 명도하기가 결코 쉽지 않았을 텐데, 모두 슬기롭게 헤쳐나간 두 사람은 지금보다 앞으로가 더 기대된다.

단순히 부동산 경매만 집중하는 것이 아니라, 부동산을 통해 삶의 새로운 기회를 엿보는 것도 남들과는 다른 길을 걷고 있는 부부의 장점으로 느껴졌다.

지금도 새로운 엘도라도를 찾기 위해 이곳저곳을 돌아다니고, 낙찰받은 주택을 직접 인테리어 하기 위해 동분서주하는 모습이 눈에 선하다.

실제로 이 글을 쓰고 있는 현재, 새로운 인테리어가 들어간다며, 힘들지만 흥겨워하는 모습에 부럽다는 생각까지 들었다. 지금보다 미래가 기대되는 두 사람이 잉꼬부부라는 사실이 더욱 흐뭇하고 정겹다.

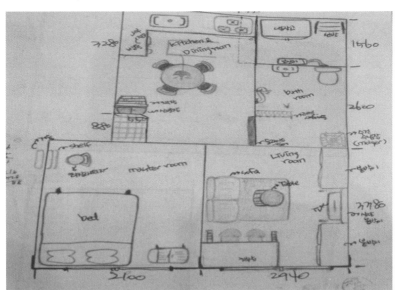

러브님이 그린 인테리어 계획 도면

러브님이 인테리어를 한 후의 모습

부동산 경매시장의 마법사들

재미있고 즐거운
부동산 경매

자유롭게님

자유롭게님

블로그 http://blog.naver.com/bcjin0

열심히 부동산 경매 관련 글을 읽던 어느 날 우연히, 어느 블로그에 있는 댓글을 보고 예사 사람이 아니라는 느낌이 들었다. 닉네임을 클릭하여 블로그에 들어갔는데, 경매와 관련된 글이 가득 넘쳤다. 워낙 오래전부터 경매에 대한 글을 올리고 있어, 읽는 데도 한참 걸렸다.

경매하는 사람들은 큰돈을 거래하면서 겉멋이 드는 경우가 많은데, 자유롭게님의 글에는 그런 뉘앙스도 없고, 하나같이 솔직담백하고 진솔한 글들로 넘쳐났다. 거창한 영웅담이나 화려한 명도를 한 글은 없지만, 밑바닥부터 차근차근 하나씩 다지면서 자신만의 시선을 통해 부동산 경매에 대해 설명하는 글들이었다.

블로그를 통해 인연이 되어 서로 댓글을 주고받으며, 경매 법원에서 우연히 지나가며 만나기도 했다. 가치투자의 개념으로 주식투자를 하는 것처럼, 부동산 경매도 워렌 버핏의 사례를 들어주며, 가치투자 개념으로 접근하는 방법을 설명하는 자유롭게님은, 투자의 본질이 무엇인지 정확하게 알고 계시는 분이라 여겨진다.

이번 인터뷰를 위해 처음으로 직접 만나 이야기를 하기로 약속을 잡고는, 무척이나 설레는 마음으로 미팅을 하게 되었다.

📑 경매를 시작한 계기

처음에 경매는 어떻게 해서 관심을 가지신 거예요?

　예전에 직장생활을 할 때 잠시 자산관리를 했었어요. 회사의 채권 관리를 하는데, 돈을 안 갚는 사람이 있잖아요. 회사에서는 그런 채무자를 대상으로 변제 요청을 하다가, 응답이 없으면 법적인 조치를 하게 되죠. 채무자의 자산에 대하여 근저당을 설정하거나 경매로 넘기려면 관련 업무를 하는 사람이 있어야 하잖아요.

　한미 합자회사였는데 한국 측 파트너와 인척 관계인 채무자가 있었어요. 갚아야 할 금액이 꽤 많았어요. 미국 측 대주주가 좋아할 리 없겠죠. 한국 측 대주주에게 해결할 것을 지속적으로 요구했으나, 한국 측에서는 입장이 참으로 곤란했어요. 고의로 안 갚는 것이 아니라 IMF 외환위기로 그렇게 되었거든요.

　암튼 차일피일 미루자 미국 대주주는 화가 날 대로 난 거죠. 당시 부사장이 미국인이었는데, 한국 측 대주주의 묵시적인 동의하에 직접 추징에 나섰어요. 한국 실정을 모르니까 변호사를 고용한 후, 그 변호사가 모든 조치를 다해서 경매가 진행됐어요.

　그 사건이 진행될 때 제가 자산 관리 담당이었기 때문에, 회사를 대리해서 경매를 신청하고 배당을 받고 그러면서 경매에 대해서 알게 됐죠. 채무자의 집이 청담동에 있었어요. 지금도 그렇지만 그곳의 집값이 굉장하잖아요. 정원에 기암괴석과 조경용 소나무가 있는 그런 고가의 저택이었어요.

　서울중앙지방법원에 드나들었어요. 그때는 지금과 약간 분위기가 달랐어요. 아마 1999년으로 기억하는데, 지금보다 경매 물건이 적었고 입찰자도 많지 않아서 경매 법정이 한산했어요.

집행관이 입찰자의 이름을 부르면 입찰자는 법대 앞으로 나와서 나란히 섰어요. 총원이 맞는지 이름을 부르면서 인원수를 확인했죠. 그래서 법정에 앉아 있으면 누가 누군지 이름을 알 수 있었어요.

집행관이 최고가 낙찰자를 호명하면 탈락한 경쟁자들은 직접 눈으로 입찰서류를 확인했는데, 사건마다 시간이 오래 걸렸어요. 그때 경매를 처음 접하는 입장에서 놀랐어요. 낙찰받은 분들이 기쁜 환호성을 지르는 거예요. 환희에 찼다고나 할까요? 그 정도의 기쁨이었어요. 무척 호기심이 생기더군요.

그래서 회사와 관련된 사건이 끝난 뒤에도, 끝까지 남아서 지켜보았죠. 낙찰자가 지인들과 악수하면서 대화 나누는 것을 엿들었더니, 오늘 낙찰받아서 한 3년 먹을 걸 벌었다고 하는 거예요. 뭔데 한 번 낙찰받아서 3년 먹을 게 해결되나 궁금할 거 아니에요?

계속 옆에서 귀동냥했더니, 일단 애들 데리고 유럽 여행을 갔다 오겠다는 거예요. 그야말로 놀랄 노자였어요. 그리고 또 놀란 사실은 그 당시 저만 해도 경매는 깡패나 브로커가 하는 걸로 알았거든요.

우리 같은 보통 시민들은 경찰서 앞만 지나가도 죄를 지은 것 같아서 움츠러드는데, 법원이라니! 그것도 깡패가 온다고 하는데 얼마나 위축이 되겠어요. 나 빼고는 다 깡패인 거죠. 모든 사람이 조폭 같이 보이는데, 여자도 있어서 요즘은 여자 깡패도 많구나 이런 생각을 할 정도였어요. 완전 어리버리 그 자체였죠.

그런데 그 깡패들이 서로 이야기하는 거 보니까, 그냥 저처럼 일반

인인 거예요. 그때 알았어요. 경매는 조폭이 하는 게 아니고 누구나 할 수 있다는 것을. 이후 부사장은 유사 흥신소를 이용하여 채무자의 재산내역을 파악했고, 그 재산에 대하여도 추징 절차를 진행했어요.

자주는 아니지만 1년 정도 법원에 왔다 갔다 하면서 경매에 대한 대략적인 개념이 정립되었죠. 경매란 것이 예상외로 시스템이 간단해서 누구나 쉽게 접근할 수 있으니까, 나도 언젠가는 회사 그만둬야 할 텐데 그때는 경매를 해 봐야겠다는 생각을 갖게 되었죠.

그런데 진짜 곧바로 회사를 그만두게 될 일이 생겼어요. 미국 자본이 철수하면서 회사가 H자동차 회사의 계열사로 매각되었어요. 양해 각서를 체결하고 실사한다 어쩐다 하면서, H사 임원과 직원들이 들락 거리면서, 우울한 소문이 돌기 시작했죠.

공장에 근무하는 생산직들은 H사가 고용승계를 하겠지만, 사무직은 알아서 나가주었으면 한다는 거예요. 게다가 회사를 지방으로 옮기고 현재의 위치엔 아파트를 짓는다고 하니까, 회사에 목을 맬 이유가 없더라고요.

결국 회사를 그만두게 되었는데, 마침 한창 확장 중이던 대기업 프랜차이즈 제과점에 필이 꽂힌 와이프 덕분에 빵집을 시작했어요. 처음엔 장사가 잘되었어요. 점포를 늘려서 시장점유율을 높이려고 혈안이던 회사 측에서 점주들에게 이익을 많이 양보했거든요.

그런데 회사가 원하는 수준까지 점포가 확장되자, 그 이후부터는 회사가 재료비 인상 등의 방법으로 점주를 쥐어짜기 시작하더군요. 게다가 제과점을 시작할 때 투자금이 부족하여 동업했는데, 그것이 자꾸 문제를 일으켰습니다. 동업자가 저와 다른 마음을 먹고 있다는 것을 느끼는 순간 발을 빼야겠다는 생각을 하게 되었죠. 또 건물주의 아들도 빵집을 탐내더라고요.

결국 사업을 접어야겠다고 결심했고, 이어서 다음에 할 일을 고민했어요. 바로 떠오른 생각이 경매였어요. 1999년에 경매를 처음 경험하고, 퇴사 후 몇 년 빵집을 한 후에 결국은 경매를 하겠다고 마음먹은 거죠.

그때는 경매에 대한 책이 귀했어요. 몇 권 없었고, 있어도 책 내용이 어려웠어요. 경매가 무엇인지 친절하게 알려주는 그런 책이 아니라, 경매계장들의 업무지침인 민사집행실무제요를 풀어 쓴 것 같은 내용에다가 권리분석이 많은 부분을 차지하는, 초보는 읽어 봐도 뭐가 뭔지 모르는 그런 책이었어요.

이제는 모두 권리분석에 큰 비중을 두지 않지만, 그때는 제일 중요하다고 여기는 것이 권리분석이었어요. 그래서 경매 좀 한다고 폼 잡으려면 웬만한 배당은 계산할 줄 알아야 했어요.

그렇지만 뭐 아시다시피 권리분석과 돈 버는 거는 큰 상관 없잖아요. 그러니 아무리 책을 붙들고 물어뜯어봤자 아무것도 안 보이는 거죠. 책엔 법적인 내용만 있지, 경매로 돈 버는 방법은 없었거든요.

그래서 내린 결론이 '이러지 말고 경매를 할 줄 아는 사람에게 배우자. 그리고 경매로 돈 번 사람을 만나보자'고 결심했죠. 빵집을 운영하는 틈틈이 시간을 내어 서초동을 기웃거렸어요.

당시 전국의 난다 긴다 하는 모든 부동산 전문 꾼들은 서초동에 모인다고 들었거든요. 그러다 A 부동산연구소란 곳을 발견했는데 간판 귀퉁이에 '경매'라는 단어가 있더군요.

거기에 들어갔죠. 경매를 배우고 싶다고 했어요. 그러자 마침 경매 과정이 개설되어 강의 중이니 등록하고, 중간부터 공부하다가 다음 강좌에 처음부터 들으면 된다고 하더라고요.

나중에 보니까 제가 3기쯤 되더라고요. 앞서 1, 2기가 이미 공부를 마쳤고, 3기 신입생에 1, 2기 복습하는 사람들이 뒤섞여서 어수선했어요. 그런데 등록비가 꽤 비싸더라고요.

혹시 돈 내고 아깝다는 생각이 들 수도 있겠다 싶어서 강의 좀 들어보고 결정하면 어떻겠냐고 제안했어요. 그랬더니 그러지 말고 공개강의가 있으니까 들어보고 결정하래요. 소장님의 직강이라서 꽤 유익할 거라고 했어요.

그래서 공개강의에 갔더니 수강생의 대부분이 남자더군요. 이마가 훤한 소장이란 분이 들어오더니 갑자기 법원 갈 일이 생겼다면서, 마침 경매로 부자가 된 지인이 놀러 왔기에 자기 대신 공개강의를 부탁했다면서 나가버리더군요. 그러고선 이마가 더 훤한 할아버지가 들어오셨어요.

모두 김빠져서 사람들이 심드렁한 얼굴로 쳐다보니까, 할아버지가 긴장했는지 땀을 뻘뻘 흘리는 것이에요. 땀을 얼마나 흘리는지 보기에도 민망했어요. 할아버지는 주저주저 망설이더니 용기를 내어 궁금한 것 있으면 물어보라고 하더군요.

그랬더니 맨 앞줄에 앉아 있던 아주머니 한 분이 손을 번쩍 들더니 경매로 부자가 되셨다는데 재산이 얼마나 되느냐고 물었어요. 처음 본 사람한테 그런 질문을 할 수 없잖아요. 사람들이 낄낄거렸어요. 할아버지도 빙그레 미소짓더니 바로 대답했어요. 대략 200억쯤 된다고.

뭐라고? 20억이 아니라 200억? 와! 반쯤 접고 들어도 100억이에요. 그렇게 바라던 바대로 경매로 부자가 된 사람을 직접 만났지요. 놀란 사람들이 마구 질문하기 시작했어요. 경매로 번 것이 200억이냐, 어떤 물건을 낙찰받는 것이냐, 경매는 어디에서 배웠느냐 등등 사람들이 와락 달려들자, 할아버지는 기분이 좋아졌는지 술술 풀어 놓았어요.

원래는 건설 현장의 벽돌공이었다더군요. 평생 벽돌을 쌓았는데, 환갑이 가까워 오도록 노후대책도 없이 가난했대요. 그런데 자기 오야지(공사 현장 책임자)는 어떻게 돈을 벌었는지 친구랑 골프 치고 애인이랑 놀러 다니고 그러더래요. 사실 오야지라고 해야 얼마를 버는지 서로들 뻔히 아는데... 눈치를 보니 뭔가 다른 일도 하는 모양인데, 가르쳐주질 않더래요. 그 당시엔 경매 쪽이 그런 분위기였다는군요.

그러다 전화 통화하는 것을 엿듣고 경매로 돈을 번다는 것을 알았고, 결국 조르고 졸라서 그 오야지가 조금 가르쳐준 것을 바탕으로 경매를 시작한 것이죠. 그분이 경매를 할 때만 해도 도제식으로 전수해주지 않으면 경매와 관련된 지식을 얻을 수가 없었대요. 암튼 환갑이다 되어서 노인네가 경매에 눈을 뜬 거예요.

그분이 국졸이었거든요. 국졸이고 평생 벽돌만 쌓다가 경매에 도전한 거죠. 그때 강의하러 왔을 때가 일흔 넘었다고 했으니까, 십수 년 사이에 200억을 번 거예요. 어떻게 벌었는지 세세하게 이야기하지는 않았지만, 그 노인네의 이야기는 이거예요.

부동산으로 먹고 사는 방법이 30가지래요. 부동산을 담보로 대출해주고 먹고사는 법, 소유권이전등기 쳐주고 법적인 문제 해결해주고 먹고사는 법, 공인중개사로 물건 소개하고 먹고사는 법 등등. 경매도 그중의 한 가지래요.

그분이 두 가지를 강조했는데, 첫째, 경매는 반드시 돈이 된다는 것이에요. 자신이 부자가 되었으니 검증된 진실이라는 것이죠. 단! 자신이 할 때는 진짜 땅 짚고 헤엄치기였지만, 앞으로는 그리 쉽지 않을 거라고 했죠.

듣고 있자니 막 흥분되는 거예요. 국졸이 200억을 벌었는데 가방끈 더 긴 나는 그 두 배인 400억인들 못 벌겠냐고요.

둘째, 경매는 학원이나 책을 보고 머리로 하는 것이 아니라 발로 하는 거라고 하더라고요. 그때는 실감을 못했지요. 나중에 알았지요. 발로 부지런히 뛰어야 한다는 것을요. 지금은 발이 버는 게 아니고 엉덩이가 벌잖아요.

암튼 그날 그 할아버지 강의는 되게 임팩트가 강했어요. 가능성이 보인 거죠. 국졸이 벌었는데 나는 할아버지보다 젊고, 머리도 잘 돌아가고, 가능성 있다. 엉덩이든 발이든, 책이 벌어주지 않는다는 걸 그때 처음 들었죠.

그래서 입찰하는 법부터 시작해서 한번 제대로 배워보자고, A부동산연구소에 등록했어요. 강의료가 제법 비쌌어요. 덕분에 빠지지 않고 열심히 다녔죠. 아마 그 당시 경매 강의는 서울을 통틀어서 두세 군데에서만 했을 거예요.

우연치고는 제대로 찾아 들어간 거죠. 거기는 주로 실기 위주로 가르쳤어요. 임장하는 법, 입찰서류 작성법, 시세조사 하는 법 등. 들으면 들을수록 재미가 있었어요. 중간중간 공법이나 배당 같은 이론도 공부했지만, 사례 위주로 진행해서 큰 도움이 되었죠. 그만큼 강사들이 현장에서 뛰고 있다는 증거였어요.

그런데 문제는 요즘과 같이 체계가 잡힌 학원이 아니다 보니, 선생님들이 위험한 사람이었어요. 일부에 국한된 것이었지만 강사 월급을 제대로 주는 것이 아니라 알아서 벌어가는 식이었어요. 덕분에 부동산 투자는 절대 남과 같이하면 안 된다는 교훈을 얻었죠. 거기에서 뼈저리게 느꼈어요.

그때 저랑 같이 배운 사람 중 상당수가 사기당했어요. 그것도 자신을 가르치는 선생한테요. 그리고 최근에도 그런 일은 계속 벌어지고 있어요. 공동투자 유도해서 제자들 등을 치지요. 안타까워요. 다행히 저는 사기 안 당했어요. 사기당할 돈이 없었거든요.

그때 제 수중에 돈이 있었다면 저도 똑같이 당했을 거예요. 그렇게 해서 돈 있는 사람들은 경매를 배워 부동산에 발 담그자마자 사기당했어요. 다른 사람도 아니고 자신을 가르쳐 준 스승이자 선배들한테 먹잇감이 된 거죠.

어쩌면 그 사람들도 한 번 털리고 난 후 그것을 경험으로 해서 다른 사람을 털었는지 모르지만요. 암튼 운 좋게도 초창기에 핵심적인 사항 몇 가지를 체험하고 배웠어요. 이후 중심을 잃지 않고 나아가는데 큰 도움이 되었죠.

첫 번째는 경매가 진짜 돈이 된다.

두 번째는 책이나 머리가 아니라 몸으로 하는 것이다.

세 번째는 부동산은 절대 혼자 해야 한다.

실제로 제 주변에 공동투자하는 사람, 친척이나 친구와 어울려서 하는 사람들은 거의 다 실패했어요. 돈 앞에는 사람들이 못 견디더라고요. 결국은 누군가 돈에 눈이 멀게 되어 있어요. 그래서 저를 가르쳤던 선생은 부동산으로 돈을 벌겠다고 나섰다면, 아버지 외엔 다 믿지말라고 하더군요.

그때 여자분들이 항의했거든요. 어째서 엄마는 빼냐고요. 선생님 왈, 엄마의 바람은 아빠의 바람과 달라서 믿으면 안 된다는 거예요. 남자는 마음을 주어도 챙길 건 챙기는데, 여자는 마음을 주면 전부를 주기 때문이라더군요. 물론 과거의 경험을 바탕으로 하는 일반화된 모순이지만, 어쨌든 그 정도로 믿지 말라는 것이지요.

그 이후 공개강의에서 만난 할아버지와 비슷한 분을 또 만났지요. 이런저런 소문이라 사실은 확인되지 않았지만, 대략 집을 250채 소유하고 있다고 했어요. 그분도 나이 많은 할아버지였어요.

인천에서 시작하다

혹시 인천 분?

네~ 아시죠? 워낙 유명한 사람이라서, 아실 만한 분들은 다 알고계시더라고요. 그 할아버지랑 인천지법에서 같은 물건에 입찰한 적도 있었어요. 그때가 엄청난 기회였다는 것을 시간이 지난 후에 알았어요. 그 할아버지는 그때 알았고요. 그 경험 덕분에 그 이후 대략적인 큰 흐름을 탈 수 있는 능력을 갖추게 되었어요.

그러면 처음 시작한 지역은?

인천이요. 제가 살던 곳이죠. A 부동산연구소에서 강의했던 선생님 중 한 분이 우리나라 공인중개사 1회 합격자인데, 그분이 스무살부터 시작해서 환갑이 될 때까지 40년간 부동산 투자를 했기 때문에, 툭 하면 호박 떨어지는 소리고, 찍 하면 똥 밟은 소리라고 자랑했어요.

떴다방, 상가 분양, 경매, 미등기 매매 등 워낙 경험이 많았기에, 완전 살아있는 스킬을 가르쳐주다 보니 강의가 재미있었어요. 하루는 강의에 들어오더니 "너희들 나한테 1인당 50만 원씩 꿔 줄래?" 그러는 거예요. "뭔데요?" 했더니, 너희들 강의하려고 경매 물건을 뽑아 왔는데, 눈에 번쩍 띄는 게 하나 있다는 거예요.

전에 살던 동네의 물건이라서 대충 아는데, 앞에서 보면 1층이고 뒤로 보면 지하 빌라라는 거예요. 경매정보지에는 지하 빌라라고 나와 있어서 떨어질 대로 떨어졌으니까, 이제 가서 입찰하면 된대요. 그런데 돈이 없다는 거예요.

강의를 전날 준비했겠죠. 사모님이 조그만 슈퍼를 하는데 돈 달라고 했더니 돈 없다고 주질 않으니, 너희들에게 꿔서 입찰하겠다는 거예요.

그런데 수강생들은 이미 다 알고 있었거든요. 선생들이 무서운 사람이라는 것을요. 수강생들이 상상하는 것보다 더 무섭고 이상한 사람들이라는 걸 알고 있었어요. 언제 잡아 먹힐지 모른다는 걸요. 사자 앞에서 공부하는 토끼라는 생각을 했으니까요.

암튼 그렇게 무서운 사람들한테 배웠어요. 돈을 꿀 가망이 없자, 선생님이 다음 강의는 법원에서 한다면서, 쫓아올 사람들은 와서 실전 경매 강의를 받으라고 했어요. 거의 다 법원에 갔어요. 법원에서 선생님은 돈을 꺼내 보이더니 "이 돈이 어디서 났냐? 카드란 카드는 다 집어넣어서 현금 서비스 받은 거야." 말씀하시는 거예요.

기가 막혔죠. 세상에 현금 서비스로 입찰보증금을 마련하는 사람이 어디 있겠어요. 그걸 보증금으로 입찰해서 단독으로 낙찰받았어요. 역시 고수더라고요. 완전 실전인 거예요. 거의 나만 들어올 게 분명하다더니, 정말 단독이더라고요. 입찰하고 낙찰받는 것을 눈앞에서 봤지요. 마치 자기 일인 양 긴장되어 가슴이 콩닥거렸죠.

그날은 그렇게 점심 먹고 헤어졌는데, 일주일 후 강의 시간에 선생님께서 그 빌라 기억나냐고 묻더니, 대뜸 팔았다고 하더군요. '무슨 말도 되지 않는 소리를? 잔금도 안 냈는데 벌써? 그걸 누가 사나? 사자마자 팔면 법에 걸리는 것 아닌가?' 등 별생각이 다 들더라고요.

그렇잖아요. 책에서 보면 낙찰받고, 잔금 내고, 소유권을 이전하고, 그리고 팔아야 하는데, 벌써 팔았다는 거예요. 그것도 일주일 만에 말이죠. 설명해 주시는 거예요.

낙찰받은 후 아는 부동산업자에게 매물등록을 하면, 그 부동산업자가 집을 구하는 사람에게 "이건 지금 주인이 이순신이지만, 실제로 홍길동이 낙찰받았습니다. 곧 소유권이 바뀌니 매수인께서 중도금과 잔금을 주시면 그 돈으로 잔금 치르고, 소유권 이전한 그 날로 매수인에게 소유권을 넘겨주겠습니다. 대신에 시세보다 싸게 낙찰받은 만큼 싸게 매도하는 겁니다." 이런 식으로 해서 팔았다는 거예요.

자기 통장 보여주면서 계약금 입금 내역을 보여 주더라고요. 진짜 놀랐어요. '이렇게 하는 거구나.' 더 정확하게 말하자면 '실전에서는 이런 식으로 융통성 있게 응용하여 돈을 버는구나' 생각했죠.

그날 선생님이 그러시더라고요. "돈이 많으면 누구나 고수가 될 수 있다. 돈으로 해결하면 되니까. 소유권 이전이 안 돼? 돈으로 하면 돼. 임차인이 명도 안 해줘? 돈으로 하면 돼. 돈 1조원이 있다면 우리나라 최고의 부동산 고수가 될 수 있다. 근데 그건 투자가 아니잖아. 돈 지랄이지."

그분이 보여 준 게 이거예요. "부동산투자는 반드시 자기자본이 있어야 하는 것은 아니다. 경매는 원래 돈 없는 사람이 하는 투자 방법이다." 그렇잖아요. 물건 값의 10%만 있으면 되잖아요.

진정한 고수는 자기 돈이 없는 상태에서 남의 돈으로 한다는 거예요. "남의 돈을 움직여서 돈을 벌어야 고수라고 할 수 있다. 돈이 많다면 아기도 얼마든지 하지. 내가 너희들에게 내 돈 10원도 없이 어떻게 3~4백을 벌었는지 보여줬잖아."

지금의 가치로 치면 천만 원 이상이겠죠. 긴가민가 의심하는 우리에게 몸소 보여준 거예요. 무척 큰 간접 경험이었죠. 그분이 늘 강조하는 말 중 하나가, 아는 곳에서 아는 물건만 하라는 것이었어요.

남이 이거 해서 돈 번다고 해도 절대 믿지 말라고 했어요. 그게 돈 되면 자기가 하지, 너한테 알려주겠냐는 거죠. 똥개도 자기 집에서는 한 점 먹고 들어간다고, 자신이 아는 구역에서 먼저 해야 실수하지 않고 돈을 벌 수 있다고 했어요.

주제넘게 처음부터 부산 가고, 서울 가지 말고, 너는 인천 사람이니까 여기 인천에서 시작하라고 조언해 주었죠. 그리고 또 중요한 가르침 중 하나가 낚싯대 이론이에요. 그분이 낭중지추라는 말을 쓰시더라고요. 송곳은 주머니에 넣어도 삐죽 나와서 누구나 다 안다는 거죠.

고수들은 송곳과 같아서 그 끝에 힘을 모을 수 있기 때문에 비록 적은 돈으로라도 과녁을 꿰뚫는다는 거죠. 한 건 처리하면 큰돈이 되는데도 불구하고, 하수는 끝이 뭉뚝한 빨랫방망이와 마찬가지라서 아무리 뒤에서 밀어도 뚫리지 않는다는 거예요.

삐죽한 건 바로 기술이거든요. 송곳은 조금만 밀어도 빵빵 뚫리는데, 빨랫방망이는 불도저 정도로 밀어야 뚫리지, 여간해서는 안 뚫린다는 말이에요.

그래서 제시한 방법이 낚싯대 이론이에요. 낚시 좋아하셨나 봐요. 고수는 낚싯대 하나로 한다는 거예요. 저 멀리 본 다음에 그 포인트에 던져서 딱 잡아 올리면 월척인 거예요. 하수들은 그런 능력이 없으니까, 여기저기에 수십 개의 낚싯대를 던져 놓고는 바쁘게 들었다 놓기를 반복해야 한다는 것이죠.

맨날 건져보면 요만한 것이지만 어쩔 수 없다는 거죠. 하수니까 낚싯대 이론에 따라 조그맣게 쪼개서 늘어놓으라는 거예요. 1억 있으면 1억짜리 물건 하나 하는 게 아니라, 천만 원짜리 10개 하는 게 옳다는 거죠.

또 부동산 투자의 특징상 오래 가지고 있으면 결국은 돈이 되기 때문에, 샀을 때는 시원찮아 보여도 결국 나중엔 돈이 된다는 거죠. 운좋으면 그중에 월척이 자기 발로 걸려들기도 하고요. 그렇게 그분이 가르쳐주고 충고한 지침에 따라서 인천에서 시작하게 됐죠.

📑 빌라 투자

처음 낙찰받은 물건이 빌라?

송곳 같은 실력이 없으니 낚싯대를 여기저기 늘어놓을 생각에, 작은 지하 빌라부터 시작했어요. 이런 결정 하나가 장래에 큰 차이를 만들 수 있는데, 저는 운이 좋았다고 생각해요.

그리고 저는 처음이 중요하다고 생각해요. 첫 단추를 잘 끼워야 시행착오가 적기 때문이죠. 제가 경매를 오래 했기 때문에 저로 인해서 경매에 입문한 사람이 제법 돼요.

제가 사람들에게 경매를 어드바이스할 때 나름대로 지키는 것 중 하나가, 평소 잘 아는 사람은 절대 입문 안 시킨다는 점이에요. 아는 사람을 경매에 입문시켰더니, 이 사람이 사고 칠 때마다 가서 해결해 줘야 해서 괴롭더라고요. 모르는 사람이면 입 닦아도 되잖아요.

내가 받은 물건은 내가 알아서 해야지요. 아는 사람을 입문 시켰다가 이 사람이 얼마나 사고 치는지, 가는 데마다 이상한 물건 낙찰받고, 권리분석 안 해서 골치 아프고, 그다음부터 절대 아는 사람은 안 하죠.

여담이었고요. 겪어보니까 경매로 머리 올릴 때 첫 물건이 중요하더라고요. 첫 물건이 잘 풀리면 확실히 계속 잘하게 되고, 첫 물건이 꼬이면 포기하거나 영원히 경매계를 떠나게 되더라고요. 저는 운 좋게도 첫 물건에서 저의 이후 경매의 방향이 결정되었어요.

재미를 톡톡히 봤거든요. 한때 낙찰가의 5배까지 올랐죠. 그래서 가끔 왔다 갔다 했지만, 일관되게 한 방향으로 투자했죠.

빌라를 낙찰받는데 무슨 전문분야가 있겠어요. 그래도 굳이 전문

분야를 말하자면 폐문부재 전문이에요. 재매각도 좋아하는데요. 지금은 폐문부재가 그렇게 공포의 대상은 아니지만, 예전에는 재매각되는 큰 이유 중 하나가 폐문부재였어요.

물론 재매각되는 이유의 대부분은 시세분석, 권리분석 그리고 물건분석의 실수죠. 시세보다 높게 낙찰받았거나, 낙찰 후 가보니까 집안에 약수터가 있다거나 등등이요.

하지만 의외로 경매 초보가 받은 물건은 폐문부재가 많아요. 초보자가 낙찰받아서 갔는데 폐문부재야. 누가 있어야 얘기를 하죠. 얘기를 해야 집 구경을 하든 명도를 하든 하잖아요.

그래서 초보자가 고수들한테 물어보잖아요. 그럼 송달을 한 후 특별송달에 야간송달하고, 강제집행을 해서 물건을 창고에 보관한 다음, 3개월 지나서 유체동산으로 처분하고, 어쩌고저쩌고 총 6개월 이상 걸린다고 하니까, 에잇! 하곤 보증금을 포기하죠. 그런 경우가 많더라고요.

제가 처음에 낙찰받은 물건이 그런 물건이었어요. 지하 빌라였는데 지하에다 폐문부재였으니 낙찰가율이 무척 낮았겠죠. 게다가 재경매였어요. 근데 이게 제가 낙찰받고 나서 아까 말씀드렸지만 5배로 올랐어요. 낙찰가의 5배로 오른 거예요. 참 운이 좋았죠.

경험 없는 초보가 폐문부재라서 그거 해결하느라고 별 쇼를 다 했어요. 어쨌거나 해결했어요. 첫 번째 물건이 저에게 많은 동기 부여가 됐어요. 폐문부재는 초보자에게 어려운 문제일 수 있는데, 그걸 해결하는 과정에서 저의 적성을 발견한 거죠.

📑 첫 물건이 폐문부재

어떻게 해결하셨어요?

저는 경매 하려면 대범한 성격보다는 꼼꼼한 성격이 더 좋다고 생각해요. 전체적으로는 외향적인 성격이 좋지만, 외향적인 사람은 털털거리다 놓칠 수 있기 때문에, 약간 소심한 성격, 섬세한 성격, 남이 잘 놓치는 것도 잡아내는 분석적인 성격을 가진 사람에게 어울린다고 생각해요.

첫 물건을 낙찰받은 다음에 폐문부재인 걸 알았어요. 그전에는 무서워서 벨도 못 눌러 봤으니까요. 지금이야 내 집처럼 누르고 문 안 열어주면 안 좀 보자고 조르고 그러지만, 그때는 어디 그런가요?

그랬던 초보니까, 겉만 보니 깨끗하고 지은 지 얼마 안 됐고, 사람들 말이 이 동네는 물이 안 나는 동네라고 했으니, 불안했지만 괜찮겠거니 하면서 입찰 들어갔죠. 안은 못 봤죠. 경쟁자를 물리치고 낙찰받았어요. 그 경쟁자가 있다는 것이 무척 안심이 되었어요.

낙찰받고 그날로 달려갔지요. 가서 자세히 보니까 이상해요. 현관 손잡이에 먼지가 쌓여 있고 우편물 함에 우편물이 가득했어요. 입찰 전에는 그걸 못 봤어요. 아니, 보이지 않았던 거죠. 사람이 살지 않는다고 생각되니까 진짜 가슴만 콩닥거렸죠. 물론 낙찰 전에 선생님하고 상담은 했어요.

선생님이 "일단 싸고 작은 걸로 한 바퀴 돌려보면서 경험을 쌓아라. 입찰하고 낙찰받고 명도 후 잘 정리해서 매도하든가, 임대 놓아서 한 사이클을 돌려봐야 한다. 이런 작은 지하 빌라는 투자액이 적어서 혹시 실수하더라도 타격이 작으니까 실습용으로 좋다."고 하셔서 지하 빌라 조그만 것을 한 거예요.

그 돈 없어도 그만이라고 생각했던 거죠. 근데 하필이면 폐문부재인 거예요. 어떻게 해야 할지 모르겠더라고요. 그래서 선생님께 전화 한 번 넣었죠. 선생님 말은 간단해요. 그냥 문 따고 들어가라는 거예요. 괜찮다는 거예요.

그런데 초보가 그럴 수는 없잖아요. 고수는 문 따고 들어갔다가 어떤 문제가 발생해도 바로 대처하고 해결할 수 있겠지만, 초보는 매 순간 매 과정이 지뢰밭이나 마찬가지잖아요. 경매 카페에 가면 상담을 주고받은 내용이 많잖아요. 폐문부재로 검색하면 쫙 나오잖아요. 그걸 거의 다 읽어 봤어요.

그리고 경매정보지 사이트에 Q&A가 있어요. 거기에 질문하면 고수들이 답을 해주거든요. 폐문부재를 검색해서 고수들하고 남들이 주고받은 글을 다 읽어 보고 감을 잡았어요. 그래서 일단 큰 용기를 내서 옆집 문을 두드린 거예요. 많은 정보를 얻었죠.

부부가 살았는데 야반도주했대요. 홈쇼핑 중독에 걸려 계단 밖에 물건을 쌓을 정도로 지름신이 내렸었대요. 그래서 채권자에게 시달리다 어느 날 문 닫고 도망갔대요. 도망간 사이에 한 번 수도가 터졌는지 물난리도 났었대요.

입찰 전에 물어봐서 이 내용을 알았다면 들어가지 않았겠죠. 그러나 이젠 어쩔 수가 없잖아요. 동사무소에 갔어요. 내가 낙찰받았는데 야반도주한 주소를 알 수 있냐고 묻고, 창구 아가씨한테 빌었죠. 전 소유자를 만나야지 이사 보내고 잔금 내고 소유권 이전할 텐데, 어떻게 하냐고 말이죠.

그랬더니 이 근처에 여자네 아버지가 산다고 살짝 귀띔해 주더라고요. 하긴 그 정도면 동사무소에 채무자가 얼마나 찾아왔겠어요. 추심업체에서 채권자들이 많이 와서 물었겠죠. 그래서 알았는지 아니면 다른 경로로 알았는지, 어쨌든 덕분에 그 근처를 다 뒤져서 여자네 아버지를 찾아냈고, 아버지한테서 딸이 숨어 있는 주소를 얻었어요.

사실 그 집을 찾아가는 것도 엄청난 용기가 필요했는데, 기어이 찾아가서 만나고 포기각서를 받았어요. 언제까지 이사 안 할 경우에 모든 유체동산을 다 포기한다고 말이죠. 약속한 날짜에 와선 필요한 소품 몇 개 가져가고, 나머지 물건은 모두 두고 갔어요.

이게 지금이니까 이렇게 쉽게 말하는데 그때의 스트레스와 압박감이라는 건 상상을 못할 정도였어요. 지푸라기라도 있으면 그거라도 잡고 살겠다는 심정이었어요.

그렇게 폐문부재를 해결하고 보니까 의외의 소득이 있는 거예요. 냉장고, 세탁기 등 어지간한 살림살이가 다 있더라고요. 손바닥만큼 작은 단칸방으로 피신했으니 가져갈 수가 없었겠지요. 얼마나 방이 작던지.

우습게도 처음엔 '이 웬수가 살림을 다 가져 갈 것이지 어떻게 하라는 거야' 생각했어요. 그래서 이 많은 유체동산을 어찌 처리하나 인터넷으로 검색해봤지요. 인터넷에서 하는 조언은 '중고상 불러서 다 치우는 조건으로 다 줘버려라'가 전반적인 대세였어요.

그랬는데 어떤 댓글에 "그걸 왜 팔아요? 활용해야지. 어떻게 활용하냐? 세 놓을 때 보증금 200에 월세 20만 원이 시세라면, 살림살이 쓰는 조건으로 200에 25에 놔라." 월세가 5만 원 더 생긴다는 논리인 거예요.

무릎을 '탁' 친 후 청소하고 정리하고, TV가 안 나와서 한 대 샀지요. 21인치일 거예요. 딱 갖춰 놓고 그 동네 시세보다 5만 원 더 받고 세를 놨죠. 계약서 쓰는 순간 춤을 췄어요. 첫 물건에서 평생 할 경매의 방향을 잡은 거죠. 그 지하 빌라의 낙찰가는 1,350만 원이었어요.

첫 물건 낙찰받았을 때는 제과점 하시면서?

네~ 제과점 때려치우기 6개월 전쯤이요. 그러니까 그게 성공함으로써 '이제 빵집 안 해도 되겠구나' 생각이 들었죠. 그 물건 낙찰받을 때까지 경매 법정에 수도 없이 가서 보초 섰어요. 맨 앞에서 어떤 물건에 몇 명이 들어와서 얼마에 낙찰되는지 계속 체크했죠. 그런 데이터가 쌓이니까 얼마를 써내야 낙찰되는지 감이 오더라고요. 데이터가 쌓여서 정보가 되었죠.

폐문부재 물건들

📑 충분한 지식의 토대 위에서 실행해야

매일같이 입찰 갔어요?

틈날 때마다 갔어요. 그때는 법원 입구에서 경매정보지 팔다가 남으면 공짜로 나눠주잖아요. 들고 가서 맨 앞자리에 앉아서 기록했죠. 지금은 몇 명이 들어오고 1등이 얼마 썼는지 인터넷으로 확인이 가능하지만, 그때는 그런 정보가 약했거든요.

어떤 법원 가면 1등만 발표하고 말아요. "13명 입찰해서 1등 홍길동 얼마" 하고 끝인데, 인천은 친절하게 1등부터 꼴등까지 다 알려줘요.

이게 너무 좋은 거예요. 입찰가 분포도랄까 그런 것을 알 수 있었죠. 덕분에 초보인데도 이미 눈치챌 수 있었죠. 1, 2등만 뚝 떨어져서 낙찰받은 것은 바지 세운 것이란 걸 말이죠. 그게 가능한 이유는 1등부터 꼴등까지 다 불러주니까요. 그렇게 계속 듣다 보니까 '이 정도면 내가 낙찰받을 수 있겠구나.' 알겠더라고요.

첫 번째 물건도 생전 처음 입찰해서 낙찰된 거예요. '이 금액이면 받을 수 있겠다.' 감이 왔죠. 경쟁자가 두 명 있었는데 경쟁자를 제치고 1등 할 수 있었던 것도 그런 이유 같아요. 지금 생각해보면 그것도 무척 큰 행운이었어요.

제과점 하면서 하신 거잖아요. 오전에 문 열어 놓고 법원 가신 거예요?

빵집 할 때 제가 자본금이 부족했거든요. 그전에 회사도 다녔지만, 월급쟁이들 뻔하잖아요. 제과점 오픈하는데 돈이 모자라서 동업했어요. 친구하고 동업해서 매장을 하루씩 교대로 운영하기로 정했어요. 격일로 시간이 있었어요. 물론 쉬는 날에도 대개는 빵집 일을 도와야 했어요. 재료 사고, 창고 정리하고, 배달 가고 말이죠. 한 사람은 매장 관리하기도 바쁘니까요.

그런 중에도 짬이 있어서 가능했죠. 그리고 비교적 꼼꼼한 성격이라 서두르지 않고 신중하게 단계를 밟아 나갔죠. 제과점과 경매 일을 병행하는 시기라 더 신중할 수밖에 없는 환경이기도 했어요. 시간적 여유가 많은데도 불구하고 마음이 급해서 실수하는 사람들, 주로 아주머니 중에 그런 분들이 많은데요. 그런 분들을 보면 옛날 어른들에게서 들은 이야기가 생각나요.

옛날에 하느님께서 세상을 창조하신 후 새들을 모아 놓고 집 짓는 걸 가르쳐 주셨어요. "얘들아 집을 지을 때는 강가에 가서 돌을…" 여기까지 말했는데 오리가 "알았어요, 알았어요." 하고 가 버렸어요. 하느님이 불렀지만 계속 "알았어요. 알았어요." 하면서 가버렸어요.

오리가 강가에 가서 보니까 돌이 많은 거예요. 오리가 들은 말을 종합해보니까 돌이 집이란 말인데 강가에 돌이 굉장히 많거든요. 그래서 오리는 아무 데나 알을 낳아요. 모두 다 집이니까요. 여기저기 말이죠. 닭을 키우면 늘 알 낳는 곳에만 알을 낳아서 키우기 편한데, 오리를 키우면 맨날 알 찾아다니는 게 일이거든요.

하느님이 마저 말씀하셨죠. "강가에 가면 돌과 모래와 진흙이 많은데…" 그러자 이번엔 도요새가 "아~ 알았다" 하더니 벌떡 일어나 가 버리는 거예요. 그래서 도요새는 집을 강가 옆에 돌과 모래와 진흙으로 동그랗게 집을 지어 알을 낳아요. 해가 뜨면 덥고, 물이 불어나면

떠내려가거나, 여우가 물어가곤 하죠.

그다음에 하느님이 "강가의 재료에다가 나뭇가지…"까지 이야기했을 때 이번엔 까치가 떠났어요. 그래서 나무 위에 얼기설기 나뭇가지를 엮어 집을 짓는 거죠. 큰 나무 위에 제법 집다운 집을 짓지만, 하느님의 말씀을 끝까지 들은 새하고는 비교할 수 없지요.

그 새가 제비예요. 강가에서 진흙을 물어다 나뭇가지나 풀과 섞어서 처마 밑에 단단한 집을 짓죠. 몇 년을 사용해도 끄떡없는 그런 집이 되는 거죠. 다른 일도 다 매한가지지만, 경매도 새들처럼 귀동냥 하나로 "알았어. 알았어." 하는 경우가 많더라고요.

제가 어드바이스를 해드렸던 분 중에 비슷한 경우가 꽤 되는데, 오래 붙잡고 알려드릴 수는 없고 저한테 딱 두 시간 동안 PC로 "이렇게 물건 검색하고 입찰하는 겁니다." 배우고는, 대뜸 다음날 법원에서 낙찰받더라고요. 20명 들어와서 1등 했대요.

낙찰받고는 처음에는 V자 표시하고 나왔는데, 집에 와서 생각해 보니까 목덜미가 서늘하더래요. 20명 들어와서 1등 하면 잘한 게 아니라는 걸 어디서 들었거든요. 아무래도 잘못한 것 같다고 그날 밤늦게 연락이 왔어요. 사건번호 열람해 보니까 잘못 받았더라고요. 그거 해결해 준다고 고생한 기억이 있어요.

앞서 이야기한 것처럼 경매는 성격이 좀 치밀해야 해요. 왜냐하면 부동산은 돈이 한두 푼 들어가는 것이 아니거든요. 아무리 작은 물건이라도 천만 원 이상은 들어가니까 문방구 가서 지우개 사듯 할 수는 없는 노릇이죠.

폐문부재 전문이 되다

나름 전문분야가 폐문부재라고 하셨는데, 폐문부재 물건은 어떻게 처리하세요?

경매는 부동산을 대상으로 하는 것이니까 물건을 취급하는 것이라고 생각하겠지만, 자세히 들여다보면 실제로는 사람을 상대하는 게 주된 일입니다. 임장, 시세조사, 낙찰, 명도, 매도, 임대차 모두 사람을 만나야 하죠. 그것도 처음 만나는 사람 간에 이루어지는 일이죠.

특히 폐문부재는 사람과의 문제예요. 따라서 폐문부재 물건 자체에 집중하기보다는, 폐문부재를 만든 당사자들이 어떤 상태였는지 파악하면 쉽게 해결되더라고요.

당사자는 대부분 전 소유자고, 가끔 임차인도 있지요. 폐문부재를 물건으로 접근하면 법리적으로 나가게 돼요. 남의 집을 허락 없이 들어가면 무단침입죄, 자물쇠를 부수면 기물손괴죄 등 형법에 관련된 사항이 많거든요.

형법에 걸려도 실제로 감옥은 안 가요. 벌금 내고 말죠. 사실 폐문부재가 무섭다 해도 실전에서는 법에 저촉되어도 벌금 50~100만 원이에요. 어찌 보면 아무것도 아니죠. 형법 사항이라 수갑 찬다 어쩐다 하지만, 파출소 갔다 오면 그만이에요. 그러니까 고수들은 그냥 문 따는 거죠. 법리적으로 가면 하세월이거든요.

그런데 사람 문제로 접근하면 그마저도 더 간단해요. 사람 문제로 해결하는 것이 더 쉽다는 걸 안 다음부터는 폐문부재가 너무 좋은 거예요. 갔더니 폐문 부재야. 창문 열어 보면 알잖아요. 우체통 봐도 알고. 옆집이나 윗집 혹은 문 앞에 앉아 있는 할머니한테 "이 집에 사람 살아요? 안 살아요?" 하면서 물어보면 "6개월 넘었어", "1년도 넘었어" 말해주잖아요.

그러면 왜 폐문부재가 됐는지를 확인하죠. 만약 중국으로 도망갔다더라 하면, 진짜 좋은 것이죠. 중국으로 도망갔다고 하면, 입찰하기 전이라도 문부터 따는 사람도 있어요.

열쇠 아저씨 부르면 2만 원 받거든요. 주인이냐고 물으면 경매받았다고 하면서 "만 원 더 드릴게요." 하면 따 주거든요. 입찰 전에 안을 볼 수 있죠. "수리비 얼마 나오겠다." 그런 것이 가능한 것이 폐문부재예요.

아마 경매 경험이 좀 있는 투자자 중에 폐문부재를 법대로 해결하는 경우는 거의 없을 거예요. 적당히 절차 밟다가 그냥 문 열고 들어가죠. 사실 이런 내용은 이렇게 공개하면 안 되지만, 실제는 그렇다니까요.

정 찜찜하면 문 따는 장면부터 스마트폰으로 동영상 찍고, 물건 목록 만들어서 옆집 아주머니나 동행자 확인서 만들면, 어지간한 면피는 가능하죠. 사진 다 찍어 놓았으니 나중에 진짜 주인이 와서 지랄해도 할 말이 있거든요.

이렇게 문 열고 들어가면 오히려 이사비 협상이 유리할 수도 있거든요. 먼지 뽀얗게 쌓이고 수도와 전기도 끊긴 상태는 사람이 살지 않는다는 증거인데, 이사비 달라는 논리는 곤란하죠. 이미 이사 간 것이나 마찬가지니까요.

그리고 폐문부재의 절반 정도는 오리지널 폐문부재예요. 사람을 만나고 싶어도 만날 수가 없어요. 대통령도 못 찾아내죠. 채권자 무서워서 중국으로 야반도주를 했는데 집에 올 까닭이 없잖아요.

그래서 폐문부재는 명도라는 게 없어요. 토지는 명도가 없잖아요. 폐문부재도 명도가 없어. 낙찰받은 그 날로 문 따고 들어가도 되는 물건이 많아요. 물론 그 전에 조사는 끝내야죠. 누가 지켜 보고 있으면 큰일 나잖아요.

경매 집행관이 고발당해서 시달린 경우가 있어요. 강제집행해서 이삿짐센터에 보관했는데 집행관에게 고발장 들어왔어요. 집에 금송아지가 있었는데 없어졌다고 말이죠. 집행관이 문 따고 들어가 끌어냈으니 네가 책임지라는 거죠.

심지어 몰래 지켜보는 사람도 있어요. 하지만 그렇게 지켜보는 사람이 있다는 건, 나도 지켜보기 때문에 알 수 있어요. 자주 들러 보고 여러 가지 장치를 해 놓아야죠. 예를 들어서 문틈에 머리카락을 끼워 놓는다든지, 여기서 다 밝히기는 곤란하지만 별의별 방법이 많죠.

그 후에는 주민센터 가서 주민등록말소 신청하시나요?

주민등록말소 신청할 때도 있지만 사실 별로 할 필요가 없더라고요. 처음엔 옆집이나 통장한테서 불거주확인서에 사인 받아서 제출하곤 했는데, 주민센터에서 오라가라 하고 자꾸 생색을 내려고 해서 지금은 거의 안 합니다.

폐문부재가 특별히 무서운 게 아니군요?

주민등록상 거주자가 있다고 해서 경락잔금 대출이 나오지 않는 것도 아니고, 임대가 안 되는 것도 아니고, 또 그냥 두면 알아서들 주소 빼 가더라고요. 괜히 "당신 주소 옮기시오." 어쩌고 하다가 긁어 부스럼 될까 무섭기도 하고요.

세대열람에서 내용이 나와도 신경 안 쓰고 놔두신다?

네~~

깔끔하게 없애지 않고?

1금융권의 대출이 필요하면 주민등록 말소신청을 해야지요. 그러려면 아시다시피 사람이 살지 않는다는 정황이 확실해야 하죠. 살림이 있으면 말소 안 해주는 경우가 대부분이에요. 그럼 그 많은 짐을 다 치워 놓아야 해요. 보통 성가신 일이 아니죠.

예를 들어서 내가 폐문부재 물건의 점유자였어요. 심리적으로 꼴도 보기 싫은 그 물건에서 벗어나고 싶겠죠. 그냥 잊고 싶은데 어느 날 동사무소에서 연락이 온 거예요. "당신 지금 말소 직전이다." 하고 연락이 왔어요.

그냥 가만히 있으면 내 주민등록이 말소되니까 동사무소에 가서 그곳에 산다고 설명하거나, 집으로 당장 달려갈 거 아니에요. 그럼 낙찰자 입장에서 귀찮아지죠. "넌 누군데 네 맘대로 어쩌고" 하면서 역전이 되죠.

그냥 조용히 정리한 후 매도하거나, 다른 임차인이 살고 있으면 대부분 그냥 포기하거든요. 그냥 알아서 주민등록 빼 가게 두죠. 말썽 일으킬 필요 없으니까요.

경매는 엔트로피의 법칙

첫 물건 후 본격적으로 경매 시작하신 거예요?

그렇죠. 첫 물건 임대 계약을 하여 한 사이클을 돌리고 나니 자신감이 생겼죠. '이게 아무것도 아니구나. 진짜 아무것도 아니구나.' 생각이 들었죠. 경매는 깡패가 하는 것도 아니고, 남의 피 빨아먹는 것도 아니고요. 그때는 경매에 대한 인식이 안 좋아서, 남의 피 빨아먹는 진드기나 빈대와 마찬가지라는 비난을 받았죠.

저는 공학을 전공했거든요. 제가 경매를 공학적으로 해석하면 이렇죠. 예를 들어서 이 세상의 모든 물건이나 에너지는 고급상태에서 저급상태로 흐르거든요.

열역학이란 학문에 나오는 내용이죠. 모든 자연현상은 엔트로피가 증가하는 방향으로 흘러가거든요. 쉽게 말해서 소멸해 가는 거죠. 새것은 낡게 되고, 젊은 건 늙게 되고, 높은 곳의 물은 아래로 흐르고, 잉크는 물에 섞이면 다시 원래의 잉크로 돌아가지 못하죠.

그걸 거꾸로 돌리려면 돈이 많이 들어요. 추운 곳을 따뜻하게 만드는 것도 돈이 들고, 낮은 곳의 물을 높은 곳으로 올리려면 펌프를 돌려야 하죠. 쉽게 말해서 공짜로는 안 되는 거죠.

그런데 경매는 엔트로피를 감소시키는 역할을 하죠. 부동산 물건이라는 것은 사람이 살고, 담보로써 가치가 있고, 법적으로 정상적이어야, 이 사회에 도움이 되거든요.

은행도 안심하고 돈 빌려주고, 임차인은 집이 생겨서 좋고, 임대인은 수입이 생겨서 좋고 말이죠. 경매라는 제도가 없다면 그 많은 집들이 문제가 생길 때마다 방치되겠죠.

만약 폐문부재로 몇 년씩 썩고 있으면 공간만 차지하고 있지, 우리 사회에 도움 되는 게 없거든요. 저 같은 경매 투자자가 낙찰받아 근사하게 수리해서 팔든가, 임대 놓으면 이 사회에 기여하는 거예요. 은행은 은행대로 좋고, 정부도 좋은 거고요.

일종의 이런 논리를 세워서 정신적인 위안을 삼을 수 있었어요. 공학 중에서도 열역학은 뭐랄까 자연계의 본성에 대한 통찰력이 포함된 학문이죠. 재료나 유체는 눈에 보이지만 열의 흐름은 안 보이잖아요.

그러다 보니까 마치 인문학처럼 철학적인 요소가 내포된 것 같아요. 그래서 열역학에 나오는 공학적인 공식이나 용어들이 인간의 사고와 연관이 되어 사용되더군요. 요즘 들어서 열역학에 대한 그런 법칙이 많이 알려지면서, 비전공자들이나 문학자도 그런 책을 읽게 되면서, 우리 일상에 도움이 많이 돼요. 저 또한 경매를 열역학의 엔트로피에 빗대어 설명하곤 하잖아요?

물리를 공부한 박사가 주식시장으로 가잖아요? 파생상품 구성에 물리학자가 가설을 세우잖아요. 가설을 세우고 그게 이렇게 흐를 것이다 예측을 하잖아요. 주식은 돈에 대한 숫자로 움직이는 거잖아요. '이렇게 될 것이다'를 대입시키고 규칙을 물리학자가 정하기도 하잖아요.

실제로 잘 맞기도 했나요?

떼돈 버는 사람도 있는 거고요. 조 단위로요. 우리나라는 아직 그런 정도는 안 되고, 외국에서는 그런 사람이 있어요. 경매를 엔트로피로 설

명하시는 분은 처음이에요. 주식으로 설명하는 사람은 많았거든요.

보충 설명하자면, 집을 하나 지으려면 시멘트와 모래 등이 있어야 하잖아요. 산을 파내야 하잖아요. 그럼 자연이 훼손됩니다. 이미 지어진 집을 방치해 놓고 있는 것보다 경매를 하여 다시 사용하게 하면 자연파괴도 줄어들죠.

법적으로도 동일하게 적용돼요. 낙찰된 후 모든 권리가 말소되잖아요. 원시 취득 상태로 돌아가잖아요. 마치 새로 지은 집처럼 등기부등본이 깨끗해지잖아요. 그러니까 이게 완전히 거꾸로 가는 거죠. 소멸에서 다시 탄생으로 말이죠. 그걸 저는 열역학에 적용해 본 거죠. 억지일 수도 있지만, 그런 논리로 저의 경매 철학을 정립한 거예요.

엔트로피 자체가 자연의 법칙을 설명하는 거니까, 일리 있네요.

지금도 작전동에서 빌라 수리하다 왔는데, 가 보면 현재는 형편없어요. 지금 싱크대 수리하고 있었거든요. 저 아니면 쓰레기 매립장으로 직행했을 물건이죠. 다시 못질하고 색칠하고 해서 살리면, 앞으로도 10년 가까이 생명을 유지하게 되죠.

📋 도토리 투자법

첫 낙찰 후부터 본격적으로 해야겠다고 마음먹었을 때, 어떤 전략과 전술을 짜서 했어요? 그냥 계속해서 여러 빌라를 끊임없이 돌아다니면서 보셨어요?

맨 처음 블로그에 올린 글이 2006년인가 그래요. 그때 올린 것 중 하나가 도토리 투자법이에요. 호박은 한 번 굴리면 호박 둘레만큼 성큼 가지만, 도토리는 쉬지 않고 계속 굴려야 호박만큼 가잖아요. 호박을 하나 샀는데 많이 썩었어요. 그럼 호박을 통째로 버려야 해요. 호박이 비싼 만큼 경제적인 타격도 크죠.

그렇지만 도토리는 호박 살 돈이면 도토리 100개도 사죠. 도토리는 썩으면 버리면 그만이거든요. 그 대신에 도토리 굴려서 호박을 쫓아가려면, 남자들은 사타구니에서 소리 나게 뛰어야 하는 거죠.

제 성격 자체가 소심한 편이고 조심성이 많다 보니까 더 그랬지요. 또 큰 물건으로 가기에는 돈 문제도 있었고요. 남자들은 목욕탕 가면 사우나에서 경험하는 거 있잖아요. 사우나에 들어갔더니 누가 먼저 있잖아요. 늦게 들어간 사람은 뭔가 먼저 있던 사람보다 늦게 나가야 한다는 그런 심리요.

그러다가 나가고 싶은데 누가 모래시계 뒤집으면 이를 악물고 버티죠. 남자들 심리 희한하죠. 이상하게 경매에도 남들보다 더 멋있게 보이려는 겉멋이 있어요. 자기 체력이 안 되면, 더워서 못 견디면, 남이야 사우나에 있든 말든 나와야 하는데도요.

다른 사람이 투자하는 거 보면서 '기왕 하려면 아파트 정도는 해야지, 조금 돈 벌면 빌딩 투자해야지.' 그런 생각을 하는데 저는 반대로 움직였어요. 가능하면 점점 더 작은 물건으로요. 투자학 개론에서 정설로 거론된 것은 아니지만요. 일종의 경험치로 알게 된 법칙이죠.

투자는 금액이 적으면 작을수록 수익률이 높아요. ROI(Return On Investment : 투자자본 대비 수익률)는 늘 투자금이 작을수록 높게 형성되더라고요. 또 선생님 왈, "아직 실력이 없으면 낚싯대 이론으로 여기저기 작은 물건 잔뜩 모아두면 알아서들 제값을 한다"고 했잖아요.

그리고 어차피 저는 제과점 안 하면 실직 상태잖아요. 나한테 있는 무한한 자원은 시간이에요. 신체도 건강하고요. 겉멋만 잔뜩 들어 큰 물건 잡아서 마음고생 하느니, 작고 구질구질한 물건을 낙찰받자고 생각했어요.

첫 번째부터 작은 물건이었잖아요. 낙찰가가 1,350만 원이었어요. 여담인데 그 첫 물건 때문에 다른 집 이혼하는 거 봤어요. 그다음부터 주변 사람들에게 낙찰가 얘기 안 하는 편이에요.

저는 1,350만 원에 낙찰받았잖아요. 청소하고 정리하면서, 오랫동안 닫힌 집에서 먼지 나오고 문 열고 사람 왔다 갔다 하니까, 동네 사람들이 궁금해할 거잖아요. "누굽니까? 이사 왔습니까?" 묻잖아요. 답을 해줬어요. 얼마에 낙찰받았냐는 질문에 1,350만 원이라고 자랑스럽게 얘기했죠. 첫 번째 승전보니까요.

그 금액 때문에 한 집에서 난리 난 거예요. 그 집은 분양 받았더라고요. 4천만 원에. 아저씨가 술꾼이었는데 아주머니 이야기는 이래요.

주당인 남편을 만나서 평생 고생하다가 겨우 집 하나 만들어서 사는데, 누구는 1,350만 원에 사는 집을 우리는 남편 잘 만나서 4,000만 원에 샀다는 거죠. 저 인간 지금이라도 내가 버려야 된다며 이혼을 했어요.

물론 그것 때문에만 이혼한 건 아니겠죠. 일종의 방아쇠 역할을 했다고 생각해요. '이런 놈 믿고 평생 못 산다.' 그 늦은 나이에 갈라선 거죠. 앞서 언급했듯이 1,350만 원에 낙찰받아서 보증금 200만 원, 월세 25만 원에 임대 놓었어요.

이걸 전세가로 환산하면 2,700만 원(= 25 * 100 + 200)이 되잖아요. 전세가의 절반에 불과한 금액으로 그 집을 잡았잖아요. 수익률이 얼마냐고요. 말도 안 되잖아요. 게다가 2년 후 최고로 올랐을 때(인천에 재개발 붐이 일었을 때) 그게 5배까지 올랐어요.

7천만 원까지 올라가서 팔려고 했으니까요. 5배죠. 그런 식으로 올라갔으니, 제가 그런 물건에 투자하는 걸 마다할 이유가 없잖아요. 덕분에 경매 초보 때부터 작은 물건이 돈 되는 걸 알았어요.

경매하면서 땅이나 상가도 낙찰받아 봤지만, 땅은 좀 어렵더라고요. 땅 사려면 돈이 있어야 하고요. 그렇다고 도로 같은 특수물건은 제 실력이 부족하고요. 그리고 상가는 진짜 어렵고요.

주변에 부동산 투자하는 분들이 흘러가는 형태를 보면, 빌라 같은 거 하다가, 아파트 하다가, 상가로 가는 게 공식이거든요. 상가는 멋있잖아요. 금액도 크고 대박의 가능성이 있잖아요. 근데 무섭더라고요. 왜냐하면 상가는 오늘 좋았는데, 내일 우회도로가 생겨서 문 닫기도 하거든요. 상가는 고수 중의 고수가 해야죠.

앞서 언급한 서울레저그룹의 이X종씨도 3천억 원을 경매로 벌었다는데, 상가 낙찰받았다 나가떨어졌잖아요. 고의로 그랬다, 어쨌다 하지만, 결국은 상가에서 끝이 났어요. 암튼 제 실력으로는 턱도 없고, 작은 거 하는 게 옳아요.

그래서 예전에 주장한 것이 서민 경매, 도토리 경매죠. 남들이 안 하는 것, 조그만 것, 평수 작은 것, 가능하면 전용 평수 10평 안 넘어가는 것. 제가 핑크팬더님과 인터뷰한다고 해서, 제 말에 신뢰를 실어주기 위해 자료를 갖고 왔어요. 보세요. 보유자산에 일련번호를 붙였는데 현재 40번까지 있잖아요.

작은 걸로 실속있게

융자 없는 것도 있네요?

어떻게 금방 아셨죠? 그럼요, 융자 없는 것도 있죠. 대부분 투자금액이 작은 물건들이에요. 모든 물건의 융자를 합한 총액이 8억 원이에요. 임차보증금으로 받은 것이 3억 원이고요. 그러니까 지금 남의 돈이 11억 원이죠.

그럼 자산이 얼마인지 1번부터 40번까지 합해보면 추정 시가의 합이 25억 원이네요. 추정 시가는 대략적으로 이 정도 시세는 된다고 제가 판단한 금액이죠. 낙찰가의 합은 15억 원이고요. 즉 15억 원에 낙찰받아서 25억 원이 되었으니까 10억원 번 거죠. 현금화된 건 아니고 수치상으로 그렇다는 것이죠.

보세요. 물건이 40개인데 추정 시가가 25억 원이잖아요. 결국 물건 한 건당 시세가 6천만 원밖에 안 된다니까요. 대부분 투자금이 작은 물건이란 걸 알 수 있죠. 낙찰가로 가면 더 웃기죠. 물건 40개에 15억이니까 한 건당 3~4천만 원 사이죠. 대부분 방 2개짜리 빌라라는 뜻이에요.

제가 경험한 바에 의하면 3천에서 4천만 원 사이의 물건이 제일 좋더라고요. 수익률 좋고, 속 덜 썩이고, 제일 무난해요. 그중 3천만 원이하로 잡히는 물건은 대부분 지하로 가는 건데, 지하를 보유하려면 나름대로 지식이 좀 있어야지요. 물건을 고르는 안목도 필요하고요.

어떤 식으로?

일단 제일 큰 문제가 아침마다 옹달샘 물 뜨러 다니는 거죠. 물이 솟아난다든지, 환기 문제가 심각하면 안 들어가요. 나도 살기 힘든데 남한테 살라고 하기 어렵잖아요. 특히 폐문부재의 경우에는 안을 볼 수 없어도, 제대로 된 물건인지 판단하는 감각이 있어야죠.

지금까지 낙찰받은 총건수는 제 물건, 남의 물건 해서 100건 가까이 될 것 같은데요. 100건 낙찰받으려면 임장은 몇백 번 했을 거예요. 그 정도 임장을 하다 보면 어떻게 본다는 것보다도 감각적으로 알게 되죠.

그래서 지하 빌라는 위치한 지형의 형태나, 세부적으론 출입문 밑이 삭았는지, 현관 앞 바닥에 얼룩이 졌는지 등을 확인하죠. 제일 정확한 건 주변 사람에게 물어보는 건데, 가끔 거짓 정보를 제공하기 때문에 조심해야 해요.

결국 자신이 직접 확인하는 게 제일 정확하죠. 그리고 또 하나는 물이 나도, 해결 방법을 알면 상관없어요. 임차인에게 제습기도 사주고 하니까요. 어쨌거나 저는 이렇게 지하 빌라도 했어요.

사실 대부분의 투자자가 인천 쪽에 오기는 해도, 반지하 물건은 손사래 치잖아요. 인천에 있는 반지하 물건의 감정가는 대부분 5~6천만 원 정도 되는데, 두 번 이상 유찰돼서 3천만 원까지 떨어지고, 어떤 건 2천만

원대로 떨어지기도 하잖아요. 그 정도 선에서 괜찮다면 반지하라도 잡는 게 낫나요?

잡죠. 제 물건은 아니었지만 다른 투자자들 낙찰받는 것 중에서 대박 난 사례는 반지하가 많아요. 인천의 제물포역 앞에서 수봉공원 쪽으로는 다 빌라거든요. 재개발 지역으로 묶여 있다가 그게 재개발이 포기되는 바람에 새 빌라가 많이 들어섰어요.

그곳에 지은 지 10년도 안 된 빌라가 경매로 나왔죠. 제가 낙찰받고 싶었어요. 재매각에, 폐문부재에, 반지하라서 완전히 제가 추구하던 물건이죠. 앞서 말했듯이 반지하 물건 볼 때 체크하는 것이 지형이에요. 지형을 잘 보면 물이 나지 않고 뽀송뽀송해서 1층이나 마찬가지인지 알 수 있어요.

그 물건은 구조적으로 절대 물이 날 수 없는 구조였어요. 제가 낙찰받고 싶었는데, 아는 분이 그냥 공부 삼아 저를 따라다니더니 '이렇게 임장하는구나' 하더니, 자기가 이걸 받고 싶다는 거예요. 욕심부리더라고요. 제가 이미 침을 발라 놨는데 할 수 없었죠.

그거 말고도 물건은 많으니까 양보했는데, 3명이 들어와서 200만 원 차이로 1등을 한 거예요. 본인은 억울해 하더라고요. 제가 입찰가도 정해줬는데, 200만 원이면 양문형 냉장고가 두 개인데 하며 아쉬워하더라고요.

어쨌거나 그게 보증금 300만 원에 35만 원 월세로 계약했거든요. 낙찰가는 1,800만 원 정도 됐어요. 처음엔 200만 원이나 더 썼다고 속상해하던 분이 계약하고는 발걸음이 날아가더라고요. 엄청 환하고, 당연히 물 안 나고, 습기 없고, 환기 잘 되니까요. 반지하라고 굳이 회피

할 이유가 없죠.

2년 전에 낙찰받았는데 1,800만 원에 받아서 보증금 300만 원에 월세 35만 원이니까 장난이 아니죠. 그 빌라 역시 원래 시세는 잘해야 보증금 300만 원에 월세 30만 원인데, 5만 원 더 붙여서 보증금 300만 원에 월세 35만 원에 놓은 거죠. 가재도구가 다 있었거든요. 폐문부재 같아요. 이부자리까지 다 있어서 몸만 와서 살면 되었어요.

1,800만 원 중 1,500만 원이 대출이고, 나머지 300만 원은 보증금으로 해결했으니, 그분은 자기 돈 10원 한 푼 안 들이고 집 생기고, 월세 수입 생기고, 대박이죠. 자주 전화 와요. 그런 물건 또 잡고 싶겠죠.

그 이후 가좌동 쪽에 지하 아닌 것으로 두 채 낙찰받았는데, 둘 다 괜찮았지만, 수익률이 지하만 못했어요. 그렇게 반지하의 수익률이 괜찮더라고요. 그런데 물건을 잘 골라야 해요. 택도 아닌 거 골라서 위층에서 물이 흘러 내려오지, 아래층에서 물이 솟아 나오지, 위아래로 물 나오는 반지하는 죽음이에요. 1층 같은 반지하를 발품 팔고 임장해서 찾아야죠.

처음 시작할 때 초기 자본금은 얼마나 있으셨어요?

4천만 원요.

작은 것만 해야겠다 해서 빌라만 하셨어요?

빌라와 아파트요. 아파트도 전부 소형이에요. 18평, 15평.

오래된 아파트로 하셨어요?

네. 비교적 그런 편이죠. 가장 최근에 잡은 아파트가 동춘동 동남아파트예요. 2013년 5월에 잡았죠. 1994년 준공이니까 20년 되었군요.

현재 신문에서 '한국에서 집으로 차익 남기는 시대는 끝났다'고 하잖아요. 근데 진짜 끝난 건 아니고요. 100% 끝난 건 아니고, 살아 있는 데는 살아 있어요.

그 아파트는 네이버 부동산 가서 시세를 보면 알겠지만, 그 이후로 500만 원씩 네 번 올랐어요. 좋은 층의 시세는 그보다 더 가죠. 이런 것은 낙찰 이력이나 시세표가 남아 있어서 페이크(속임수)가 없어요. 시세보다 싸게 잡았는데 네 차례의 가격상승까지 있었으니 재미가 좋았겠죠?

더구나 1가구 1주택 소유자의 물건이라서 한시적 양도세 감면대상이었어요. 취득세는 1%였고요. 굉장한 기회였는데 근데 다들 거들떠보지도 않더라고요. 지나고 나서 보니까 좋은 기회였죠. 작은 평수의 오래된 아파트도 이 정도로 강력한 시세를 내기도 하니까, 투자해 볼 만 해요.

📝 현장조사는 무조건 해야

보통 한 물건에 임장은 몇 번 가세요?

임장은 한 번 가죠. 내부를 꼭 봐야 하는데, 아무도 없는 경우가 있죠. 그런 경우는 못 보는 대신, 웬만큼은 추측하려고 노력하죠. 제일 확실한 것은 옆집을 구경하고, 정보도 얻는 것이죠. 그것도 곤란하면

문 밑 우유 투입구를 열어보든가, 복도식이면 까치 발로 창문 너머 들여다보고요.

이도 저도 불가능한데 안 좋은 느낌이 드는 것도 있어요. 뭔가 구리다 싶으면 세상 없어도 안 해요. 저는 입찰 물건의 80% 정도는 내부를 본 다음에 입찰해요. 임장은 무조건 100% 가고요. 임장 없이 입찰은 절대 안 해요.

빌라는 더더욱?

빌라는 더더욱 그렇죠. 2005년인가, 2006년인가, 경험담인데요. 간석동 동사무소 뒤에 빌라가 있는데 몇 건이 나와서 한 번 유찰 됐어요. 3명 입찰한 걸로 기억하는데... 미납이에요. 재경매 때 낙찰되었는데 또 미납이에요. 엄청 싼데도 미납이에요. 가 봤죠. 불이 났더라고요.

법원 자료인 매각물건명세서에 불났다는 내용이 없는 거예요. 처음에 입찰한 세 사람은 아예 안 보고 입찰한 거죠. 그래도 매각불허가가 떨어져서 낙찰자는 손해가 없었을 거예요. 그런데 재매각은 피할 수 없잖아요. 보증금도 20%고요.

얼마 전에 그중 한 채가 경매로 나왔어요. 그런데 그걸 또 누가 센 금액으로 입찰했더라고요. 그래서 제가 '이 양반도 안 보고 입찰했네.' 생각했죠.

왜냐하면 불이 난 이력을 몰라서 그 금액에 입찰한 것이지, 저 같으면 더 낮은 금액에 들어갔을 테니까요. 3층인데다, 밖의 벽은 아직도 그을려 있고, 가스배관이 손상되어 지금도 LPG를 사용해요.

빌라를 임장 안 가고 낙찰하는 경우도 있네요?

저는 없는데 그런 분들도 있지요. 빌라는 금액이 적으니까 입찰보증금을 쉽게 생각하는 것 같아요. 예전 물건인데, 문학동에 지하 빌라 20평짜리가 한없이 떨어지는 거예요. 이상하잖아요.

자전거로 운동 삼아 구경 가봤죠. 물이 가득한 거예요. 24평 수영장이죠. 원래는 1, 2호로 나뉘어 있었는데, 그걸 터서 통으로 사용했던 집인 것 같아요. 지하가 물바다인데, 그것도 두 명인가 들어왔죠. 당연히 미납이죠. 결국 전문가가 재경매로 아주 싸게 낙찰받았죠. 나중에 가 봤더니 깨끗하게 수리해서 임대를 놓았더군요.

저도 예전에 주안동 쪽에 갔었는데 재매각 물건이었어요. 안방에 불이 났더라고요. 듣기로는 일부러 불낸 것 같다고 한 것 같던데, 낮은 가격에 가져가려고 집주인이 작업한 것 같다는 이야기를 들었어요. 첫 번째 낙찰받은 사람은 그 불 때문에 불허가 신청하고 나왔고요.

실제로 벌어지는 일이에요. 임장 가잖아요. 창문이 다 깨진 집이 있어요. 안을 보니까 전구도 다 깨졌어요. 임장하는 입장에서 공포심 느껴지죠. 입찰 못 하죠. 나중에 알았어요. 그 집 임장 갔던 사람이 문이 열린 빈집이니까 자기가 들어가서 그렇게 연출하고는 자기가 단독으로 낙찰받은 거예요. 우리 같은 사람이 그러면 안 되는 거잖아요.

근데 눈치가 빠른 사람은 그걸 또 눈치채요. 그런 식으로 눈치채서 작업한 사람보다 앞서서 낙찰받는다고 해요. 우린 간이 작아서 어림도 없죠. 사실 유리창와 전구는 돈 몇 푼 안 되거든요.

그런데 어지간한 사람은 공포심 때문에 입찰을 안 해요. 또 이것도 문학동인데요. 법원에서 주워들은 이야기예요. 지하 빌라인데 완전히 가슴까지 물이 차올라 있었대요. 당연히 입찰 안 들어갔겠죠. 낙찰된 후 나중에 가봤더니 너무 멀쩡하더래요.

그렇게 짧은 시간에 다 수리하고 손보는 것이 불가능하거든요. 심증이지만 낙찰자가 미리 작업한 것 같다는 거예요. 아무리 지하라도 가슴까지 물이 찰 리가 없잖아요. 발목이라면 이해가 가지만요. 암튼 그 물건과 관련된 사람이나 내막을 아는 사람이 자기가 원하는 가격까지 떨어진 후 단독 입찰한 것이겠죠.

구월동에 그런 집 하나 봤어요. 3회까지 떨어진 반지하인데, 갔더니 무릎까지 물이 차 있었어요. 여름이었거든요. 침수된 건지, 안 들어갔죠. 그거 해결해도 집 자체가 컴컴해요. 그런 집은 받아봤자, 습기 해결이 안 되니까요.

임장을 많이 다녀봐도 지하 빌라는 대개 잔잔하게 물이 차지, 가슴까지 물이 들어온 건 비정상이에요. 기껏해야 발목 정도죠. 근데 싱크대 턱밑까지 차오르는 건 있을 수 없는 거잖아요. 밑에서 온천 터진 것도 아닌데 말이죠. 그 사람이 작전을 써도 너무 심했던 거죠. 다니다 보면 그런 물건이 종종 보여요. 무서워서 근처도 안 가요. 진짜로.

📋 노력하는 자에게는 운이 따른다

입찰 들어가실 때 낙찰 가격은 임대가를 기준으로 쓰세요?

아무래도 낙찰가는 부동산 경기에 따라 오르락내리락 하잖아요. 경매는 일단 낙찰을 받아야 되는 것이고요. 그래서 제일 많이 참조하는 게, 현재 주변 지역의 낙찰가율이죠.

어느 지역에 어떤 물건을 낙찰받고 싶으면, 그 주변의 최근 낙찰 이력을 다 확인할 수 있잖아요. 실제는 거의 매일 지켜보기 때문에 대충 알죠. 지금은 이 정도 쓰면 된다는 걸 알아요.

하지만 실제로 저 같은 투자자는 그 생각하는 금액보다 더 낮게 쓰죠. 저는 이런 식이에요. 가능하면 최저가보다 10만 원 더 쓰는 거죠. 그러다 보니까 거의 단독 낙찰이에요.

저는 누군가 입찰하면 그냥 꼴찌예요. 3명이 들어와도 꼴찌고, 2명이 들어와도 꼴찌고, 10명 들어오면 말할 것 없고요. 하루에 2~3건 입찰 들어가면 한 달에 두 건 받을 정도로 입찰을 많이 해요. 당연히 임장도 엄청 많이 하고, 입찰 서류도 엄청 많이 내요.

"그렇게 할 바에야 급매를 사는 게 편하겠다"고 말하지만, 실제로 급매를 사보면, 실력이 있어야 한다는 걸 느끼죠. 가장 빨리 사 본 급매가 두 시간 만인데, 전화만 받고 샀어요. 사겠다는 사람들이 줄 서 있다는 거예요. 진짜 급매라서 두 시간 안에 결정해야 한다는 거예요.

근처 PC방 가서 정보 확인하고 위치 보니까, 내가 아는 동네더라고요. 이거구나 싶어서 전화하여 몇 가지 질문 더 하고, 계약금을 쏴 버렸죠. 급매도 실력이거든요.

중개업소에서 남들보다 100~200만 원 싸게 살려면 얼마나 힘든 줄 아세요? 100~200만 원 때문에 계약이 틀어진다고요. 1억원짜리 물건에서 100만 원 때문에요. 시장은 100~200만 원에 엄청 민감해요.

내일 당장 비행기 타고 이민 가는 사람, 머리 깎고 절로 가는 사람이 아닌 다음에는 택도 없는 금액의 물건이 나오는 경우는 없거든요. 시장은 보이지 않는 손이 계속 균형을 유지해주잖아요.

그런 면에서 오로지 경매만이 요행이 통해요. 제가 전에 블로그에 쓴 내용인데 시흥 월곶의 작은 아파트가 경매로 나왔어요.

아파트 한 채에 지옥과 천당을 오가고...

월요일에 안산법원에 갔었다. 전날까지는 바람 불고 쌀쌀했던 날씨가 언제 그랬냐는 듯이 너무 좋았다. 가는 길에 물왕 저수지에 들러 커피 한잔 마셨다. 뭔가 감이 좋은 것이, 갖고 싶은 물건을 잡을 것 같았다. 갖고 싶은 물건이란 바다가 보이는 아파트를 말한다. 인천에는 그렇게 아파트가 많아도 바다가 제대로 보이는 물건은 거의 없다. 바다가 보여도 바다와 아파트 사이에 공장이 있거나, 산 너머 저 멀리 보이는 것들뿐이다.

부산에 가면 바다에 인접한 아파트를 많이 볼 수 있다. 아파트에 사는 아이들이 바닷가 모래사장에서 노는 것을 보고 아주 부러워했던 기억이 있다. 내후년쯤 논현동의 에코메트로가 완공되면 인천에도 바다에 인접한 아파트가 생긴다.

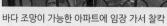
바다 조망이 가능한 아파트에 임장 가서 찰칵

마침 월곶(시흥시)에 바다 조망이 가능한 아파트가 나왔다. 원룸 아파트라서 너무 작은 것이 아쉽지만, 바다가 코 앞이고 남서향이라서 멋진 일몰을 볼 수 있다. 또 소래 포구와 월곶 포구 사이에 위치하기에 포구를 떠나 바다로 드나드는 어선들을 볼 수 있다. 임장 가서 물건을 확인하니, 보이는 풍경이 무척 마음에 들었다.

입찰 마감 후 봉투를 정리하고 번호를 부르는데, 헉! 30명은 됨직하다. 며칠 동안 가슴 설레며 기다렸는데... 이 정도면 거의 포기상태다. 나중에 확인하니 33명이 들어왔다. 개찰이 시작되고 두 번째 물건부터 사고를 친다. 9.7평(대지 7.9평) 빌라에 입찰자 수가 무려 61명...

그렇잖아도 임장 갔을 때 현장에서 마주친 사람만 3명에다가, 중개업소에 들어갔더니 묻지도 않았는데도 시세를 가르쳐 주더니만... 여기저기서 나지막한 탄성이 쏟아진다. 감정가 대비 260%에 낙찰되었다. 들어가지 않은 것이 다행이었다.

그 찰라 6,100만 원이 두 명... 아슬아슬했다. 손에 땀이 흐른다더니 꼭 그 짝이다. 집행관의 손에 이제 몇 장의 입찰표만 남아있는 것이 눈에 들어오는 순간 심장이 마구 요동치기 시작했다. 세상에... 이렇게 많이 들어왔는데 1등이라니...

오해의 소지가 있지만 이번엔 수익을 목적으로 입찰한 것이 아니다. 그냥 갖고 싶어서 입찰했다고 하면 욕먹으려나? 흔히 시골에 전원주택을 갖고 싶어 하듯이, 교통 편리한 바닷가에 씨싸이드 주택을 갖고 싶었기 때문이다. 일종의 개인 콘도로 사용할 생각이었다.

주말에 해안에서 낚시하거나 포구에서 생선을 쇼핑하고, 아파트 베란다에 앉아 일몰을 보며 생선요리를 먹고... 생각만 해도 흐뭇해서 입이 벌어지는 순간, "OOO씨 6,219만 원"

이게 무슨... 그렇게 요동치던 심장이 일순간에 조용해졌다. 머릿속이 맑게 비워지는 느낌이 들고 아무 소리도 들리지 않는다. 손에 거의 잡혔던 파랑새가 후룩 날아간 꼴이다. 불과 5~6명 남았는데... 19만 원 차이로... 미칠 것 같다.

환장할 노릇이라더니, 이럴 때 환장하지 않으면 언제 환장할까! '빌어먹을... 어제까지는 6,300만 원까지 쓸 생각이었는데...' 후회막급이다.

이제 3장 남은 모양이다. 거의 공황 상태로 휘청거리고 있는데, "OOO씨 6,488만 원"

"What... !"

갑자기 마음이 착 가라앉았으면서 저절로 입가에 미소가 지어졌다. 어차피 6,300만 원 썼어도 내 물건이 아니었던 셈이다. '6,219만 원 쓴 놈 쌤통'이라는 생각도 들고 실수요자가 들어왔으니 괜히 헛수고했다는 공허함이 동시에 밀려왔다. 그래도 2등이 아니라 3등이 되어서 기분은 많이 좋아졌다.

또 19만 원 차이와 288만 원 차이는 느낌이 확~ 다르다. 방금 전까지만 해도 너무 억울하고 허전해서 정신이 없더니만 금방 아무 일 없었다는 듯이 마음이 가라앉았다.

2등이든, 3등이든, 1등이 아니긴 마찬가지이고 19만 원이든, 288만 원이든, 떨어지기는 마찬가지인데... 참으로 내 마음 나도 모르겠다. 결과는 같은데 마음은 지옥과 천당을 오간 느낌이다.

인천은 항구인데도 불구하고 바다가 보이는 아파트가 없었어요. 지금은 있지만, 옛날에는 드물었어요. 월곶에 바다가 보이는 그 아파트에 33명이나 입찰 들어왔어요. 한 달 후에 그 옆 동에 비슷한 물건이 나왔어요. 똑같은 평수가 나왔는데, 아마 다들 질렸겠죠.

그래서 저도 그렇지만 다들 입찰 안 들어갔어요. 두 명 들어와서 누가 최저가 근처에 받아가는 거예요. 경매는 그런 요행이 있어요. 우리나라에서 돈 버는 방법 중에 경매만이 그런 요행이 있는 것 같아요.

그런 논리로 제가 경매에서 물건 잡는 건 대다수가 요행수예요. 제 실력이 아니고요. 물건 임장해서 정한 금액이 합당하면 그 금액에 입찰 들어가요.

합당한 금액이란 내가 짭짤하게 남길 수 있냐는 것이에요. 시세가 아니고요. 보증금 200만 원으로 입찰하는 지하 빌라인데도 천만 원을 벌 생각으로 잡는 거예요. 천만 원 남으면 입찰하는 거예요. 잡히면 다행이고 아니면 말고죠.

그래서 수도 없이 들어가는 거예요. 그런 식으로 하는 것이지, 고수처럼 송곳같이 한 방에 찔러 뚫는다? 그런 건 불가능해요. 특수 물건도 지금은 대중화되어 안 통하죠.

유치권이나 법정지상권 같은 것 해결하는 거 배워서, 한 방에 대박을 노리고 낙찰받는 사람들이 과거엔 있었죠. 송곳 같은 방법이었겠죠. 지금은 그게 되나요? 안 되기 때문에 별 방법이 없어요.

저도 강의할 때 얘기하거든요. 말씀하신 그 방법이 있다. 그런데 그런 방법 쓰는 사람이 의외로 많다. 중요한 건 그 사람들이 돈이 무한정 있

지 않다. 몇 개 낙찰받으면 그다음부터 6개월에서 1년 안 보인다. 계속 하면 결국 한두 개밖에 못 받는다고...

정확한 이야기예요. 핑크팬더님처럼 정확하게 말해줘야죠. 법정에 오래 다니다 보면 그런 게 보이거든요. 최근에 봤던 투자자로 ○○파트너스라는 분이 그랬어요. 갑자기 나타나서 싹쓸이해 가는 거예요.

그런데 계속 무한정 그럴 수는 없잖아요. 한동안 그러더니 안 보이더라고요. 그다음부터 저에게 다시 기회가 왔지요. 이 내용도 블로그에 올린 적 있어요.

저도 그 작전으로 했었거든요. 제가 가도 두세 명이 그 작전 하는 것 같더라고요. 눈에 보이더라고요. 저보다 먼저 낙찰받아 가더라고요. 어느 날 안 보이더라고요. 아, 돈 떨어졌구나. 무한정 있는 게 아니니까. 무한정 있으면 왜 그 짓을 하고 있겠어요.

그런 분들은 입찰가 산정이 되게 공격적이죠. 탐욕적이라서 이길 수가 없어요. 그래도 포기하지 말고 계속 지켜보고 있자면 다시 기회가 주어지죠.

아무튼 저처럼 입찰가 산정하면 빌라건 아파트건 낙찰받는 순간 돈은 버는 거예요. 남들은 단독이면 불안하다고들 하는데 저 같은 경우에는 단독이 제일 짭짤했어요.

단독이란 것은 아주 나쁘지 않은 물건이라면 우연히도 경쟁자가 안 들어온 거예요. 투자의 세계에서 그게 쉽겠어요? 하지만 확률이기 때문에 경매에선 그런 일이 벌어지죠.

닥치고 낙찰!!! K, P, L씨의 의도는?

2009년쯤이었을 겁니다. K란 경매쟁이 때문에 무척 고전했습니다. 경매를 하다 보면 같은 물건을 놓고 경쟁하는 경쟁자가 있기 마련입니다. 투자하는 방향이 같아서 그런지 자주 마주쳤습니다.

경쟁자라고 해도 서로 발전하는 관계면 괜찮은데 문제는 일방적으로 계속 밀렸습니다. 고민 끝에 입찰가를 결정한 후 가슴 졸이며 개찰하면, K는 말도 안 되는 금액으로 물건을 낚아채 가는 것입니다. 입찰가는 전혀 고려의 대상이 아니고 오로지 오늘 몇 건을 낙찰받느냐가 목표인 것 같습니다.

처음 몇 번이야 그러려니 했지만, 두어 달 계속되니까 정말 환장하겠습니다. 임장하는 마음가짐도 심드렁하고 공연히 시간만 소비한다는 자괴감만 늘어갔습니다. 결국 자신감 상실과 무력감으로 쉬어야 했습니다. 얼마나 밉던지...

2011년에도 비슷한 경우가 있었습니다. 그땐 이니셜이 P인 경매꾼으로 이건 뭐 닥치는 대로 낙찰받는 것입니다. 현대모터스의 닥공도 아니고 말입니다. 몇 번 경쟁하다 '이건 답이 아니다.' 결론 내리고는 넘어진 김에 쉰다는 심정으로 잠시 놓았습니다.

근데 지나고 나니까 P가 너무 예뻤습니다. 이후 부동산 경기가 침체되어 더 낮은 가격으로 낙찰받을 수 있었기 때문입니다. 어찌나 고맙던지... 너~무 고마워서 P가 낙찰받았다 토해낸 물건을 기분 좋게 낙찰받았습니다. 그가 써낸 낙찰가의 62%에 말입니다.

그럼 K와 P는 어째서 짧은 시간에 다량의 물건을 찍어갔을까요? P의 경우는 나중에 그 이유가 밝혀졌습니다. 물건마다 낙찰 후 80~90% 대출을 받고 전세 세입자를 들였던 것입니다.

예를 들어, 1억원에 낙찰해서 융자 8,000만 원 받고 4,000만 원에 전세 놓으면 2,000만 원이 남습니다. 10채면 2억이요, 100채면 20억원입니다. 그리고 어느 날 휘리릭~

그다음은 금융권 대출담당의 줄초상입니다. 호떡집에 불이 난 양 집으로 쳐들어가 보니, 아내와 어린애만 있고, 잠적했답니다. 작정하고 한판 벌였는데 집에 있으면 이상하지요.

반면 K는 순수 투자자였습니다. 로또에 당첨이 되었는지, 아니면 원래 부자인지 마르지 않는 자금줄을 쥐고 있었습니다. 자서하다 만나서 대화를 나눈 적이 있는데, K는 그때가 대세 상승기라고 판단했습니다. 그래서 미리 선점했던 것입니다.

그는 낙찰받으면 바로 월세 준다고 했는데 아마 수익성보다는 장기전을 대비했을 겁니다. 실제로 그 이후 제법 올랐습니다. 만약 상승하지 않았어도 월세를 받으면 그만이니까 손해는 없었을 것입니다.

그리고 최근에 또 비슷한 경우를 당했습니다. 이번엔 이니셜이 L입니다. 하루에 9건을 낙찰받아 갔습니다. 전부 다세대주택입니다. 그것도 말도 안 되는 금액으로 말입니다.

4,000~5,000만 원짜리 물건만 낚아챘는데 단독이면 최저가보다 500~600만 원 더 썼고 경쟁자가 있으면 2등보다 1,000만 원이나 더 쓰고 받아가기도 했습니다. 영점조준도 안 했는지 격차가 10% 이상입니다. 무척 급했던 모양입니다.

덕분에 그날은 공쳤지만, 그 대신 무척 흥미로웠습니다. 뭐 하는 사람일까? 의도가 무엇일까? 요거 요거 넘 재미있습니다. 암튼 이 역시 조만간 밝혀지겠죠! 지켜보다 정체가 밝혀지면 알려 드릴게요~ 하하.

📄 명도 전략

지금까지 이사비는 어떤 식으로 처리하셨어요?

이사비 거의 안 줬어요. 이것도 명도 전략인데, 명도하기에 제일 유리한 사람은 일단 덩치가 좋고 험악하게 생긴 분이에요. 이러면 명도가 잘 되는 건 확실해요. 특히 여자 점유자들한테요.

제가 경험한 건 아니고 옛날에 경매했던 사람인데, 거의 조폭 수준으로 험상궂게 생긴 사람이 있었어요. 오피스텔을 낙찰받았어요. 가서 밤늦게 쾅쾅 문 두드리고 나가라고 소리쳤대요. "나 낙찰자인데, 이제 내가 주인인데, 당신 배당받잖아. 그럼 나가야지." 말했대요. 그 오피스텔 점유자는 무서워서 다음 날 이사 갔죠.

그래서 가서 청소하고 살펴보다 보니까 옆집을 명도한 거예요. 예를 들어서 203호를 낙찰받았는데 204호를 명도한 거죠. 얼마나 웃겨요. 무섭게 생기니까 역시 효과는 있더라고요. 그런데 저는 키가 작잖아요. 생긴 것도 얌전하게 생겼고요. 그래서 저는 명도 전략이 달라요.

이미 입찰할 때 명도전략이 안 서면 입찰 안 해요. 임장할 때 제일 중요시 하는 게, 주민등록등본 보는 거예요. 웬만한 자료는 경매 정보 제공 사이트하고 법원 사이트에서 다 확인되는데, 오로지 주민등록등본만 법원에서 열람이 가능하잖아요.

다른 건 안 봐요. 그거 하나 보려고 법원에서 열람하죠. 나이가 나오잖아요. 남녀가 나오고 몇 명 사는지 나오고요. 그거 보고 명도가 어렵다고 생각하면 입찰 안 해요. 아니면 입찰가를 아주 낮추거나요.

나이가 많으신 분?

빙고예요. 첫 번째는 고령자. 고령일 경우에 얼마나 어려운지 안 겪어 보면 몰라요. 고령은 참 어려워요. 그리고 아까 이사비 얘기했는데, 고령인 경우에는 이사비 안 주면 너무 어려워요.

고령의 특징은 대화가 곤란해요. 배 째라는 식이 많으세요. "이놈아, 날 밟고 가라" 이런 식이니까요. 그리고 거기에 당할 수 있는 사람이 없어요. 법도 안 통해요. 그리고 주변에 호소해 봤자 어지간하면 주라고 그러거든요.

그리고 식구가 너무 많은 경우도 마찬가지예요. 사는 사람이 너무 많으면 사공이 많아서 꼭 파토 놓는 사람이 있어요. 그 많은 식구들 먹여 살리려면 이사비 요구가 심해져요.

제일 좋은 건 혼자서 조용히 사시는 분. 가서 나이 보고 성별(남녀)

확인되면 이미 임장 단계에서 명도가 시작된 것이나 마찬가지예요. 또 임장 가서 만나잖아요. 직접 얼굴을 맞대고 그 점유자가 처한 상황을 설명해줘요. "지금 당신은 이 정도밖에 배당 못 받는다. 당신이 배당을 받으려면 입찰 들어가야 된다."

그렇게 하면 남 좋은 일 시키는 것이 아니냐고 말하는 사람도 있죠. 그렇다고 해서 입찰 들어올 임차인이 안 들어오고, 입찰 안 들어올 사람이 들어오는 건 아니거든요. 입찰할 사람은 제가 뭐라고 해도 들어오고, 안 들어올 사람은 안 들어와요.

충분히 상황 설명을 해줘요. "지금 이게 시세가 얼마인데, 이 정도면 싸게 들어가는 것이고 당신도 손해 아니다." 하면서 안면을 충분히 익혀 둬요. 그리고 낙찰받아서 가면 저를 기억하고 있어요. 제가 낙찰자인데도 불구하고 점유자들이나 임차인들이 저를 자기편으로 생각하죠. 당연히 이삿짐도 날라주죠. 이사 갈 곳도 같이 고민하고 구해주고요.

그리고 가능하면 기존에 살던 사람이 그대로 살게 유도하는 편이에요. 책에서 그런 것은 법적으로 위험한 것이라고도 하지만요. 기존 임차인하고 다시 계약할 경우에 강제집행할 수가 없거든요. 그렇지만 실제로는 그렇게 흘러가지 않아요.

경험해 보니까 그게 제일 편해요. 살던 사람과 계약하면 그 집에 뭐가 문제인지 정보도 다 알려 줘요. 그 사람이 원하는 것만 손 봐주면 그냥 사니까, 수리비 적게 들어가고 중개수수료도 안 나가고 좋더라고요. 일단 이사비로 싸우는 문제가 해결되고요. 임장 단계에서 그 사람 편에 서서 접근하다 보니까 신뢰관계가 형성되고요. 또 기존 점유자와 계약하면 이사비가 있을 수 없잖아요.

저도 이사비 준 적 없어요. 저는 거의 대부분 전화로 명도를 했거든요. 포스트잇 붙이고 전화 오면 통화하고.

핑크팬더님처럼 말주변이 좋으면 그래도 되죠. 그것도 큰 실력이니까요. 그렇다고 기분 나쁠 정도로 너무 말주변이 좋아도 안 좋지만요.

말씀하신 것 중에서 가장 중요한 게 그거잖아요. "나는 네 편이다."

맞아요! 비록 경매로 밥 벌어먹지만 "난 그런 사람 아니다. 어떻게든 너를 도우려고 한다"며 접근하는 거죠. 2년 전인가 용현동에 빌라가 경매 나와서 갔더니 너무 좋은 거예요. 그때가 여름인데 바람이 잘 통하고, 전망도 좋고, 연식에 비해서 너무 깨끗하고, 옥상 방수도 잘 되어 있더라고요.

점유자인 임차인 말에 의하면, 건물 주인이 여자고 엄청난 부자인데 갑자기 행방불명이래요. 아마 살해된 것 같다는 거예요. 재산이 너무 많아서죠. 종적이 묘연한 거죠. 암튼 소유자가 재산이 많으니까 건물 상태가 잘 관리되어 있었어요.

그런데 은행에서는 이자가 안 들어오니까 경매가 진행됐죠. 임차인이 싸게 살고 있었어요. 2,200만 원쯤으로 전세를 살고 있는데, 저와 대화를 나누더니 저한테 묻더라고요. 입찰할 예정인데 얼마를 쓰면 좋겠느냐고요.

사실 이런 경우는 세입자의 입찰가는 거의 정해져 있죠. 2,200만 원을 다 배당받으려면 누군가가 4,400만 원 이상을, 경매비용까지 고려

하면 4,500만 원을 써야지만, 2,200만 원을 다 받잖아요.

그래서 임차인은 그냥 4,500만 원으로 입찰해서 낙찰받으면 집 생겨서 좋고, 만약에 떨어져도 누군가 4,500만 원 이상 썼으니까 2,200만 원 다 배당받아서 좋다고 했죠.

어쨌든 저도 입찰 들어갔거든요. 저는 당연히 4,500만 원은 안 쓰죠. 3,200~3,300만 원 썼겠죠. 그 임차인은 4,501만 원으로 입찰해서 일등을 했죠. 좋은 일이잖아요. 믿을지 모르시겠지만 보람이 컸죠. 저야 뭐 다른 물건 입찰하면 되니까요. 대한민국이 존재하는 한 경매 물건은 계속 나오잖아요.

말씀하신 것처럼 그런 임차인 중 그 이후로 경매하시는 분이 있나요?

있겠죠. 근데 모르죠. 자신이 필요할 때만 연락 오다가 그 이후엔 철저히 외면하는 것이 요즘 세태니까요. 그리고 저부터가 지속적으로 연락 오는 것을 꺼리는 편입니다. 점차 부담이 가중되니까요.

연락하시는 분은?

지속적으로 연락 오는 분이 있기는 있는데, 결국은 금액이 크거나 문제가 있는 물건과 관련하여 연락이 오면서부터 관계가 묘해지죠. 제 앞가림만으로도 정신없는데, 안 도와줄 수는 없고 애매하죠.

한동안 연락하고 지내던 분 중에 인하대 기계공학과 나온 분이 있었어요. 집은 지방이고 부평의 오피스텔에 전세로 있었죠. 옛날이야기예요. 그걸 제가 2,100만 원 정도에 받았어요. 그분의 전세금은 2,500만 원이었고요. 물론 그분은 입찰 안 들어왔죠. 뭐가 뭔지 모르니까요.

그분을 명도 과정에서 만나보니, 같은 분야를 공부해서 대화에 공통분모가 있더라고요. 그런 점에서 엮어 들어가니까, "우리는 남이 아니다, 한 편이다, 학교는 달라도 같은 과니까." 하면서 술을 한잔하게 됐어요.

밥 같이 먹고 술 한잔 먹고 나니, 그분 이야기는 자기가 그동안 잘못 살아온 것 같다는 거예요. 자기는 전세 2,500만 원에 사는데, 당신은 어떻게 2,100만 원에 매입하느냐는 거죠. 자기가 뭘 잘못했는지 모르겠다고 그러더군요.

그래서 제가 그랬어요. 당신이 잘못한 건 딱 A4 한 장이라고요. 경매의 핵심 내용을 정리하면 A4 한 장 정도인데, 그거 읽는 시간 4~5분이면 된다. 그 4~5분에 해당하는 지식이 없어서 입찰 안 들어왔고, 전세보증금의 절반을 날린 것이다. 당신이 국졸이라면 이해하겠는데, 대학교를, 그것도 좋은 대학교를 나온 사람이 그 정도의 지식이 없다는 것이 잘못이라면 잘못이라고 했죠.

그는 제가 2,100만 원에 입찰해서 보증금의 절반 이상을 손해 봤어요. 아마 1,500만 원 정도 날아갔을 거예요. 그 일로 한방에 1,500만원을 까먹었으니 황당한 거죠. 그는 자기도 경매로 당신처럼 오피스텔이라도 마련하려고 하니 어떻게 하면 좋겠냐고 묻더군요.

이런저런 어드바이스와 책을 소개하고 헤어졌죠. 그런 사람은 경매할 거예요. 호되게 당해서 자존심이 상하잖아요. 지난 이야기지만 예전에 뭣도 모르고 아는 척하고 돌아다니면서 제 명함을 뿌렸던 적이 있어요. 원래 그렇잖아요. 초보일수록 더 아는 척하잖아요.

지금은 법원에서 자료열람할 때 누가 물어보면 모른다고 하지만,

예전엔 침 튀겨가며 아는 척했죠. 예외가 있어요. 예쁜 아가씨가 물어보면 요즘도 친절하게 알려주곤 하지요. 하하. 어쨌든 블로그를 통해서든 카페에서 강의하면서 명함을 뿌렸던 것에 대한 후유증이 컸어요. 문자에, 전화에, 메일에, 찾아오고 그랬으니까요.

그다음부터는 수면 위로 안 뜨고 혼자서 조용히 다니죠. 유명세라는 게 많이 피곤하더라고요. 유명세가 뭐가 나쁜가 하면, 아는 분을 법정에서 만나요. "자유롭게님 아니세요? 뭐 들어오세요? 지하 빌라지요? 에이~ 선생님이 이런 거 들어오시면 어떡해요? 10억 원짜리 같은 걸로 해야지요" 해요.

저는 그럴 능력이 안 되는 사람인데…. 돈도 없고 실력도 없고요. 암튼 이런저런 이유로 제가 도와줘도 민폐 안 되겠다 싶은 사람들은 경매 입문시켰죠. 그런 사람들은 거의 다 경매 계속하고 있어요.

📝 뜻하지 않은 재능의 발견

경매하신 지 이제 10년이 넘으신 거네요?

올해 11년 차죠.

경매를 본격적으로 한 이후로는 흔히 말하는 직업을 가진 적은 없으신 거예요?

제과점 이후로는 오로지 경매만 하고 있는 거죠.

경매를 하시면서 가장 좋았던 게 어떤 부분인가요?

아까 핑크팬더님이 말씀하셨잖아요. 핑크팬더님은 투자보다는 오히려 글 쓰고 강의하고 이게 더 맞다고 말이죠. 낙찰받아서 소유권을 이전해도 별 감흥이 없다고 하셨잖아요. 저도 약간은 비슷한데요. 저는 경매하다 보니까 저한테도 좋은 점이 하나 있더라고요.

제가 생각보다 손재주가 좋더라고요. 그걸 잘 몰랐는데 뭘 뚝딱뚝딱 하는 걸 좋아해요. 흐뭇한 게 뭐냐면, 낡은 빌라를 새것으로 변신시킨다는 점이에요. 가장 최근에 낙찰받은 것이 주안역 근처의 10평짜리 빌라인데요. 단독으로 잡았어요.

2층인데 단독이니까 당연히 싸게 낙찰받았겠죠. 3,200만 원 정도에 잡았어요. 단독인 이유가 있죠. 폐문부재였고 관리가 안 되어 상태가 엉망이었어요. 밑에 우유 투입구 한 번 열어보면 대부분의 사람들은 입찰 안 하지요. 악~ 소리 나니까.

밑에 열어 봐도 쓰레기가 보일 정도로?

그렇죠. 2층인데요. 저는 임장해보니까 물건이 탐나더라고요. 집 없는 분들이 들으면 기분 나쁘겠지만, 낙찰받으면 한바탕 놀거리가 생기겠더라고요. 그래서 최저가에 100만 원 이상 더 쓰고 단독으로 낙찰받았죠.

문 열고 들어갔는데 완전히 엉망인 거예요. 근데 저는 그게 좋은 거예요. 문부터 손을 보기 시작하는 거죠. 빌라 건물 앞부터 청소해요. 현관 있잖아요. 현관 유리문에 광고지 같은 것을 다 떼어요.

그러면 일단 사람들이 좋아해요. 우리 집이 이렇게 깨끗한 곳이었냐면서 놀라죠. 광고지 떼어 내고 물청소하면 유리가 없는 것처럼 보이니까 시원하죠.

그리고 현관문부터 페인트칠을 해요. 문이 다 마르면 키를 바꾸죠. 일반 자물쇠면 디지털 도어락으로 바꾸죠. 4만 원이면 인터넷에서 사잖아요. M사 제품 같은 거요. 직접 달죠. 얼마나 재미있는데요.

그리고 현관 앞의 신발장을 고쳐요. 그런 식으로 들어가면서 손을 봐요. 그 기간이 보름 정도 걸려요. 습기 제거하고 말려야 되는 집은 보일러 빵빵하게 3~4일 틀고요.

한 달도 더 걸리는데, 그렇게 해서 그것이 다 끝나고 누군가에게 임대하거나 매도할 때, 그때 진짜 큰 기쁨을 저에게 주는 것 같아요.

말 그대로 이걸 낙찰받아서 돈이 되는 것보다는 낙찰받아서 어떻게 꾸밀까가 흥분되는?

제가 지금까지 말했던 주안의 그 빌라는 한 층에 1호, 2호, 3호가 있는데, 2호, 3호는 평수가 커요. 1호는 평수가 작아요. 9.8평 정도로 작다 보니까 구조가 나빠서, 싱크대의 위치도 나빴어요.

추측하건대 건축업자가 준공검사를 받은 후에 베란다를 주방으로 합친 것 같았어요. 그래서 작은 주방과 베란다를 관통해서 싱크대가 놓여 있더라고요.

베란다를 살리자니 싱크대 놓을 자리가 부족하고, 싱크대를 기존처럼 두자니 내 마음에 안 들었어요. 베란다 쪽이 오픈되어 있어서 밖의 찬 기운이 집안으로 유입되잖아요. 게다가 베란다 쪽은 홑창문이었거든요. 유리를 이중으로 하면 좋지만, 그럼 섀시에 돈이 들어가잖아요.

그래서 이런저런 궁리를 하느라 장고에 빠졌죠. 손바닥만 한 주방을 어떻게 하면 싱크대를 안 버리고 살리면서 멋들어지게 해결할까. 결국 방안을 도출했죠. 문 닫으면 베란다이고 문 열면 부엌이 되게끔 그렇게 만들었죠. 싱크대를 새로 하지 않고 다 살리고 말이죠. 이런 식으로 하는 과정이 너무 즐겁더라고요.

싱크대 수리 Before & After

집수리할 때 건축사무소에서 하는 설계도를 그려가며 하세요? 느낌으로 하세요?

느낌으로 하죠. 평수가 작다 보니까 한눈에 다 들어오잖아요. 줄자만 있으면 돼요.

직접 할 때 최근 트렌드 같은 걸 많이 참고하세요?

그렇죠. 홈씨씨에 가면 새로운 것 계속 나오지요. 서울 학여울역에서 건축자재 박람회 하잖아요. 그런 곳에 한 번씩 가봐요. 한 번씩 쓱 보고 오죠. 특히 중점을 두는 트렌드는 다른 게 아니고, 보다 싸고 좋은 것을 찾는 거예요.

최근에는 세면대가 싸고 좋은 제품들이 많이 나왔다는 것을 알았죠. 타일 붙이는 것도 좋은 접착제가 나와서 무척 편해졌고요. 예전엔 기술자 아니면 곤란했던 작업들도, 이제 제품이나 재료의 발달로 일반인도 쉽게 접근할 수 있죠. 게다가 인터넷에 가면 정보와 경험담이 흘러넘치죠.

화장실 수리 Before & After

📋 경매공부는 현장에서

경매할 때 어떤 공부가 중요하다고 생각하세요?

일단 경매 책이 도움 되는 게 사실이에요. 요즘 나오는 경매 서적은 완전 실무적이니까요. 지금 하는 이 인터뷰를 책으로 내신다는데, 경험자 경험을 그대로, 실제로 겪었던 것을 내용으로 하잖아요. 여행을 갈 때 남이 써놓은 여행기를 보면서 그대로 따라가듯이, 이런 경매책을 보면서 그대로 해도 된다고 생각해요.

그러나 경매책을 틈나는 대로 보시되, 일단은 물건을 많이 봐야 한다고 생각해요. 첫째, 물건 위주로 움직여야지요. 무엇이든지 답은 현장에 있더라고요. 명도 방법도 책에 있는 게 아니고, 물건이 있는 곳에 가야 보이거든요. 수많은 명도를 현장에서 얻은 정보로 그렇게 해결했죠.

책에 있는 정보는 기본 지식에 불과해요. 물건 자체의 가치평가는 말할 것도 없고요. 전에 잠실회관에서 무슨 강연회가 있었어요. 어떤 분이 아파트로 부자가 됐다고 강연하는 거 들었는데, 아파트 모델하우스만 200번 넘게 봤다고 하더라고요. 200번 이상 보고 났더니 어떤 아파트를 탁 봐도 이게 어떻게 될 아파트인지 다 보이더라는 거죠. 그 말이 정답일 거예요.

마찬가지로 많이 돌아다니면서 많은 물건을 보다 보면 보이죠. 그런 것은 책으로 알 수 없죠. 우리가 지금 작전동에서 만났잖아요. 작전동이 앞으로 전망이 좋다고 생각해요. 아직까지는 저평가 됐어요. 작전동이 예전에는 살기가 열악한 환경이었죠. 공장이 있고 그랬죠.

그런데 슬슬 인식이 달라지고 있어요. 얼마 전엔 부동산 관련 기사에서 '살기 좋은 작전동'이란 단어가 눈에 띄더군요. 어째서 그런지는 이곳에 와보면 금방 알 수 있어요. 암튼 이런 것들은 책으로는 알 수 없다는 것이죠.

그러면 기쁜데요. 저 거기에 하나 있어요.

잘하셨어요. 저도 지금 수리하는 게 있어요. 낙찰받은 후 지금껏 창고로 썼거든요. 1년 넘게요. 경매를 하다 보면 창고가 필요해요. 원래는 월세를 목적으로 확보했던 거예요.

그때 보증금 300만 원에 30만 원으로 월세 놓으려고 생각했어요. 지금은 보증금 300만 원에 월세 35만 원, 그 사이에 월세가 5만 원 올랐어요. 주거환경과 교통이 점점 좋아지고 있거든요.

그런데 이런 정보는 어디에도 안 나와요. 신문에도 안 나와요. 직접 다녀 봐야 알아요. "어? 작전동에 광역버스가 다니네? 어디로 가는 거야?" 강남, 강북 다 가죠. 청라에서 출발하는 직행버스죠.

저도 개인적으로 인천 서구 쪽, 경서동 쪽을 주목하고 있거든요. 거기가 홍대까지 뚫리면서 왕래가 많아지더라고요.

그런 건 누가 가르쳐 줄 수도 없고, 본인이 다녀서 보고 느껴야만 아는 것이기 때문에 그래요. 임장을 많이 가는 게, 공부라고 생각해요.

임장을 갈 때는 차로 가면 안 돼요. 가능한 전철을 이용해서 걷는 것이 좋죠. 왜 전철이냐면 제가 주로 전철역 부근의 역세권에 중점을 두기 때문입니다. 어떤 핑계를 대든 전철역하고 엮을 수 있는 물건이라야 입찰하죠.

하다 못해 버스로 두 정거장이면, 어디 역이라고 엮을 정도로 전철역과 관련이 있어야지요. 그렇지 않으면 임대에 문제가 많더라고요. 주로 보는 게 역세권이다 보니까, 역 주변에 가려면 전철을 타야죠. 아니면 자전거 이용해서 가구요.

평일은 전철에 자전거 못 싣거든요. 대신 접는 자전거는 전철에 실을 수 있으니까, 접는 자전거 타고 다니기도 해요. 두 번째로는 인터넷에서 간접경험을 많이 하는 것도 중요해요. 각종 카페나 블로그 또는 유료 사이트 등에서 남들의 경험담이나 Q&A 같은 것을 읽어보면, 고

개 끄덕이는 것들이 많이 나오죠.

특히 제가 보기에는 Q&A가 제일 사실적인 것 같아요. 네이버 지식검색 같은 것도 그런 것인데, 어떤 사람이 해결이 안 되는 문제를 질문 올렸을 때, 답변 중에 허접한 것도 있지만 대단히 유용한 답변도 많이 올라와요. 그것이 바로 간접 경험이죠.

이렇게 두 가지가 중요한 것 같아요. 나머지는 다들 공부 너무 열심히 하시잖아요. 오히려 저보다 다 월등하죠.

쓸데없는 공부들을 하죠.

맞는 말씀이에요. 특히 권리분석은 많이 공부하지 마세요. 유료 사이트 가면 다 권리분석 되어 있어요. 물론 심도 있는 경매를 하려면 권리분석 공부도 필요한데, 미리 하지 마시고 눈에 띄는 물건이 보일 때 파고들어 연구하면서 공부하면 된다고 여겨지네요.

저도 처음에 권리분석 몰랐어요. 유료경매사이트 보니 문제없네. OK.

저는 권리분석 공부 엄청 많이 했어요. 예전엔 다 그랬으니까요. 물론 권리분석 할 줄 알면 득 되는 건 있어요. 유료사이트라도 권리분석 잘못하는 거 있거든요. 그게 저한테 기회가 되는 것이죠. 권리분석 잘 모르는 분들은 그 자료만 믿으니까요.

요즘은 덜한데, 만약 전세권자가 경매 신청을 했다면 당연히 배당받고 끝나잖아요. 그런데 전에는 유료사이트에 인수하는 것으로 나오는 경우가 있었죠. 기계적으로 하는 분석 스킬이 뒤떨어졌던 것이죠. 그러니 입찰자가 적었을 것이고 그런 건 짭짤했죠.

📋 재미없는 특수물건

지금까지 대단한 경매 책에서 항상 자랑하는 특수물건 해보셨어요?

유치권 해봤죠. 이게 참 아이러니한 것이, 지금도 하라고 해야 할지 잘 모르겠어요. 과거에는 돈이 되었을지 몰라도, 지금은 특수 물건이 그저 그런 일반물건처럼 되었죠. 돈이 안 된다는 소리예요. 우선 우리 같은 사람한테는 돈 안 되는 이유가 있어요.

그 이유는 첫째, 제가 서민경매나 소액경매를 주장하는 이유가 돈이 없기 때문이거든요. 돈 있으면 누구든 고수예요. 돈 있으면 뭐 하러 경매해요? 그냥 100억짜리 물건 바로 계약하죠.

경매하는 이유는 돈 없는 사람이 돈을 벌기 위함이거든요. 특히 신용등급이 낮은 경우에는 부동산으로 돈 벌기 힘들어요. 대출이 어렵잖아요. 하지만 경매는 무조건 대출이 나오거든요.

예를 들어서 내가 우리 동네에서 오래 살다 보니까, 저게 돈 되는 물건인 줄 안단 말이에요. 그거 등기부등본 발급받아 은행에 가서, 지금 주인이 홍길동인데 내가 한 달 후에 소유자가 될 사람이니 대출해 달라고 하면 대출이 될까요? 얼른 나가라고 하죠.

그런데 경매는 그런 게 되는 거잖아요. 낙찰만 받으면 대출이 이뤄지니까, 보증금만 있으면 내 물건인 것처럼 움직일 수 있죠. 경매는 천만 원으로 일억 원짜리 물건을 쉽게 움직일 수 있거든요. 경매만큼 쉽게 움직일 수 있는 방법이 또 있던가요?

그래서 돈 없는 사람이 부동산으로 돈 벌기 위해 경매를 하잖아요. 돈 없는 사람이 특수물건을 하지 말아야 하는 이유는 이런 첫 번째 전제조건에서 어긋나요. 대출이 안 되잖아요.

유치권이나 이런 거 대출해 주는 데가 있긴 있지만, 엄청 어렵죠. 심사도 받아야 되고, 당연히 이런저런 비용이 들어가죠. 돈이 없으니까 아무리 좋아도 대출 안 되는 물건은 의미가 없어요.

그리고 유치권 있는 물건을 잡아 보니까, 끝장을 보기까지 너무 오래 걸리더군요. 그런 물건에 쏟을 에너지로 그냥 편안한 물건 서너 건 하는 게 낫겠더군요. 엄청 스트레스 받더라고요. 상대편이 유치권이나 법정지상권을 주장할 정도면 나름대로 준비가 된 상대방이에요. 상대편도 선수거든요.

그래서 그런 물건은 이미 낙찰자가 정해져 있어요. 결국 그들만의 리그가 되는데 요즘은 분위기가 바뀌어서 초보자도 그런 물건을 우습게 여기는 시절이 되었잖아요. 가장 최근에 유치권 임장한 물건이 주안 현대아파트 뒤의 빌라식 아파트인데요. 물건이 너무 좋은 거예요. 바비큐가 가능한 야외 테라스가 있더군요.

그 건축물에 관련된 분이 유치권 6천만 원을 주장했는데, 대화를 해보니 깎아 줄 용의가 있었어요. 그래서 구두지만 4천만 원 정도까지 깎았어요. 근데 유치권자가 나중에 얘기하더라고요. 실은 자신이 받을 거라고요. 너무 적극적으로 나오니까 말리면서도 앞뒤가 맞지 않는 행동을 하는 것이죠. 깎아주면서 들어오면 각오하라는 것이니까요.

그러니 그걸 뭐 하러 받아요. 엄청 머리 쥐어 뜯겨가면서 말이죠. 유치권자는 건축업자 출신이거든요. 우리하고는 그레이드가 다른 무서운 사람들이죠.

유치권 하시는 분들이 건축 쪽 분들이 많다는 거죠?

낙찰자 쪽에서 어깨 세 명 데려오면 '그래? 나도 그 정도는' 하면서 인원 동원하는 분들이죠. 물론 꼭 그런 건 아니지만요. 유치권 있는 물건을 낙찰받은 적이 한 번 있어요. 연식이 있는 아파트는 어지간해선 유치권이 성립되지 않지만, 전에는 유치권 있으면 고민부터 했죠.

그래서 2,500만 원 유치권이 있는 아파트인 줄 알고 검토에 들어갔는데, 자세히 보니까 250만 원이더라고요. 속은 거예요. 유치권 있는 물건은 모두 한 번 더 유찰될 때까지 쳐다보지도 않았던 거죠. 검색 수가 거의 없을 정도였으니까요. 그런데 그건 저도 속은 물건이에요. 법원 특유의 숫자 표기방식이 있어요. 2500000이라고 썼으니까 당연히 2,500만 원이라고 짐작했죠.

근데 자세히 세어 보니 영이 5개더라고요. 단독으로 최저가에 잡았는데 점유자에게 250만 원 다 줬어요. 2,500만 원만큼 싸게 확보했으니까요. 결국 진정한 유치권이 있는 물건은 아니었던 셈이죠.

유치권 주장하는 게 아니었네요?

이상하잖아요. 아파트인데 지은 지 10년 됐는데 유치권이라니요. 그것도 2,500만 원이면 너무 크잖아요. 그래서 일부러 자세히 살펴보게 되었죠. 유치권은 그렇다고 해도, 개인적으로 법정지상권은 공부 많이 했어요.

서울 남영역 근처에 경매 관련 커뮤니티가 있었는데, 그곳에서 법정지상권 전문가가 강의했어요. 경험이 많은 그분에게 제대로 배웠는데, 실전에 써먹지를 못했어요. 공부를 했지만 정작 써먹을 곳이 없더군요. 지금이라도 검색해 보세요. 법정지상권에 해당하는 물건이 얼마나 있는지 말이죠. 거의 없어요. 있어도 거의 다 악성이죠.

그 법정지상권 전문가라는 분이 혹시 사우나 운영하시는 분 아닌가요?

꽤 옛날이에요. 그분의 강의를 들으면 책에 쓰여 있는 건 웃기는 이야기가 돼요. 그분은 다 경험했으니까요. 자기가 경험했던 사례를 가르쳐주니까, 마치 나의 경험인 것처럼 다가오더라고요.

하지만 앞서 말했듯이 써먹을 수가 없더군요. 일단 법정지상권은 물건 자체가 커요. 그리고 대출이 안 되고요. 아울러 흔히 접할 수도 없어요. 결국 그림의 떡이에요.

그리고 제가 이런저런 분들을 알게 되어, 얘기를 들어보니 특수물건 하는 사람들도 속내는 이거예요. 그냥 자유롭게 편한 물건 하는 게 제일 안전하고 짭짤하다는 거죠. 특수물건은 잘 다루지 못 하면, 계산상으로는 남는데 실제로는 손실인 경우가 흔하다는 거죠.

오히려 안 하려고 하더라고요. 자기들이 몇 번 해봤는데 돈은 되는데 너무 신경 쓰이고, 1~2년 걸리고, 그 시간에 다른 거 하자는 거죠. 지금은 다들 보면, 인터넷이나 책으로 남들에게 과시하려고 하는 사람이면 모르겠는데, 그렇지 않은 사람들은 돈 벌기 위해서 하는 짓인데 말이죠.

게다가 최근 유료사이트에서 유치권, 법정지상권 해석까지 서비스해주잖아요. 그래서 이제는 더욱 특수물건이 일반 물건화가 됐어요. 저처럼 예전부터 경매를 경험했던 사람들은 '법정지상권에 7명이나 들어왔어? 이 가격에?' 이렇게 놀랄 때가 많아요. 이제는 특수물건 공부할 시간에 밖에 나가서 한 바퀴 임장하는 것이 더 낫다고 생각해요.

📑 부동산 경매에서 실력이란

부동산 경매에서 고수는 어떤 사람들이라고 생각하세요?

돈을 많이 번 사람이죠. 제가 볼 때 다른 거 필요 없어요. 남들에게 돈 버는 방법 가르쳐 주겠다고 마이크 잡았는데, 그분의 재산이 없으면 믿을 수 있나요? "쌤! 재산이 얼마예요?" 하고 물었는데, 먹고 사는 정도라면 그분의 말씀에 힘이 실릴 수 없죠.

밥을 먹어도 스테이크 먹을 수 있고, 3천 원짜리 우동 먹을 수 있잖아요. 어떤 것이든 먹고 사는데 지장은 없지만, 우동 먹고 이빨 쑤시면 보기에 우습잖아요. 고수라면 일단 재산이 좀 되는 것이 기본이죠.

제 생각으로는 대략 1년에 1억씩 벌면 고수라고 할 것 같아요. 생활비 빼고, 먹고 사는 거 빼고, 자산이 1년에 1억씩 늘면 고수예요.

운과 능력의 비중이 몇 대 몇 정도라고 생각하세요?

저 같은 경우에는 앞서도 말씀드렸듯이, 투자 방법 자체가 운에 의존하는 방법이죠. 그리고 그 운이라는 것도 능력이라는 기반이 없이는 안 돼요.

물건은 어마어마하게 많이 있잖아요. 검색하고 임장하면서 그 가운데에서 좋은 물건을 발견해 내는 능력이 있어야 해요. PC 앞에서 검색하는 순간 돈이 되는 물건임을 알아보는 것도 큰 능력이잖아요.

그런 물건을 분석하는 시각은 여러 가지가 있어요. 권리분석상으로도 있을 수 있겠죠. 예를 들어서 선순위가등기 같은 거 말이죠. 흔히 알고 있잖아요. 이게 채권에 의한 건지, 진짜 소유권 이전인지요. 그런데 그게 법원의 자료조차도 애매한 게 있거든요. 판례를 봐도 법원에서 구분해서 공시하라는 법이 없죠.

그래서 애매하고 아주 웃기는 경우도 많아요. 법원 자료엔 선순위가등기라고 나와 있고 유료사이트엔 낙찰자 인수라고 돼 있으면 포기잖아요. 그런데 소멸 기간이 지났어요. 그런데도 버젓이 살아 있는 선순위가등기라고 동네방네 소문나서 단독으로 받는 경우가 있거든요. 그런 정도는 구분할 실력은 있어야 해요.

그런 물건이 늘 있는 게 아니고 가끔 하나씩 눈에 띄니까, 아는 사람들끼리 거저먹는 거죠. 그런 것은 공부가 된 상태여야 가능하고요. 그 외의 대부분은 운이 많이 작용해요. 시세보다 완전 저렴하게 낙찰받으려면 운이 많이 작용해야죠.

흔히들 그런 운이 어째서 너에겐 자주 있냐고 하겠지만, 사실 그게 다 운이거든요. 제대로 말하면 그 운을 만드는 거죠. 사실 그럴 수밖에 없는 게, 닥치는 대로 굉장히 많이 입찰해서 낙찰되면, 그 모든 물건이 운인 것이죠. 운에 맡기는 것이니까 운이에요.

그래서 제가 남이 쓴 글을 읽다가 '경매 선생님이 찍어줘서 낙찰받아 성공했다 어쨌다.' 이런 글은 별로 신뢰하지 않아요. 그렇게 받은 물건이 수익 나기 어렵거든요.

앞서도 말했지만 그렇게 수익이 나면 선생님이 직접 하겠죠. 얼마

전에 우연히 조인스랜드 관련된 사이트에 접속했는데, 그곳에선 선생님들이 제대로 가르치더군요. 방법이 없다는 거예요. 그냥 '물건에 이상만 없으면 최저가 입찰해라. 입찰해서 잡히면 돈 되는 거고, 아니면 아닌 거다. 내일 다른 물건에 입찰하면 된다.' 이렇게 가르치더라고요. 학생들이 올린 후기 보니까 그렇게 했더라고요.

과연 그렇게 단순무식한 방법으로 돈을 버는가 하겠지만, 제일 확실하고 짭짤한 방법이라고 생각해요. 그래서 운칠기삼이 맞는 것 같아요. 운이 70%라면, 평소에 안타를 치다가도 우연히 잘 맞아 홈런이 나오는, 그런 운이 많이 작용하는 것이 경매라고 생각해요. 그럼 기술 30%는 남들이 몰라본 것을 찾아내서, 남들이 모르고 있을 때 입찰해서 낙찰받는 것이죠.

고수들은 보는 물건이 한정되어 있어요. 특수물건이라든지 어려운 것들이죠. 그런 고수가 무슨 전용 면적 10평짜리 빌라나 전용 면적 11평 아파트 같은 걸 보겠어요? 안 보거든요.

그런데 제가 고수라고 할 수는 없어도 오래 했기 때문, 그런 물건 속에서 일반 초보자가 못 보는 부분을 볼 때가 있어요. 가끔 눈이 번쩍거릴 때가 있어요.

그런 것을 발견했을 때 희열이 크죠. 이후 입찰가에 대해서 진지하게 고민하죠. 또 입찰하면 꼭 저 같은 사람이 한두 명 들어오더라고요. 늘 비슷한 경쟁자가 있죠. 그게 그나마 경험이 쌓인 기술이다 보니까, 가끔 그런 물건을 하나 발견해서 잡는데, 그건 진짜 낙찰받으면 뛸 듯이 기쁘죠.

📝 NPL에 대한 생각

최근 가장 뜨거운 시장이 NPL 시장이잖아요. 어떻게 생각하세요?

제가 많이 몰라서 그런지 몰라도, 아직은 NPL이 먹을 게 없다고 생각해요. 저도 NPL 책 사고 강의도 들어보고 했는데요. 제가 내린 결론은 NPL로 신경 쓰느니, 그냥 내가 하던 방식으로 하는 게 낫다는 것이에요.

모르겠어요. NPL이 우리나라 시장에서 돈이 된다는 것은 아직 검증이 안 됐다고 생각해요. NPL로 돈 벌었다는 소리를 못 들어봤어요. NPL은 진작에 접했어요. 초창기에 말 나왔을 때. 외환은행이 넘어갔을 때부터 NPL 얘기를 들었으니까요.

시중에 자격증이 엄청 많거든요. 투자 관리사, 위험 관리사, 무슨 관리사. 이번에 뉴스 보니까 정부에서도 공식적으로 얘기했는데, 그 많은 자격증에 민간인들이 소비하는 돈이 1인당 얼마라고 말이죠. 따 봤자 아무 소용 없거든요. 헛돈만 쓰는 셈인데 저는 NPL도 그렇다고 생각해요.

이미 경매와 관련된 강의로는 더 이상 주목을 얻기 힘들죠. 예전처럼 유치권이나 법정지상권 강의에 사람이 모여들지 않거든요. 그래서 또 하나 들고나온 게 NPL이 아닌가 싶더라고요. 저는 그렇게 생각해요.

저도 NPL을 처음 들은 것은 외환위기 때 론스타예요. 몇 년 후에 일본에서 하게타카라는 드라마가 있었어요. NPL을 다발로 사는 거잖아요.

사실 다발로 사잖아요. 그래도 이익이 나니까요. 좋은 것만 처리해서 돈 번다는 내용이거든요.

조X석라는 이름으로 기억하는데, 아마 우리나라 NPL 1세대일 거예요. 그분한테 이야기를 들은 적이 있어요. 150억원짜리 채권을 얼마에 사는지 아냐고 말이죠. 우리는 모르니까 상상하기 힘들잖아요. 방에 쌓아둘 정도로 어마어마한 150억원짜리 부실채권 서류들을 3억원에 샀다고 했어요. 보고만 있어도 배부르다고 하더군요.

그걸 또 사고 싶어도 살 수 없는 거니까...

일반인은 사기도 어려워서 법인을 설립해서 하는 사람이었는데, 150억 원짜리를 3억 원에 살 정도면 알 만한 거죠. NPL, NPL 해서 가서 들어보고 공부해 보니까, 결론은 '여기에 쓸 시간 있으면 내가 아는 거나 하자'였어요. 늘 그랬지만 여기저기 기웃거리다가도 결국에 아는 것만 하게 되더군요.

명도에서 중요한 것은

경매에서 성공하기 위해서는 무엇이 제일 중요하다고 생각하세요?

앞서도 말씀드렸지만, 일단 본인의 성격이 맞아야 할 것 같아요. 제가 경매를 소개해 준 사람 중 법대 출신이 있었어요. 법대 출신이니까 법을 잘 아니까 경매 잘할 것 같은데, 오히려 안 되더라고요. 법대 출신이 왜 안 되냐면, 명도 대상자 앞에서 법 운운하니까, 상대가 열을 받는 것이죠.

그래서 늘 점유자와 대판 싸우면서 가르치려 들어요. "당신 지금 뭘 잘못했는지 알아? 법에 의하면 당신은 어쩌고저쩌고" 하니까 상대가 가만히 있나요? 그래 네가 좋아하는 법대로 해보라고 덤비죠.

결국 해결 안 되니까, 저한테 연락 왔어요. 어쩔 수 없이 끌려가 들여다봤지요. 근데 제가 가서 10분 만에 명도 해결하고 왔거든요. 점유자에게 "고생 많으셨죠?" 이 한마디에 해결되었어요. "그 낙찰자가 먼 동생 되는데 성격이 지랄 맞아요." 하니까 "그렇죠? 그렇죠?" 하며 반겨주는 거죠. "그 인간 사고 치는 거 뒤치다꺼리 하느라고 늘 고생인데 이번에도 마찬가지네요. 죄송합니다, 선생님." 이러면 해결되는데 그냥 법부터 들먹이니 싸우게 되는 것이죠.

또 다른 아는 분의 물건 때문에 충주에 가서 아파트 벨을 눌렀죠. 경매 때문에 왔다고 하니까 바로 욕을 하더라고요. 이번에는 어떤 새끼가 왔냐는 것이죠. 고시 공부하던 분이 낙찰받은 것인데, 그렇게 많은 공부를 했으니까 민사집행법이야 껌이잖아요.

그런데 첫 물건에서 막힌 거예요. 역시 명도 과정에서 대판 싸운 것이죠. 그래서 제가 그다음 타자로 나선 것인데, 아파트 점유자가 키 작고 얌전한 사람이 나타나니까 긴장을 풀더군요. 이런 인상이 어떤 면에선 도움이 돼요.

제과점 할 때도 이런 인상이 도움이 되었어요. 빵집은 손님의 70~80%가 여자인데, 제가 아는 점주의 점포는 장사가 시원찮았어요. 안 된 이유가 있었죠. 빵집 주인 아저씨의 체격이 엄청 컸거든요. 완전히 곰 같이 덩치가 어마어마했어요. 생각해보세요. 레슬링 선수 비슷한 분이 매장에서, 또 카운터에서 손님을 맞이하면 자그마한 여자분들이 마음 편할 리가 없죠. 빵 고르기도 무서웠을 거예요.

반면에 제 여자 손님들은 저에게 아저씨 편하다고 말을 할 정도로 만만하게 보였죠. 그래서 그런지 대개의 경우 명도 대상자들이 쉽게 방어를 푸는 것이 느껴지곤 했어요. 충주의 아파트도 마찬가지여서 문 열어주고 대화가 잘 되었죠. 점유자의 말을 들어보니 아무것도 아니었어요.

벽에 결로인지 물이 흘러서 자기가 도배 새로 했다는 거예요. 도배비 달라고 했는데, 낙찰자가 무슨 도배비냐고 성질을 냈던 거죠. 당장 나가라고 하니까 감정이 상해서 싸움이 붙은 거예요. 처음엔 이사비를 요구한다고 들었는데, 사실 이사비 달라는 게 아니었어요.

"너 형법에서 경매방해죄가 뭔지 알아?" 하면서 힘으로 눌렀는데, 점유자가 그럼 너 죽고 나 살자고 나온 거예요. 제가 가서 이야기 다 듣고는 그럼 도배비 얼마냐고 하니까 10만 원이래요. 내가 당장 줄 테니 마음 풀라고 해서 그날로 명도 끝났어요.

그래서 성격이 중요하다고 하는 것이죠. 침착한 성격, 남을 배려하는 성격, 내가 주장하기 전에 먼저 들으려는 자세를 가진 분이 이래저래 유리하지 않겠나 싶어요. 우리가 경매하는 게 실은 대부분 다른 사람과의 관계이거든요.

그러면 "내성적인 사람은 못 하겠네요?" 하겠지만, 또 그러면 그런대로 다른 방식으로 접근할 수 있겠죠. 사실 제가 무척 내성적인 타입이에요. 엄청 내성적이라서 누구 만났을 때만 적극적인 사람처럼 위장하곤 하죠.

그리고 혼자 있을 때는 내 우물 파서 잠기는 그런 사람이거든요. 저 같은 사람도 경매를 하니까요. 오히려 침착하고 분석적이고 섬세해서 더 유리할 수도 있을 것 같아요. 물론 과감하면 과감한 대로 도움이 되겠지요. 왕도란 것은 없으니까요.

문제는 과감한 것이 지나친 경우에 큰 문제가 발생한다는 거죠. 움직이는 금액이 크기 때문에 문제가 생기면 손실도 크거든요. 마음이 조급하여 제대로 질러서 문제가 생기면, 수습이 안 되니까요. 그래서 보증금 포기가 많이 발생하죠.

다른 사람이 봤을 때 원만하고 모나지 않고 무난한 성격의 사람이 꼼꼼하면, 경매에 최적인 것 같아요. 그리고 요즘에는 남자가 여자보다 경매에 유리하죠. 예전과 달리 최근 경매로 인해 만나야 하는 사람들이 죄다 여자더라고요.

관공서나 한전, 가스회사 등 공적인 업무의 창구는 다 여자분들이고, 경찰관을 만나도 여자니까 일하기 편하잖아요. 여자의 적은 여자거든요. 게다가 점유자나 임차인 등도 대부분 여자예요. 저는 작은 물건을 다루다 보니까 더욱 그렇죠.

📋 복지 업무로 사회환원을 하다

그러면 경매 말고 다른 거 하시는 건 없으세요?

지금은 100% 경매죠.

사회복지사 자격증 취득하셨잖아요. 그쪽으로는 전혀?

사회복지 자격증을 취득한 것은 그 동기가 어쭙잖은데요. 제가 경매를 접하면서부터 생각했던 것이 사회환원이었어요. 블로그를 시작한 것도 그런 이유에서였죠. 제가 성격이 깍쟁이거든요. 허튼 돈 쓰지 않고 늘 근검절약하는 성격이죠.

그러다 보니 제가 경매로 돈을 벌었으나, 아직 금전적으로 사회환원하기엔 부족하고, 그래서 재능기부 같은 차원으로 방향을 잡은 것이죠. 한편으로는 경험했던 것을 자랑하고도 싶었구요. 블로그를 통해서 경험한 것을 나누고, 카페 활동을 하면서 조언과 강연도 하고 그랬죠.

늘 주장했어요. "용기를 내세요. 한 발자국만 움직이면 됩니다. 하루만 돌아다니면 알게 됩니다. 낙찰받는 순간 1천만 원 버는 거예요." 라고 마구 떠들고 다녔죠.

그런데 그랬던 것이 저를 피곤하게 만들더군요. 저의 존재를 아는 분이 많아지니까 제 생활에 지장을 받는 거예요. 제 성격 자체가 내성적이기 때문에 '나를 따르라'와 같은 식의 보스 타입이 아니다 보니까, 사람들이 몰려드는 게 스트레스인 거예요.

끊임없이 이어지는 상담에 답해 줄 능력도 없고, 시간은 더욱 안 되니까, 이건 도저히 안 되겠더라고요. 마침 와이프가 복지와 관련된 일에 착수를 해서, 그것을 잠시 도와준다는 것이 자격증까지 따게 되었고, 그 다음부터 사회환원은 그쪽으로 하겠다고 생각했었던 것이죠. 그때 경매와 관련된 많은 활동을 접었죠.

그러면 현재 그쪽으로 전혀 일은 안 하시는 건가요?

그렇더라고요. 맨날 보는 부부지만 늘 같이 있으면 싸우게 되는 일이 생기더군요. 저는 경매가 직업인데, 와이프는 복지업무가 직업이잖아요. 같이 있으니까 제가 자꾸 와이프의 영역을 침범하게 되고, 트러블이 생기더군요. 그 반대의 일은 없고요.

저는 복지와 관련된 지식이 있었지만, 와이프는 경매에 대해선 전혀 모르니까요. 결국 서로의 영역을 존중해주기로 하고, 저는 발을 빼기 시작했죠. 와이프가 하는 일이 정상궤도에 들어설 때까지 경제적인 지원만 해주다가, 이젠 복지시설이 독립하는 것을 보고 완전히 손 뗐어요. 부부간에도 상대의 영역을 존중하고 지켜줘야 하겠더라고요.

📋 부동산 경매는 평생 함께 할 길

언제까지 경매를 하실 예정이세요?

숟가락 놓을 때까지요. 재미있잖아요. 초보 시절 제일 이해가 안 되는 것 중 하나가 명도가 재미있어서 경매를 한다는 소리였어요. 무슨 말이 되는 소리를 해야지요. 명도가 재미있다는 게 말이 되냐고요?

하지만 경매에 대한 경력이 쌓이면서 그게 조금 이해되더군요. 물건 임장할 때부터 명도 대책을 수립한다고 했잖아요. 그렇게 생각해 두었던 것이 나중에 척척 맞아 돌아가면, 그것이 얼마나 통쾌하고 재미있는데요.

저 역시 명도가 무섭지는 않거든요. 어차피 명도라는 게….

그렇죠~~ 결국 낙찰자가 이기게 돼 있잖아요.

명도는 사람과 사람의 관계이기 때문에 저도 강의할 때 얘기해요. 사람만 생각하시고 그 사람 만나면 된다. 역지사지로 생각하면 트러블 없고 싸울 일도 없을 거라고 얘기하거든요. 저도 명도할 때는 그 생각으로 하거든요. 저 사람 입장에서 생각하면 답은 뻔하거든요. 저 사람이 원하는 것도 뻔한 거고요.

앞서 제가 말씀드렸던 것과 똑같은 지론을 갖고 계시네요. 맞는 말씀이에요. 제가 국정원 다니는 분도 명도해 본 적 있거든요. 국정원 직원 외에 서울시 자문위원도 있었어요. 시민을 상대로 뭐든지 다 자문하는 사람이니까 얼마나 잘 알겠어요.

이런 사람도 명도해 봤는데 별 차이 없었어요. 얘기 잘 들어주고, 어떻게 하면 당신하고 나하고 잘 해결할 수 있을까를 고민하면, 대화 가운데에서 다 해결되죠. 맞아요.

오랫동안 하시는 분들은 다들 경매를 재미있어 하시더라고요. '나는 이게 재미있다. 계속하는 이유는 재미있어서다.'라고 하시더라고요.

맞아요. 뭐든지 처음엔 재미가 없죠. 테니스를 배워도 처음엔 지루한 시간 투자를 해야만, 나중에 게임의 재미를 느낄 수 있죠. 경매 또한 어느 수준에 이르면 자신만이 누리는 재미를 찾게 돼요. 저는 물건 수리에 큰 재미를 느낀다고 이미 말씀드렸죠.

그리고 요즘과 같은 때는 경매를 중단하고 다시 진입할 때를 기다리는 재미가 크죠. 여유 있는 시간을 활용하여 그동안 방치해 두었던 물건들 돌봐주고요. 마치 총채 들고 먼지 털면서 청소하는 기분이죠.

지금 추세로 볼 때 앞으로 1년 정도는 입찰할 일이 없거든요. 신문 기사를 보니까 지난 1월, 2월에 역사상 가장 많은 경매 자금이 몰렸다고 하더라고요. 올해 들어서면서부터 심상치 않은 것은 눈치챘지만, 그 정도였더라고요. 작년까지는 그래도 덜 몰렸었죠.

근데 올해 들어서면서 '장난이 아니구나.' 했지요. 경험적으로 이럴 때는 쉬어야 하는데, 쉴 때는 또 기다리는 재미가 있죠. 기다리는 동안 뭔가 할 거잖아요. 물건 관리하고, 밀린 일 처리하고, 운동하고, 영화도 보고 말이죠.

그러는 동안에도 관심의 끈은 계속 놓지 않아야 해요. 그래야 신문에 기사가 나기 전에 움직일 수 있죠. 저의 경매 이력 10년 사이에도 무려 3번이나 반복되었던 사이클이기에, 이젠 무엇을 해야 할지 대략 느끼고 있어요.

전에도 무려 1년 반 동안 입찰 안 했던 적도 있었어요. 노는 것도 돈 버는 거라고, 그때 부지런 떨었으면 그 뒷감당에 고생했을 거예요. 아니다 싶으면 과감히 떨어져서 관망하는 자세로 지켜보는 것도 돈 버는 것이더군요.

질문 내용과는 동떨어진 것이지만, 신X훈이라는 분이 계세요. 우리나라 부동산 박사 1호라고 알려진 분이지요. 그분을 2004년에 만났던 것 같은데, 그분이 이런 이야기를 하더라고요. 강남에서 남산이 보이는 오피스텔을 하나 낙찰받았대요.

5년이 지난 후에 오피스텔을 팔았는데, 그 오피스텔이 그분에게 얼마나 돈을 벌어주었나 계산해봤더니, 그때 당시로 대기업 사원의 연봉만큼의 돈을 벌어주었더래요. 그 오피스텔은 5년 동안 매월 딱딱 대기업 사원만큼의 월급을 주었던 거죠.

그래서 그분 자신도 놀랐대요. 부동산에 올바르게 투자를 하면 그 정도의 효과가 있죠. 그분이 늘 주장했던 것이 '파이프라인을 만들자'였어요. 무슨 파이프라인이냐 하면 수도꼭지를 틀면 물이 나오듯, 꼭지를 틀면 돈이 나오는 파이프라인을 만들어 놓자는 것이죠.

노후대책이요? 자식이 당신의 노후대책? 이게 아닌 것, 이제 모두 알잖아요. 형제나 친구들은 나의 등을 치지만 않아도 감사하고요. 그때 신박사는 파이프라인을 만들어 놓았다고 자랑했어요. 그래서 생활비 필요하면 은행에서 인출하면 된다고 했어요. 아마 그 통장의 잔액은 매월 일정하겠죠. 아니면 더 증가하든가. 암튼 속주머니에서 두둑한 봉투를 꺼내면서 와이프 갖다줄 생활비라고 보여주더군요.

참! 그때 그분도 부동산은 혼자 판단하고 혼자 투자하라고 했어요. 모든 분들이 알고 있는 세이노라는 분도 그러잖아요. 혼자 하잖아요.

무엇이든지 그렇지만, 여럿이 협력하면 훨씬 편하고 좋겠지만, 돈 앞에선 사악해지는 인간의 속성 때문에 결국 고독함 속에 안전한 성공의 길이 있는 모양이더라고요.

📋 처음 시작하는 사람들에게

시작하는 사람들에게 얼마면 시작할 수 있다고 하시겠어요?

실력이 좋거나 저같이 경력이 쌓였다면, 극단적으로 몇백만 원으로도 시작이 가능하죠. 앞서 주안역 근처의 빌라를 3,200만 원에 낙찰받았다고 했잖아요. 서울까지 가서 2,600만 원 융자받았거든요. 보증금 300만 원이니까 계산해보면, 진짜 몇백만 원만 있어도 그런 물건 잡을 수 있어요.

그러나 초보자는 같은 물건이라도 안전계수를 많이 곱해야죠. 그리고 전업으로 경매를 하겠다면 또 금액이 달라지고요. 저의 경우 맨 처음에 4천만 원으로 시작했어요. 그 당시라면 적다고는 할 수 없는 자금이죠. 그런데 경험이 있으면 자금의 여유가 없어도 어떻게든 꾸려나갈 수 있죠. 문제가 생겨도 이리저리 대책을 수립하여 해결할 수 있지만, 실력이 부족하면 여유자금이 있어야 마무리할 수 있어요.

초보는 문제가 생기면 돈으로 해결해야 하는 경우가 훨씬 많으니까요. 현시점을 기준으로 경매를 시작하는데 얼마의 돈이 필요한지는 전적으로 투자하는 분의 성향에 달렸다고 보죠.

저와 같이 소형물건이나 지하 빌라처럼 저렴한 것을 하겠다면, 일단 천만 원 정도만 있어도 충분하죠. 제가 4천만 원으로 그런 물건을 거의 동시에 6건 낙찰받아 처리했으니까요.

천만 원이면 전용면적 10평짜리 방 2개인 빌라, 제가 아까 3~4천만 원짜리 짭짤하다고 했던, 그런 빌라를 낙찰받아 뒷마무리할 수 있죠. 그 가격대가 투자 안전성이 높아요. 매매든 임차든 수요가 많아 실패의 우려가 적지요. 아시다시피 요즘 워낙 가구당 인원 수가 적어서 그래요. 원룸이나 오피스텔은 포화 상태라서 어려운 요즘이지만, 방 2개짜리는 오히려 귀한 편이거든요.

그리고 충고를 하자면, 일단 직업이 있는 상태에서 경매를 시작하여 그 가능성을 타진하는 단계가 필요하다는 겁니다. 여차하면 '이 길이 아닌가 봐' 하면서 돌아갈 곳이 필요하니까요. 배수진은 한신(중국 한나라 초의 무장) 정도의 능력이 되어야 가능하거든요.

참고로 방 2개짜리 빌라는 임대 놓을 때 중개업소 거의 이용하지 않아요. 인터넷에 광고하면 2~3일 이내에 계약되거든요.

비싸게 내놓으시지는 않으세요?

가능하면 세입자가 오래 거주하는 것이 제일 좋더라고요. 이사 나가면 이래저래 공실 기간이 늘어나니까요. 중개수수료도 따져봐야 하고요. 그래서 가능한 이사하지 말라고 단돈 만 원이라도 싸게 해요.

똑같은 조건이면 싼 곳으로?

앞서 말씀드렸지요. 물건의 경쟁력은 가격도 있지만, 저의 경우 제 손으로 직접 싹 손을 보니까요. 누구든지 들어가서 보면 깨끗하다는 인상을 받게 되죠. 그래서 대부분은 처음 와서 물건 구경한 사람이 계약해요. 거기에서 벗어나는 경우가 드물어요. 첫 사람이 와서 계약이 안 되는 거라면 제가 뭔가 잘못한 거예요.

오랜 시간 감사했습니다.

인터뷰를 마치며

블로그 글을 읽을 때 재미있게 잘 쓰신다는 것은 알고 있었지만, 말까지도 이렇게 잘할 것이라고는 예상하지 못했다. 재미있으면서도 조리 있게 다양한 실사례와 에피소드까지 말씀해 주시니 시간 가는 줄 모르고 이야기를 했다. 얼마나 재미있었는지 화장실 가고 싶은 것도 참으면서 대화를 했다.

남들이 어떻게 생각하든 10년이라는 시간 동안 자신이 생각했던 투자 방법을 올곧게 지키면서, 큰돈이 드는 물건은 피하고 소액으로만 투자하면서, 안전하게 수익을 내는 부동산 경매 투자 방법을 통해 자신이 몰랐던 재능까지 발견하며, 차곡차곡 자산을 늘리는 자유롭게님의 투자 방법은 돈이 없어 부동산 경매에 대해 주저하는 사람들에게는 많은 울림을 줄 것이라 본다.

현장을 많이 돌아다니고, 수시로 관련 물건에 대한 정보를 조사하고, 암담한 상황이 닥쳐도 포기하지 않고, 긍정적인 마음으로 최대한 풀어내려고 노력하다 보니, 오히려 자신의 장점을 발견한 이야기는, 투자를 너무 쉽게 시도하고 포기하는 사람들에게는 다시 한번 읽어보라고 권하고 싶다.

워낙 많은 이야기를 해주시고, 자신의 블로그에 올린 글까지 첨부할 수 있게 해주신 배려도 본인이 표현한 재능 기부에 부합된다. 자유롭게님의 블로그 글을 읽어보면 큰 도움이 될 것이다.

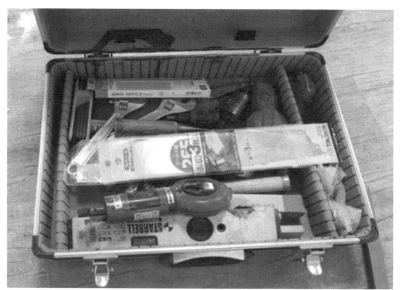

자유롭게님의 수리용 공구들 1

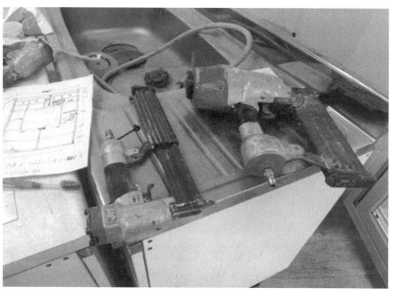

자유롭게님의 수리용 공구들 2

부동산 경매시장의 마법사들

아이 엄마도 할 수 있는 부동산 경매

앨리스님

앨리스님

블로그 http://blog.naver.com/grasia321
카 페 http://cafe.naver.com/playauction (즐거운 경매)

블로그 이웃으로 알게 된 '나는 돈이 없어도 경매를 한다' 책의 저자 세라(이현정)님과 직접 만났을 때 함께 온 사람이 있었는데, 바로 세라님의 책에서도 언급된 앨리스님이었다. 뜻하지 않은 만남이었지만 서로 즐겁게 웃으면서 이야기했다.

앨리스님은 두 아이의 엄마이자 한 남자의 아내였지만, 미시족이라는 표현이 한때 유행했던 것처럼, 도저히 아이 엄마라고 볼 수 없었다. 젊은 아가씨라고 해도 믿을 정도였는데, 이런 분이 부동산 경매를 하려고 전국을 돌아다녔다는 것이 믿기지 않을 정도였다.

아직 학교도 다니지 않는 아이들이 있어 전국을 돌아다니기 쉽지 않았을 텐데, 어떻게 부동산 경매를 시작하게 되었고, 어떤 방법으로 부동산 경매를 했는지 너무 궁금했다. 전업주부로만 있다가 경매를 했다는 사실도 너무 신기했다. 앨리스님의 이야기를 지금부터 함께 들어보자.

🗒️ 경매로 세상을 만나다

경매를 처음 알게 된 건 언제예요? 몇 년도?

2010년 3월이요. 2010년 초에 뭔가 다른 공부를 하고 싶었어요. 그동안 맨날 집에만 있었잖아요. 가정주부로 아이들 키우느라 세상 밖을 몰랐어요. 바깥세상을 전혀 모르고 관심도 없었어요. 우리 남편이 돈도 잘 벌어다 줬기 때문에요. 결혼 초창기엔 힘들었지만 5년 지나고 나서는 안정이 돼서, 10년까지는 굉장히 편안하게 지내다가 뭔가 허한 느낌이 들었어요.

내가 다른 분야가 아니라 경매를 해야겠다고 한 계기는 이래요. 아는 분이 토지 보상금 받아서 8천만 원 정도를 벌었다고 하시는 거예요. 부동산 경매는 아니었지만, 아는 분이 돈 벌었다고 말하니까, 저는 경매를 하면 돈이 생기나보다 생각이 들었죠. 공부하는 건 어렵지 않다고 하더라고요.

당시에 모 인터넷 카페에서 4회에 10만 원이었나? 경매 강의가 있었어요. 거기에 갔는데, 마침 돈 없이 하는 경매에 대해서 알려 주셨어요. 쉬운 경매로요. 어려운 내용을 알려주는 곳에 갔으면 엄두를 못 냈을 것 같아요. 쉽게 하는 걸 가르쳐 주셔서 시작하게 된 것 같아요.

그러면 4주 동안 어떤 걸 배우신 거예요?

정말 기본만 배웠어요. 말소기준권리와 선순위 없는 것 찾는 요령, 그리고 입찰서 쓰는 방법만 배웠어요. 정말 기본만 가르쳐 주셨어요. 그런데 제가 1회를 듣고 너무 재미있는 거예요. 첫 번째 시간에 에피

소드 많이 얘기해 주고, "천만 원만 있으면 할 수 있다. 쉽다."라고 하는데, 너무 재미있는 거예요.

언니에게 연락해서 "너무 재미있는 강의야" 이야기했죠. 제가 그때 맨날 애들하고 집에만 있다가 밖에 나가서 공부하는 게 처음이어서 그런지 너무 재미있는 거예요. 그 강의가요.

언니한테 같이 듣자고 했죠. 다음 주에 언니랑 같이하니까 용기가 더해진 거죠. 둘이 하니까요. 혼자 했었으면 조금 하다가 안 되면 아닌가 보다 생각하고 다른 거 찾았을 것 같아요. 언니랑 같이하니까요. 언니가 용감하잖아요.

언니는 2회차부터 참여한 거예요?

네, 2회차부터요. 2월에 시작해서 4주 코스였고, 한 달 들었어요.

강의 끝나고 나서 임장 다니신 거예요? 어떻게 하셨어요?

강의 도중에 과제로 선생님이 물건 뽑아오라고 하더라고요. 처음에는 이상한 물건을 하나 뽑았어요. 공부하는 사람끼리요. 오피스텔이었는데 괜찮아 보이더라고요. 그래서 최저가로 해보자 결심했죠. 강의 중에 입찰도 해본다는 의미도 있고요.

한 번 해보니까 할 만하다는 생각이 들었고, 계속 임장 다녔어요. 처음에는 수도권만 했어요. 저는 집이 불광동이라서 일산이 가깝잖아요. 그런데 일산은 실수요자가 너무 많아서 임대수익을 낼 수가 없더라고요. 그래서 일산에서 거의 6개월 정도 헛수고했죠.

그리고 용인이랑 수원 쪽도 많이 했었고요. 처음에는 그냥 아는 동네를 먼저 했던 것 같아요.

처음에 시작했을 때 동네 물건부터 먼저 본 거예요?

은평구는 안 봤어요. 벗어나고 싶었거든요. 처음에는 송파구를 봤어요. 송파에 살았었고, 중고등학교를 거기서 나왔거든요. 송파로 이사 가고 싶은 거죠. 송파구에서 어릴 때 살아봐서 환경 좋은 거 아니까 송파로 가고 싶었죠. 그때 살짝 고민이었던 게 송파로 이사하면 투자를 더 못한다는 거였어요. 그 집에 다 넣어야 되니까.

그래서 고민하면서 몇 달 보냈죠. 물건을 골라도 입찰하려고 하면 고민이 되는 거예요. 송파구 쪽은 임장을 가고도 입찰하지 않은 적도 많아요.

그때는 아파트만 해도 수익률이 좋을 때라서 빌라는 쓱 보기만 했어요. 그 가격이면 아파트를 할 수 있었으니까요. 빌라는 별로 관심 없었고 재개발 같은 건 너무 비쌌고요. 오금동, 방이동도 재개발 쪽으로 봤거든요. 가락동, 거여동도 많이 봤는데 너무 비싸더라고요. 엄두가 안 날 정도로 서울은 비싸서 외곽으로 가야겠구나 생각했어요.

언니가 경기도에 살아요. 저도 거기에 살았었고요. 그래서 용인 쪽이랑 우리 집 있는 일산 쪽 두 군데를 하게 됐죠. 그러다가 용인에서 입찰을 몇 번 했었어요.

언니 친구가 살던 아파트라서 잘 아는 곳인데, 벌써 몇 번 떨어졌거든요. 그게 공매로 나왔더라고요. 그래서 그 물건을 입찰하면서 처음으로 단타를 치게 됐죠. 싸게 받아서요.

📋첫 물건을 단타로 성공하다

단타로 해서 성공한 거예요?

사택이었거든요. 그래서 단타로 매매를 했어요. 2011년 초였던 것 같아요. 그때는 매매가 좀 활발했거든요. 부동산 중개업소에 내놓으니까 공매 잔금도 안 냈는데 계약이 됐어요. 중개업소에서 책임지는 조건으로 계약금을 받았죠. 돈 없이 낙찰받고 몇 달 만에 팔았죠.

명도도 안 끝났는데 계약금 받았다는 거예요?

사택이니까 아예 명도가 없었죠. 빈집이었어요.

잔금 치르기 전에?

잔금 치르기 전에 중개업소에서 계약을 했어요. 공매 잔금을 치르고, 소유권을 이전하기로 계약서에 명시하고요. 저는 처음에 팔 생각이 없었어요. 시세보다 싸게 받았거든요. 임대 수익이 나오는 거니까, 임대 수익을 얻고 싶었거든요. 리모델링을 싹 했죠.

그런데 언니는 빨리빨리 팔아서 돈을 융통하고 싶어 했어요. 언니는 그때 두 개씩 들어갔는데, 언니는 두 개 다 받고 저는 하나 받았거든요. 언니는 두 개 다 팔겠다고 내놨었죠. 관리가 잘 된 아파트여서 다른 집보다 인기가 좋더라고요. 층수도 괜찮고요.

언니는 내놔서 하나 팔고, 저는 그사이에 리모델링하는데 또 누군가 제집을 사겠다는 거예요. 언니 집이 하나 남아 있는데도요. 우리 집이 깨끗하고 예쁘니까요. 그래서 우리 집을 비싸게 팔았죠. '리모델링으로 가치를 높여야겠구나' 하는 생각을 그때 했어요.

말씀하신 게 첫 낙찰인가요?

네, 경매 강의 듣고 3월에 입찰을 시작해서, 12월에 받았던 거예요. 그동안은 계속 헛수고한 거죠. 언니가 같이 안 했으면 '경매는 내 길이 아니구나' 생각할 수 있었어요. 입찰도 굉장히 많이 했거든요.

그 물건을 계기로 경매의 재미를 알았죠. 한 달만에 계산상으로 3천만 원의 수익이 생긴 거예요. 이것저것 빼고 양도세 내면 얼마 안 되지만요. 10년 동안 돈 번 적이 한 번도 없었는데...

리서치 알바하고 몇만 원 번 것밖에 없었는데, 한 달 만에 3천만 원을 버니까 재미있어서, 그때부터 열심히 했어요. 그전에는 설렁설렁했었거든요.

📝 아이들을 보살피며

저녁에 강의를 들으셨다고 했는데 아이들은 어떻게?

애들끼리 있어서 강의할 때마다 전화가 왔죠. 남편이 바빴으니까요. 애들 밥 먹이고 '집에서 놀고 있어'라고 말하고 나갔죠. 그때 막내가 유치원생이었고, 큰 애가 3학년이었어요.

의외로 되게 과감하셨네요?

네~ 남편이 되게 싫어했죠. 우리 남편도 강사거든요. 남편이 수업

하고 늦게 오지만, 나는 그날밤에 경매 수업을 안 하는데, 어쩔 수 없었죠. 애들한테 '밥 먹고 아빠 올 때까지 TV 보고 있어.'라고 말했죠. 남자애들이거든요. 남자애들은 새끼라고 부르는 거 알죠? 맨날 싸워요. 남자 새끼들.

중학교 가니까 덜 하더라고요. 큰 애가 중학교 가서 서열이 정리되니까 덜 하는데, 서열 정리 전에는 작은놈이 기어오르니까 싸우는 거예요. 강의 중에 맨날 전화 왔어요. 밤에 엄마가 안 나가는 사람인데, 엄마가 없으니까 난리죠. 저는 정말 경매를 하고 싶었거든요. 지금 생각해 보면 간절하게 하고 싶었나 봐요.

결심이 대단하셨네요. 애 둘만 집에 두고 나가서 한다는 게 쉬운 결심은 아닌데, 일주일에 한 번이기는 했지만.

한 달 동안 남편이 되게 힘들어 하더라고요.

그러면 처음에 임장은 일주일에 몇 번 정도 다녔어요?

잘 기억이 안 나는데, 처음 8개월 동안 열심히 하지는 않았어요. 2주에 한 번 간 것 같아요.

주로 평일에? 아니면 주말에?

평일 낮요. 저녁에 애들 영향 안 미치게 평일 낮에 가고, 아이가 유치원에서 돌아오기 전에 돌아왔죠.

점심 먹기 전에 출발해서요?

유치원 보내고 학교 보내고, 아침 일찍 출발했어요. 언니랑 같이 가거나, 일산은 저 혼자 가고, 애들 오기 전에 돌아오는 걸로 스케줄을 맞췄죠. 멀리는 못 갔어요. 상상조차 못 했어요. 가르치시던 선생님이 지방은 절대 하지 말라고 했거든요. 오를 수가 없다는 거죠.

그런데 그때부터 조금씩 오르고 있었거든요. 우리는 모르니까, 선생님이 나보다 잘 알 테니까, 지방은 하면 안 되는 줄 알았어요. 지방에 투자하면 망한다고 했거든요. 서울만 해야 한다고 했어요.

📝 종잣돈이 된 곗돈

8개월 만에 낙찰받고 수익이 난 후에 자본금이 늘어났는데, 최초 자본금은 얼마였던 거죠?

천만 원요. 내가 몇 달 후에 곗돈을 타니까, 그 곗돈을 이용해서 뭔가 조그만 걸 할 수 있겠다는 생각이 들어 강의를 듣게 된 거예요. 처음에 강의를 들을 때는 아예 돈이 없었어요. 저는 마이너스 통장 같은 건 상상도 못 하고, 대출도 무서워하는 사람이었거든요.

그런데 곗돈 천만 원이 생기니까 그걸로 하면 되겠다 생각했지만, 아무래도 과감하게 투자하기는 힘들었거든요. 그때 상황에서는 나름 과감한 결정을 한 거지만요. '그 돈 내 마음대로 쓸 거야.' 하고 과감하게 결정한 거죠.

처음에 성공하신 거잖아요. 그것도 거의 한 달 만에.

한 달 정도? 마무리까지 두 달 반 걸렸죠.

잔금 치르기 전에 계약이 됐잖아요. 그때는 움직이셨어요? 아니면 그냥 가만히 계셨어요?

　가만히 있었죠. 돈이 없으니까요. 저는 지금도 그래요. 투자하고 처리하는 기간에는 그냥 아이 쇼핑만 해요. 겁나서 못 해요.

물어보는 건 투자한 게 아니라, 그때 임장 다니신 건지, 쉬었던 건지...

　그냥 쉬었어요.

계속 돌아다닐 수도 있잖아요. 조금 있다가 돈이 들어온다는 게 정해졌으니까, '그 돈 들어오면 해야 하니 미리 알아봐야지' 하고 돌아다닐 수 있잖아요.

　저는 매매하고 이런 게 처음이라서, 대출받고 이런 과정이 다 낯선 거예요. 그런 거 하나하나가 버겁더라고요. 지금은 하루에 여러 일을 하고 한 번에 여러 가지 생각을 할 수 있지만, 그때는 되게 단순해서, 걸린 것 하나만 있어도 다른 걸 아무것도 못 하겠더라고요. 그거 하나만 열중해서 일을 처리했어요.

　나중에 돈이 생기고 나서 수원 영통에 있는 물건 하나 받았어요. 그것도 전세를 높게 줬거든요. 돈이 많이는 아니고 조금 들어갔죠. 천만 원 정도 들어간 것 같아요. 조금씩 투자하다 보니까 자본이 모자란 거예요. 3천만 원만 더 생기면 좋겠더라고요.

　그때 유행했던 게, '4천만 당겨줘' 하는 노래가 있었어요. '4천만 당기면 좋겠다.' 노래를 불렀는데, 예전에 조그만 임대아파트를 분양받아 전세로 임대주고 있던 것을(경매하기 전부터), 대출받고 월세로 돌리면 되겠다는 생각이 들었죠. 그래서 돈을 당겼죠. 3천만 원 당겼어요.

말씀하신 3천만 원이 생긴 것은 첫 물건 끝나고 나서 어느 정도 후에?
　첫 낙찰받고 4~5개월 후? 2011년 중반 정도?

그러면 4~5개월 후에 3천만 원이 생긴 거잖아요. 몇 개의 물건에 들어가고 자본이 똑 떨어진 거예요?
　두 개요.

둘 다 임대로?
　네, 두 개 했어요. 용인 것만 두 개요. 자본금이 다 들어갔어요.

임대로 했기 때문에?
　네~

3천만 원으로 본격적으로 시작하게 된 거네요? 3천만 원이 생기기 전까지는 '경매라는 게 이렇게 되는 거구나, 돈이 되네.' 하는 생각이 들었어요?
　'계속할 수 있겠구나.' 생각이 들었죠.

3천만 원이 생겼을 때는 마음가짐이 달라지잖아요. 느낌이랄까?

그런가요? 어쨌든 자본을 만들어야 한다고 생각했어요. 생전 안 만들던 마이너스 통장도 신청하니 되더라고요. 직업이 없었지만 오랫동안 신용 쌓아 놓은 걸로 마이너스 통장을 만들고, 대출도 받아보니 느낌이 다르더라고요. 이자를 내는 부담이 있기는 했지만, 돈을 더 벌 수 있겠다는 마음이 생겼죠. 그리고 우선 재미있었어요. 돈도 벌면서 너무 재미있는 거예요.

📑 돈이 되는 지방을 돌아다니다

어떻게 보면 무리를 해서라도 자본을 만들어 본격적으로 경매에 뛰어들자는 생각을 한 거잖아요. 그때부터는 보는 지역을 넓혔나요?

그때 언니가 연기군(지금은 세종시) 물건을 하자고 하더라고요. 아까도 얘기했듯이 선생님이 지방 물건은 하지 말라고 했는데, 연기군에 같이 갔어요. 어릴 적부터 서울이나 수도권에서만 자라서 중소도시는 처음 간 거예요.

너무 낙후된 거예요. '이런 데에서 누가 살겠나' 하는 생각이 들더라고요. 시골 느낌이잖아요. 놀러 가서 시골 지나가는 느낌이었어요. 나는 투자 안 할 거라고 했어요. '그러면 나 혼자 한다.' 하고 언니가 했어요.

투자 과정 중에 힘든 일이 많았지만, 그래도 결국에는 수익률이 굉장히 좋더라고요. 지방도 괜찮다는 것을 그래서 알았어요. 물론 그전에도 주위에서 지방에 투자하면 좋다고 하는 사람들을 많이 만나기는 했지만, 남들 이야기였잖아요. 그런데 바로 옆에서 언니가 했는데, 괜찮더라고요. 그렇게 지방도 하자고 결심했죠.

처음에 천안에 가 봤어요. 거기는 도시잖아요. 막상 거기도 투자하려고 하니 비싸더라고요. 언니가 연기군 물건 수익률이 좋으니까, 작은 소도시도 괜찮다고 말하더라고요. 그때부터 소도시를 찾은 것 같아요.

그러면 소도시를 택한 이유는요? 아까 말씀처럼 연기군 같은 곳을 택한 이유가 있을 거잖아요.

물건 있는 곳에 가는 거예요.

소도시도 많잖아요? 어떤 도시에 들어가는 이유가 있을 거잖아요.

임대 수익을 볼 수 있는 도시 조건이 있잖아요. 산업 단지가 있다든가, 어디에 흡수된다든가, 군에서 시로 바뀐다든가, 이런 이유가 있으면 되죠. 물건을 찾았는데 그 물건에 이런 요건이 있으면, 임대 수익을 낼 수 있다는 걸 알게 된 거죠.

그러면 일단은 유료 경매 정보 사이트를 통해서 물건을 찾을 때, 검색 조건 자체를 얼마에 세팅해놓고 쭉 뜨는 것 중에서 찍은 거죠?

맞아요. 내 눈에 좋아 보이는 것으로요.

그런 다음에 말씀하신 것처럼, 이 지역에 현재 어떤 일들이 벌어질 것인가에 대해 인터넷으로 조사해서?

그런 게 없는 아파트는 아파트가 아무리 깨끗하고 좋아 보여도 안해요. 왜냐하면 예전에 한 번, 서산 SK이노베이션에 간 적이 있었어요. 분양이 안 되더라고요.

그런데 굉장히 많이 나왔었어요. 아파트 전체가 나왔죠. 거기가 원래 계획은 옆에 기아자동차 공장과 이것저것 관련된 업체들이나 시설들이 들어오는 것이었는데, 너무 늦어지니까 아파트가 분양이 안 된 거예요.

아파트는 깨끗하게 잘 지어 놨는데. 32평대이지만 임대료가 안 좋더라고요. 들어가서 살 사람이 아직 형성이 안 되니까요. 거기는 임장은 했는데 안 들어갔어요. 들어갈 이유가 없겠더라고요. 그런 데는 안 가요.

말씀하신 데에 저도 가 본 적이 있는 것 같아요.
거기는 경매 카페에서 되게 많이 갔었어요.

그 근처 단지가 한꺼번에 나왔죠. 서산 그 근처까지 다녀오고들 했거든요. 누가 간다고 해서 쫓아 다녀오기도 하고요.
임대수익률이 너무 안 좋고, 이미 감정가도 그렇고, 낙찰가를 계산해 봐도 너무 높은 거예요. 얼마나 오를까? 서울도 아니고 회의적이었어요.

그러면 지방은 차로 움직이셨어요? 대중교통으로 움직이셨어요?
주로 차로 움직여요. 언니랑 같이 가니까, 제가 우리 집에서 언니네로 가서 차로 움직이죠. 먼 데도 가끔 가요. 목포 같은 데도요.

목포에도 가셨어요?

목포에 우리 오피스텔이 있어요. 수익률 따라갔는데 너무 멀어서 이제 안 하려고요. 그런 데는 버스 타고 가죠. 너무 힘들어요. 번갈아 가도 힘들어요.

수익률이 나온다 해서 그 물건 하나 때문에 가기는 좀 그렇잖아요.

주로 통으로 나온 걸 보죠. 물건번호가 십몇 번까지 있는 것을 가죠. 먼 지방에 갈 때는, 하나가 있으면 그거 말고도 다 봐요. 주변에 있는 것을요. 그렇게 지방 물건을 보러 가요.

그러면 갔을 때 4~5건은 들어갈 생각으로 계획해서 갔어요?

네, 처음에는 물건 입찰할 때 하나만 해야 되는 줄 알았어요. 한번은 포항에 어떤 계기가 있어서 갔는데, 그거 하나 입찰하러 가기 너무 싫은 거예요. 주변에 봤더니 몇 개가 있었어요. 세 개인가 그랬거든요.

그런데 원래 하려고 한 것은 떨어지고 기대 안 했던 게 된 거예요. 그게 수익율이 너무 좋았어요. 돈만 있다면, 그물망으로 투자하는 게 정말 좋다는 것을 알았어요. 그때 그물망 투자 방법을 알았어요. 체험한 거죠.

그다음부터는 웬만하면 몇 개씩 들어가요. 보증금만 있으면요. '다되면 어떻게 하지?' 불안해하면서요. 힘들어요. 힘들어. 똥줄 타요(웃음). 잔금 맞추려면요.

그 경험은 저도 있어요. 계속 내 이름을 부르는데, 안 즐거워(웃음).

몇 개나 됐어요! 그때!

그렇게 해서 지방 다니실 때는 오전에 갔다가 저녁에 오는 식으로 하시고요?

새벽에요. 5시에 온 적도 있어요.

📑 가족의 협조로 어려움을 뚫다

그러면 애들은 남편분한테 맡기고 간 거네요?

남편한테 맡겨도 저는 저녁에 엄청 바빠요. 전날도 마찬가지고요. 저는 현모양처거든요(웃음). 저녁에 다음 날 아침, 점심, 저녁 식사와 간식까지 다 만들어 놓고 가요. 굉장히 힘들었어요. 내가 그걸 안 하면 떳떳하지 못한 느낌 때문에 저를 혹사한 거죠.

준비 다 해놓고, 아침에 밥 차려 놓고 갔어요. 애들도 어렸고 손이 많이 가니까, 그런 것도 다 하고 경매도 하고, 그래서 물건을 많이 못했을 수도 있어요. 해야 할 게 많으니까요.

저는 경매 교육 받기 전까지는 애들밖에 몰랐거든요. 큰 애 7살 때, 학원도 8개씩 보내고 했어요. 다 픽업해서 다니고 너무 바빴어요. 학원 끝날 때까지 책 보면서 기다리곤 했죠.

경매를 하면서도 애를 놓지 못하겠더라고요. 스케줄 체크하고, 뒷

바라지하고, 몇 시까지 학원가라는 식으로 쪽지도 적어 놓고요. 그래서 물건을 많이 못 했을 수도 있어요. 남자분들 중에 이것만 집중해서 하는 분들보다는요.

지방 물건 갔을 때는 거의 대부분 당일치기로 갔다 오는 거잖아요.

당일치기라 12시 넘어서 오죠.

입찰은 어떻게?

당일에 가요. 포항, 목포는 그 전날 가요. 처음에는 찜질방에서 잤어요. 그런데 못 자겠더라고요. 그래서 언니랑 둘이 모텔 가요. 한 번은 찜질방에서 자는데 무서운 일도 있을 뻔해서요. 혼자 잤거든요. 옆에 가족이 있더라고요. 애기랑 가족이 있어서, 일부러 그 가족 옆에서 잤어요. 눈 떠 보니까 어떤 아저씨가 옆에 누워 있는 거예요. 너무 놀라서 여탕으로 갔어요. 그런데 거기는 잘 수가 없잖아요. 뜬 눈으로 지새웠어요.

그러면 거의...

열심히 했던 것 같네요. 얘기하다 보니까 생각이 막 나네요.

그런 식으로 계속 지방 돌아다니셨는데, 지금은 안 돌아다니시죠?

그때는 지방이 많이 올랐죠. 서울 수도권은 비쌌고요. 지방을 많이 했는데, 요새는 다른 일도 생기고 바쁘기도 해서 지방은 잘 안 가요.

그리고 옛날에는 아파트가 제일 편하고 손이 안 가니까 아파트만 좋다고 생각했는데, 이제는 아파트가 너무 힘들어서 빌라로 눈을 돌렸거든요. 그런데 빌라는 서울에도 싼 게 많더라고요. 그래서 지방에 안 가는 거예요.

📝 오로지 수익률이 핵심

말씀에 의하면 지방을 안 가는 이유가?

수익률요.

이제는 관리하기 힘들고 귀찮아서 안 가는 게 아니라, 수익률 때문에 안 가신다는 거죠?

네~

향후 지방의 수익률이 좋아진다면 언제든지 지방에 다시?

네, 나는 수익률에 목매달아요. 수익률 따라가는 여자(웃음).

물건은 뭐든 상관없다?, 수익률만 좋으면 오케이다?

그렇죠. 수익률이 좋은 건 기본이고, 수익이 나더라도 관리를 한 번에 할 수 있는 것만 가겠죠. 우리 동네 물건 낙찰받았던 적이 있어요. 빌라요. 5분도 안 걸려요. 우리 동네니까요. 그것도 1억 원짜리 받았어요. 별로 비싸지도 않고요.

그쪽이 많이 나오잖아요.

　많이 나와요. 은평구는 시세 조사하기 쉬웠던 게, 친한 언니가 중개업을 해요. 언니가 팔아준다는 확답을 받고 낙찰받거든요. 그런데 그렇게 많이 나와도 괜찮은 건 비싸요. 안 팔릴 건 싸도 받을 수 없잖아요. 그러니까 물건이 많아도 딱 낙찰받기는 쉽지 않은 것 같아요. 고르는 게 어려운 것 같아요.

저도 나중에 은평구 하면 그 아는 분한테 의뢰해야겠네요.

　괜찮아요. "언니 내가 물건 줄게, 팔아줘." 서로 좋잖아요. 번지수만 얘기하면 얼마 받을 수 있다고 답이 바로 나오니 좋죠.

제일 중요한 게, 믿을 수 있는 공인중개사를 알고 있다는 점이죠. 중개하시는 분들도 능력 없는 사람이 많으니까요.

　능력 없이 가만히 앉아 있는 사람도 많잖아요. 그러면 거래하기 싫어지죠. 이 언니는 정말 열심히 하는 스타일이에요. 그런 분이랑 일하면 재미있어요.

공인중개사의 본질을 모르는 사람이 많더라고요. 중개업이 성사시켜야 일이 되는데, 엉뚱한 말만 하고...

　"손님 없는데요, 손님 잡아 와야죠." 이렇게 말하며 수수료 받는 사람이 있어요.

재수 좋게 그 동네에 그런 중개업소가 있으면 잘 되는데, 없는 지역도 있잖아요.

반짝반짝한 눈빛이 안 보이는 사람이 많아요.

그런 데는 곤란하긴 하더라고요.

네, 핑크팬더님도 부동산을 팔아보셨나요?

판 적은 없어요. 임대만...

한 번도 안 팔았어요?

📝 이제는 생활비도 당당하게 나눠

네, 안 팔려서 못 판 것도 있고요. 팔고는 싶은데, 저는 대부분 빌라니까요. 갖고 있으면 돈은 되는데, 무한정 갖고 있을 수 없으니까 팔아야 되는데, 상황상 팔 수는 없고, 부동산 중개업소에 매매나 임대 둘 다 내놓으면 매매는 없고 임대만 있어요. 그러면 앨리스님은 주부라 전국 돌기가 쉽지 않으셨을 텐데, 남편분은 어떻게?

되게 싫어했어요. "꼭 그걸 해야 되냐, 집에서 애들만 보면 안 되겠냐?" 처음에는 그랬죠. 경매 배우는 것조차 싫어했어요. 경매 배우는 게 불안해서 싫었는지, 밤에 애들만 있는 게 싫었는지, 그건 모르겠는데, 무척 싫어했거든요. 정말 많이 싸웠어요. 싸우면 한 달 동안 얘기도 안 했거든요. 서로 묵언수행 했어요.

그럴 정도로 많이 싸웠는데 수익을 내니까, 그리고 집을 팔면 100

만 원씩 용돈도 주고, 제가 좋아하고, 월세도 들어 온다고 하니, 이제는 그 월세가 고마운 거죠. 그래서 지금은 우리 남편이 다 해요. 청소, 빨래, 설거지, 밥, 다 도와줘요.

와우! 버는 임대 수익은 생활비에 보태시는 거예요?

그렇기는 한데, 많지는 않아요.

예전에는 생활비를 전적으로 받았다면, 지금은 본인이 버시는 것까지 합쳐서?

네~ 예전에 남편 월급이라서 마음대로 쓰기에 약간 눈치가 보인다고 해야 되나? 조심스러웠거든요. 지금은 내 돈 내가 쓰니 자유롭죠. 예전에는 오히려 돈이 적다고 생각했어요. 지금은 별로 그런 거 없이 그냥 자유롭게 쓰는 것 같아요. 많이 쓴다기보다는 부담 없이요.

애들한테는 어떻게?

애들 돌보는 거요?

어떻게 했어요? 엄마가 없을 때가 있잖아요.

처음에 제가 애들을 끼고 공부를 가르치려 했거든요. 그런데 점점 밖에 나가서 일하는 시간이 많아지니까, 아무래도 학원 다니는 시간이 많아졌죠.

그리고 이제 점점 애들이 크면 신경써야 되잖아요? 특히 남자 애들은 학교에서 무슨 일이 있었는지 얘기도 안 하고, 내가 가정통신문 보여 달라고 해야 마지못해 보여주고, 가정통신문 꺼내 놓지도 않고요.

그런 거 때문에 되게 힘들기는 했는데 어떻게 해요? 상황이 안 되는데... 학교에서는 케어 안 되는 아이였을 수도 있어요. 그런데 다행히 일이 많지 않았을 때, 동네 엄마들하고 유대관계를 좋게 해놔서, 동네 아줌마들이 많이 챙겨줬어요.

물론 제가 음식을 해 놓고 가지만, 다른 엄마들이 "아들들은 내가 밥 먹일게" 전화 오고, 그렇게 도움도 받았어요. 요즘에는 남편이 일찍 와요. 요즘은 7시 되면 오거든요. 그때는 남편이 애들 케어해주고, 직업이 학원 선생이니까, 공부도 다 봐주고 해요.

📄 자랑스러운 엄마

애들이 엄마가 경매하는 거 아나요?

네, 이제는 "엄마, 엄마 직업이 뭐야?"하고 물어봐요. "부동산 임대업이야." "그래?" 얼마 전부터 우리 큰애가 엄마 멋있다고 하더라고요. 전에는 엄마가 바쁘니까 '부동산 일 하나 보다.' 생각했었대요. 그런데 엄마가 집에만 있다가, 요즘에 밖에 나가서 일도 하고, 강의도 하고, 그리고 이모 책도 나오고, 책 속에 엄마도 있고, 친구네 집에 갔더니 이모 책이 있다는 거예요.

그 친구 엄마 부동산 중개업소 한대요. 엄마 대단한 것 같다고, 멋있다고 말해요. 엄마가 좋아하는 일을 찾아서 하니 멋있다고요. "나도 좋아하는 일 찾아야 되는데..." 그래요.

작은 애는 돈을 좋아해요. 어느 날 지방 갔다가 늦게 오면 "오늘 집 하나 샀어? 낙찰받았어? 나한테 집 하나 주면 안 돼?" 이래요. "네가 돈 주면 너 줄게. 엄마가 그냥 줄 수는 없고 네가 돈 주면 엄마가 하나 사다 줄게."라고 말했죠.

그랬더니 돈을 모아요. 그다음부터요. 1~2만 원씩. 용돈 받는 거 안 쓰고 통장에 모으더라고요. 나중에 집을 사 달라고요.

애들 얘기하니까 생각나는 건데, 어제 강의했잖아요. 어른이 아닌 아이 목소리 나는 친구가 왔어요. 그 전에 전화가 와서 신청하기도 전에 꼬치꼬치 질문하는 걸 대답해 주었어요. 전화를 몇 번씩 하더라고요.

"청주에 투자할까요, 어디에 할까요?" "왜 어른이 이런 질문을 하지?" 생각했는데, 알고 보니 20살인 거예요. 20살인데 작년에 집 하나 샀대요. 자기가 혼자 가서 8천만 원짜리 작은 거 대출받아서 엄마 명의로 샀다고 하더라고요. 임대사업자라고요.

애기가 왔어요. 그때는 몰라서 매매로 샀는데, 경매를 배워서 돈 조금 들이고 매매 사업자 하겠다고요. 올해 졸업한 남자 애가 왔는데, '저게 조기 교육이구나.' 하는 생각이 들었어요.

고등학교 졸업 말씀하시는 거죠?

네~ 고등학교 졸업요. '우리 애도 저런 걸 가르쳐야겠다. 강의 듣게 해야겠다'는 생각이 들었어요. 대단하더라고요.

🗒 낯 가려도 명도는 할 수 있다

경매 처음 하실 때 그냥 단순히 아는 분이 돈 벌었다는 거 듣고 하신 거 잖아요. 사실 경매 이미지가 좋지는 않잖아요. 그때는 벌써 4~5년 전 이니까 지금보다 안 좋았는데, 어떻게?

선생님이 괜찮았던 것 같아요. 처음부터 강제집행하는 게 흔하지 않은 거라고 얘기해 줬고, 그런 무서운 일은 거의 안 일어난다고 말씀해 주셨어요. 물론 처음 보는 사람을 만나서 명도하는 게 쉽지는 않았어요. 저 되게 낯 가리거든요. 성격이 많이 변했어요. 아기 낳고 경매하면서 많이 변한 거 같아요.

첫 명도할 때 어떻게 하셨어요?

직접 찾아가서 연락처 남기고 강남역에서 만났어요. 집에서 만나자고 하니까 싫다고 하더라고요. 강남역에서 만나서 얘기했는데, 그분 강제집행할 뻔했어요. 우리가 미숙해서 그랬는지, 그분이 괜히 그랬는지, 연락이 안 되고 전화해도 안 받고 애먹었어요.

언니 책에 보면 언니 맞을 뻔했다고 하는 구절이 나와요. 우리가 강압적으로 한 것도 있을 거예요. 처음이었으니까요. 강제 집행할 뻔했는데 몰래 이사 갔어요. 첫 명도 엄청나게 잘한 거잖아요. 그다음부터는 '별로 어렵지 않구나.' 하는 생각을 했죠.

어렵지 않았어요. 만나기만 하면 되니까, 만나서 서로 해결점 찾으면 되니까, 강제집행 딱 한 번 했거든요. 그때는 정말 힘들었어요.

집주인이었어요?

회사에서 임차해서 들어온 세입자인데, 회사가 돈을 못 받아갔거든요. 개인으로 들어와서 돈을 못 받아간 사람은 대개 얼굴 보고 협의해서 잘 나갔어요. 그런데 이 사람은 얼굴을 볼 수 없는 거예요. 전화해서 만나기로 했거든요. 그리고 다시는 전화가 안 되는 거예요. 만날 수가 없으니까 지지부진하다가 강제집행까지 갔어요.

그 사람은 강제집행으로 나가고, 끝?

땡 쳤어요. 그 돈 정산해서 공탁금 걸고 받고 한다는데, 그렇게까지는 하고 싶지 않더라고요. 백 얼마인데, 나한테도 소중한 돈이기는 하지만요. 그냥 깨끗하게 잊고, 임대수익 받았죠.

강제집행 딱 한 번 하셨는데 다시는 하고 싶지 않은가요?

상황이 꼭 해야 되면 해야죠. 그런데 그 일이 언니 책의 강제집행 파트를 쓰라고 그렇게 된 것 같아요. 그전에는 한 번도 안 해봤거든요. 그런데 직접 해보기도 하고, 그 후로 책이 나왔으니까, 아무래도 플러스가 됐겠죠.

📄 임대수익을 계산할 때

처음에는 주로 아파트 위주로 하셨다고 했죠? 그러면 상가나 다른 쪽은 현재 보유하고 있으세요?

상가 없어요. 상가는 계속 보기만 했어요. 임장도 가고 했는데, 잘 모르겠어요. 장사에는 전혀 관심도 없었고요. 물론 앞으로 배우겠지만, 아파트만 하기에도 자본이 없었으니까, 그것까지 할 수 없더라고요. 이제 아파트는 하기 힘들 때니까, 다른 분야도 해봐야죠.

상가는 인기가 많지만 어려운 것 같아요. 지금은 많이 보고 있어요. 상가하고 땅 하려고요. 엊그저께 땅 보고 왔어요. 월요일 날 다시 갈 거예요. 양평에 집 짓고 살고 싶더라고요. 남한강이 보여요. 너무 좋더라고요. 땅 사다가 집 지어서 팔려고 했는데 안 되겠어요. 들어가서 살아야겠어요.

현재 매매 한 것 중 가장 크게 본 차익은?

첫 번째 물건요. 경매 말고, 옛날에 분양받은 게 가장 크죠. 그건 정말 다른 돈이 안 들어갔으니까요. 계약금도 미리 받고, 돈 받아서 잔금 낸 거니까요. 투자 대비 가장 컸던 것 같아요.

임대 수익률 보고 들어가시잖아요. 그러면 수익률을 어느 정도 보고 들어가세요?

20% 이상, 계산상으로는 20~30%는 나와야지 들어가요. 리스크도 있고, 평균 20%는 나오더라고요. 20~30%대면 들어가요. 물건이 좋아서 계산 다 해보고 20~30% 이상 되면 현장 조사 가요. 그 이하는 아예 안 가요. 아니면 단타로 해서 천만 원 정도 수익이 남을 거 같으면 하든가요.

평균적으로 어느 정도 투자금이 들어가나요?

처음에는 투자금 많이 들어갔어요. 잘 몰랐으니까요. 투자금이 많이 드는 줄 알았어요. 하지만 나중에 한 거는 투자금 안 들어갔어요. 목포도 세금만 들어갔어요.

정산 끝났을 때?

네, 세금만 낸 거였고요. 삼척의 경우에도 그랬고요.

삼척 대단지로 나온 아파트요?

네~~

📝 지방아파트 실 사례

거긴 각종 동호회에서 많이 갔잖아요.

네, 한 2,000명 왔어요. 바닥에 앉고 장난 아니었어요.

새벽까지 있을 때 같이 있으셨어요?

저는 9시 반에 끝나서 10시 차 타고 왔어요.

그때 새벽 3시인가로 기억해요.

네. 그랬다고 하더라고요. 전날 가서 찜질방에서 자고, 아침에 수표 끊어서 법원에 갔거든요. 법원에 식당 있잖아요. 라면도 동날 정도였어요. 컵라면도요. 진짜 재미있는 경험이었어요.

그 아파트는 지금도 동호회 사람들이 협력해서 열심히 하고 있잖아요.
　네.

대부분 집주인이 사는 게 아니고 투자자들이 몇 개씩 갖고 있는 상태
죠?
　네.

갖고 있나요?
　갖고 있어요.

연락 오세요?
　그 사람들하고 같이 안 했어요.

부녀회 회장한테 연락 오고 그러겠네요?
　그거 리모델링한다고 한 세대당 100만 원씩 걷었거든요. 그걸로 방
수하고 섀시한다고 우편으로 왔어요.

부녀회 회장이 동호회분들하고 협력한다고 하던데요?
　아마도요.

그쪽 연결돼서 하는 걸로 알거든요.

그 동호회분들 중에 낙찰받은 사람들은 좀 비싸게 받았어요. 우리는 싸게 받았거든요. 그분들은 우리보다 500~1,000만 원 더 주고 낙찰받았어요.

덕분에?

우리는 싼 거 했으니까요.

덕분에 같이 올라가고 있네요. 내라는 것만 내면...

그런데, 좀 그런 게, 그 사람들이 수가 많잖아요. 자기들이 많으니까, 낙찰을 비싸게 받았으니까, 세가 안 나가면 세를 빨리 놓아야 하니까, 월세를 막 내려요.

손해 보는 거야. 내 계획하고 다르게요. 자기들은 단체니까 자기네끼리 움직이면 나는 어떡해? 올라갈 때 같이 올라가고 내려갈 때 같이 내려가는 거예요.

일시에?

한 번에 왔다 갔다 해요. 장단점이 있더라고요. 아직은 갖고 있는데, 삼척이 좋아질 거예요.

그러면 현재 하신 지가 만 5년?

딱 4년 됐어요.

📑 자신이 확인한 투자만 해라

가진 것 중에 실패한 건, 어떤 거예요?

지방인데 매매로 샀어요. 컨설팅하는 사람이 중간에서 한 번에 잡아 놓고, 자기가 중개업소가 되는 거예요. "내가 물건 확보해 놨으니까, 하고 싶은 사람 하세요." 다른 사람들이 우르르 몰려가니 나도 하고 싶더라고요. 내가 거기에 혹했거든요.

너무 웃긴 게, 그때는 그냥 남들이 다 하니까 그런가 보다 했는데, 컨설팅업체에 100만 원 내고 중개업소에 따로 수수료를 내는 거예요. 컨설팅 업자는 가만히 앉아서 100만 원씩, 100명이면 얼마예요? 1억 원이죠. 1억 원 벌고, 거기에 중개업소에서 수수료 벌고, 인테리어 업체도 벌고, 이렇게 했더라고요.

정신 차리고 보니까 '왜 했지?' 하는 생각이 들었어요. 그냥 그 사람이 좋다고 했거든요. 그래서 했는데 결국은 수수료 빼고 하면 1~2백 남았으려나? 하나 팔았거든요.

팔기는 판 거예요?

언니는 손해 봤어요.

몇 개 취득하신 거예요?

저는 하나만 했어요. 그때 혹했나 봐요. 언니도 돈이 없어서 하나만 했어요. 언니는 오히려 마이너스 됐어요. 그런데 지금은 회수했고, 저는 팔았는데 결과적으로 얼마 남지 않았어요. 이것저것 떼줄 게 너무 많으니까요. 집값이 천만 원 올랐다고 해도, 내 돈 들어가고, 컨설팅비 주고, 중개수수료 주고, 세금 내고, 남는 게 없더라고요. 그래서 우리가 그 지역을 싫어해요. 안 좋은 기억이 있어요. 트라우마 생겼어요.

그러면 본인이 그 건에 대해 실패한 이유를 말하라면?
남이 좋다고 하는 걸 하면 안 되겠더라고요.

그 물건에 대해서는?
잘 몰랐어요.

조사 안 하신 거예요?
네~~

임대가가 얼마이고, 현재 매매가가 얼마인지?
그건 알았죠. 그때 소개해준 곳에서 미래 가치를 보고 소개했는데, 그걸 내가 판단해야 하는데, 남이 판단한 걸로 들어가니까... 이 사람도 뭐 그렇게 하고 싶었겠어요?

그런데 남이 판단한 걸 들어가니까, 계속 원망하게 되고, 게다가 수수료까지 줬으니까, 그 원망이 더 하더라고요. 원망보다는 되게 실망이었어요. 소개해준 사람한테요.

되게 좋은 사람 같았거든요. 사람한테 실망했어요. '나를 돈으로 봤구나.' 실망했어요. 이제는 웬만하면 제가 강의를 할 때도 "자기가 판단해서 하는 거니까 그런 건 본인이 잘 생각해 보라"고 해요.

"여기 좋아요, 진짜 좋아요. 2년만 있으면 천만 원 보장해요." 이렇게는 못 하겠더라고요. 해서도 안 되고요. 그런 긴 하면 안 된다는 걸 돈 주고 배운 거죠. 그렇게 남들이 좋다고 하는 곳에 들어가면 좋지 않다는 것을 느꼈어요.

경매는 아닌 거네요?
경매는 아니죠. 그래도 부동산 투자니까.

📋 싸게 산 물건은 실패가 어렵다

경매로 실패한 건 없는 거예요?
경매로 실패한 건 없는 것 같아요.

경매로 실패하지 않은 이유는 뭐라고 생각하세요?
글쎄요. 만족스럽지 않은 결과가 있는 것도 있지만, 실패라고 생각하지 않는 게 나만의 긍정적인 생각인가? 잘 모르겠네요.

그러면 금방 말씀하신 표현에 의하면, 경매한 것 중에 만족스럽지 않은 것도 있다고요?
초창기 영통에 있는 물건을 했는데, 그때 영통이 낙찰가가 엄청 높았어요. 그래서 높게 받았어요. 그런데 광교가 들어오면서 매매가격이 떨어진 거예요.

요즘에 회복하기는 했는데 매매가격이 떨어지면서 내놓을 수가 없는 거죠. 시장에 매매하려고 했는데요. 물건이 많아서 임대도 안 되고요. 비싸게 받았으니까요.

이걸 싸게 받으면 처음부터 차이가 있으니까 시장 상황에 큰 영향을 받지 않는데, 비싸게 받으니까 조금만 영향을 받아도 휘청하더라고요. 그게 만족스럽지 않아요. 물건 자체는 좋은데, 주변 환경의 영향을 받더라고요.

한마디로 싸게 받지 못한 게, 핵심이네요.

네, 싸게 받아야 하는 거죠. 흔들리지 않으려면요.

이미 싸게 사면, 흔들린다고 하더라도 손해가 아니니까 괜찮은데...

그걸 느꼈어요. '비싸게 받으니까 조바심이 나는구나. 매매하는 사람은 오죽할까?' 그런 생각이 들었어요. 그다음부터는 철저히 싸게 받은 것 같아요. 수익률에 맞게, 싸게 받아서 괜찮았어요.

무조건 수익률인 거잖아요. 물건이 미래가치가 아무리 좋아도 나는 무조건 현재 수익률을 봤을 때 충족되지 않으면 안 받겠다?

미래가치가 좋은 건 비싸더라고요. 싫어서 안 하는 건 아니고, 여력이 안 돼서 못 하는 거예요. 돈을 오래 묻어 놓을 수가 없으니까요. 빨리 돌려야 되는 상황이니까요.

돈을 넣어 두고 나중에 몇 배로 불려야 하는데, 그게 안 되니까요. 돈을 넣고 수익을 빨리 얻어야 하니까요. 그래서 미래가치보다는 현재의 수익률이 좋은 걸로 해요.

그러면 현재 보유 물건 중에 가장 이익이 났다고 생각하는 물건은 어떤 것?

가장 좋아하는 물건은 포항 물건이에요. 포항 물건은 8,400만 원에 받아서 3년 됐거든요. 매매 시기가 안 팔릴 때라서 가지고 있어요. 낙찰받고 2년 후가 매매 시기였는데, 시기를 놓쳐 다시 임대 놨어요. 8,400만 원에 받았는데 3년 만에 전세가 1억 900만 원이에요. 거의 매매랑 똑같게 오른 거죠. 포항이 가장 그렇고요.

임대는 삼척 것도 괜찮아요. 4,200만 원에 받았거든요. 보증금 1,500만 원에 월세 32만 원 받고 있으니까, 그것도 수익률 좋죠. 그거 돈 하나도 안 들어간 거예요. 저는 이 세입자 너무 고마워요. 처음에는 점유자였거든요.

그런데 자기가 이사 갈 데가 없어서 산다고 하더라고요. 리모델링 하나도 안 하고 도배 장판도 안 하고 사는 거예요. 원래는 25만 원이었던 것 같아요. 지금 좀 올렸어요. 32만 원으로요. 이 사람 1년 계약 했다가 다시 1년 계약하고 올렸어요.

📋 단타를 고려하다

지금도 여전히 수도권 쪽으로 수익률을 봐서 계산하고 들어가나요?

단타하고 싶어서요. 팔 수 있는 걸로요. 싸게 받아서 좀 고쳐서 매각하는 걸로 포인트를 잡고 이번에 낙찰받았는데요. 수리 비용이 너무 많이 들어갔어요. 각오는 했거든요. 각오는 했는데, 예상하지 못한 비용이 더 들어갔어요.

이번에는 동파이프가 문제였어요. 바닥이 오래된 거라서 바닥이 샜나 봐요. 장판을 하려고 걷어냈더니 바닥이 깨져 있더라고요. 갈아야 한다고 하더군요. 팔아야 되니까 눈 가리고 아웅 하려다가, 바닥은 그냥 넘어가면 안 될 것 같아서 250만 원이 추가로 들어갔어요. '팔 수 있어, 팔 수 있어' 마음속으로 최면을 걸고 있어요.

당분간은 임대보다는 단타로?

단타 하려고요.

이유는요?

임대 관리하는 것도 귀찮아요. 임대 수익률 좋은 물건도 점점 보여요. 한 번에 나온 것들이 대부분 그래요. 저는 그거 안 하고 단타로 하는 것만 하려고요. 임대는 많이 해 봤으니까, 돈을 조금 모아서 다른 쪽에 투자하고 싶어요. 땅이라든가, 상가도 괜찮고, 임대 수익도 상가 쪽으로 하든가, 주거용 말고요.

주거용은 이제 재미가?

질렸나 봐요. 재미가 없어요.

한 단계 업그레이드하기 위한 과정이겠죠.

질리기도 했어요. 전화 오는 것도 너무 귀찮아요.

한편으로는 여유가 생겼다는 얘기고요.

계속 전화 오잖아요.

그러면 검색은 매일 하세요?

매일 해요.

어느 정도 시간 들여서 하세요?

잠깐잠깐 할 때는 한 시간 정도 하고요. 집중해서 할 때는 3~4시간? 재미있어요. 검색하는 거 자체가 재미있어서, 주말에 할 일 없으면 검색해요. 눈 아플 때까지 해요. 3~4시간 걸리는 것 같아요.

관심물건에 저장하고 계속 보고?

저는 노트에 적어요. 옛날에 모 옥션 유료 결제를 해서 혼자 쓰는 게 아니라, 공동으로 같이 쓰니 관심물건에 넣어 놓을 수 없는 거예요. 각자 자신만의 관심물건을 적어 두던 습관이 남아 있어서 그래요.

이제는 정보업체도 바꾸면서 혼자 이용하니 넣어 둬야죠. 근데 넣어 두는 것보다 적는 게 낫더라고요. 그리고 한 번 쓰니까 더 기억에 남고요. 쓴 거 나중에 얼마에 낙찰됐나 찾아서 또 쓰잖아요. 그래서 기억에 남는 것 같기도 해요.

저는 개인적으로 쓰는 게 더 좋더라고요. 나이가 들어서 그런 가봐요. 인터넷이 익숙하지 않아요. 컴퓨터가 어려워요.

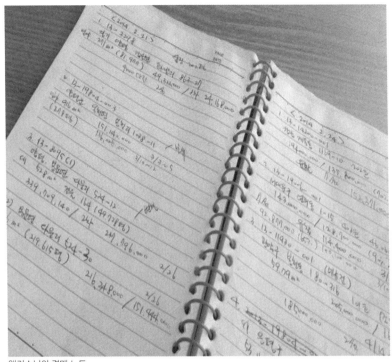

앨리스님의 경매 노트

📝 이사비의 요건

지금까지 했던 물건들이 보증금을 받아 가는 사람들이거나, 집주인이었나요?

저는 못 받아가는 사람도 해봤어요.

진짜 임차인인데? 그런 경우에는 어떻게 명도하셨어요?

그냥 말로 잘 설득했죠. "당신이 잘못해서 보증금 못 받아가는 거다. 집주인이 나쁜 놈이다. 안타깝다." 차분하게 설명하면 다들 알아들어요. 자기 실수로 보증금 못 지킨 걸 자기가 아는 거죠. '내가 바보 같은 짓 했구나. 이사 가야 되는구나.' 생각하는 거죠. 한 번도 세입자한테 이사비 준 적 없어요. 달라고 안 해요. 달라고 했었나?

달라고는 했겠죠. 설마...
　달라고 했나?

기억의 왜곡인데요.
　아니면 말할 때 처음부터 줄 수 없다고 했었을 수 있어요. 차마 못 했나?

보증금 한 푼도 못 받는데, 말하기는 했겠죠.
　그래서 냉장고랑 세탁기 사 줬어요. 점유자가 사 달라고 해서 사 줬어요. 그리고 한 명은 그냥 이사 갔어요. 그 아저씨는 안타깝더라고요. 나이 많은 싱글인데 회사일로 너무 바빠서 배당 신청을 안 한 거예요. 신청만 하면 받는 거였는데. 진짜 자기가 잘못했잖아요. 자기가 나갔어요. 하나는 강제집행해서 내보냈고요.

진짜 안타까운 일이네요.
　자기가 너무 바빠서 회사에서 나올 수 없었다는 거예요.

그런데 정말로 세상 일 신경 쓰지 않는 착한 사람들이 그래요.

안타까워요. 결혼하면 와이프가 속병 터져 죽을 거야.

너무 모르면 안 돼요. 자기 몫은 자기가 알아서 챙겨야 하는데, '설마' 하는 사람들에게 그런 일이 발생하더라고요.

알고 착하게 사는 거랑 아예 모르는 건 다르잖아요.

📝 구건물을 신축건물로

경매하면서 여러 가지 물건 처리했잖아요. 다양한 물건 중에 본인이 생각할 때 '이건 괜찮은 아이디어다.' 하는 거 있으세요?

요즘에는 매매든 경매든 낡은 빌라를 취득해서 리모델링 하더라고요. 저도 이번에 그렇게 하려고 했거든요. 그런데 주위에서 말리더라고요. 그렇게 하려면 돈이 엄청나게 들어간다고...

빌라보다는 단독주택을 그렇게 하잖아요. 빌라는 통 건물의 일부라서 그 물건만 하기는 그렇더라고요.

수익 많이 안 남기고 500에서 1,000만 원 정도 남길 생각으로 하면 매매 금방 되더라고요. 부지런하면 할 수 있는 것 같아요. '단타로 빨리빨리 돌리는 것도 괜찮겠다. 한 달에 500만 원씩만 수익이 남아도 괜찮겠다.' 요즘에 드는 생각이에요.

리모델링 통해서 물건을 변신시킨 다음에 시장에 내놓는 방법?

네~ 그런 집은 완전 새것이죠. 들어가면 신축건물하고 똑같더라고요. 그런 것도 괜찮은 것 같아요. 그리고 시장에서 환영을 받아요. 욕심 안 부리고 부지런하면 할 수 있는 것 같아요.

결국에는 하려고 하는 방향이?

저는 요즘엔 그렇게 하려고요. 싸게 낙찰받아서, 리모델링 깔끔하게 해서 저렴한 가격으로 팔려고요. 서로 좋은 일이잖아요.

📝 투자는 같이해도, 돈 관리는 따로 따로

언니랑 대부분 같이하는 거잖아요. 그러면 같이할 때 돈은 엄격하게 구분이 되나요? 함께 돈이 들어가지는 않고?

다 그런 건 아니고, 이상하게 여러 건 입찰하면 거의 비슷하게 낙찰이 돼요. 저번에 삼척은 5개였는데 3개가 언니 명의, 2개는 제 명의로 했어요. 2개씩 나누고, 하나는 같이 하고 그래요.

제가 물어본 건 관리가 아니라...

돈이 그렇게 들어가요.

내 물건에 내 돈만 들어가게 한다?

네, 잔금 낼 때도 월세 받는 것도 따로따로 해요. 세입자 전화와도 언니 물건은 언니가 받고, 내 건 내가 받고요.

그러면 어쨌든 두 분이 같이 투자하고 있는 거잖아요. 따로따로 물건을 하고 있는데, 공동투자에 대해서는 어떻게 생각하세요?

신뢰가 가는 사람끼리 하는 건 나쁘지 않아요. 그런데 동호회에서 처음 알게 되어 몇 번 만나서 하는 건 안 좋은 것 같아요. 잘한다는 사람 쫓아서 하는 것도 그렇고요.

그렇게 하는 건 100% 실패하고 만족 못한다는 걸 주변에서 너무 많이 봐서 공투는 안 좋아해요. 신뢰가 되는 사람이면 모르겠지만요. 가족이랑은 해도 될 것 같지만 친구랑은 안 될 것 같아요. 친구랑 돈 섞으면 안 되잖아요. 공투도 친구랑 돈 섞는 거잖아요. 공투 싫어해요.

NPL에 대해서

그러면 요즘 가장 핫(hot)한 게 NPL인데, 어떻게 생각하세요?

저희는 싫어해요.

어떤 이유에서...

NPL 강의하시는 교수님들은 적은 돈으로 할 수 있다고 말씀하시는데, 알고 보면 그게 다 수수료 챙겨 먹으려고 하는 것이더라고요. 그리고 우리같이 작은 금액으로 경매하는 사람들은, 그 정도 돈으로 NPL 접근하기 어려워요.

NPL로 먹을 게 없어요. 그것도 컨설팅 목적이라고 생각해요. 새로운 컨설팅인 거죠. 그래서 안 좋아해요. 그들이 먹고살기 위해서 만든 것 같은 느낌이에요.

NPL의 큰 줄기는 괜찮아요. 좋아요. 그런데 어차피 우리 같은 투자금이 적은 사람은 전문적으로 NPL 취급하는 사람 통해서 해야 하는데, 그 사람 배만 불려주는 것 같더라고요. 그래서 NPL 별로예요.

NPL 할 생각은 없으시다?

네, 어떻게 기회가 되면 채권자들하고 1:1로 하는 건 나쁘지 않다고 봐요. 제1금융권만 아니면 할 수 있잖아요. NPL 형식으로 하는 거니까요. 채권자와 하는 건 괜찮은데, 시중에 떠도는 식으로 하는 건 딱 질색이에요. 심플한 게 좋아요.

본인이 컨트롤하기 힘든 걸 싫어하는 거잖아요.

눈에 안 보이잖아요.

그 사례도 본인이 컨트롤할 수 없는 상황에, 돈 벌겠다고 돈 넣었다가 안 될 수도 있을 것 같아요.

공투 같은 느낌인 거죠. 어떻게 보면요. 항상 내 마음대로 하고 싶은데, 손해를 봐도 내 마음대로 하고 나서 손해 보면 억울하지나 않지...

📄 경매를 잘하는 사람

흔히 고수라는 표현을 하잖아요. 고수라고 하면 손사래 치는 반응 때문에...

우리 언니 경매 매거진에서 봤죠? 경매 투자 고수.

그런 반응 때문에 고수라 안 하고 멘토라고 할까요? 본인이 생각할 때 경매를 잘하는 사람들의 특징은 뭐라고 생각하세요?

용감하면서 긍정적이고, 작은 일에 흔들리지 않고, 자기만의 주관이 있어서, 이 길대로 가면 괜찮다고 생각하는 소신이 있는 사람. 잘하시는 분은 감정에 너무 왔다 갔다 하지 않고 차분하게 하더라고요.

실행력이라 표현하면 될까요?

그렇죠. 센스가 있으신 것 같아요. 남자분들도 잘하시는 분들 보면 핑크팬더님처럼, 여성스러운 분들이 세심하게 체크하며 잘하시는 것 같아요.

부동산은 사실 여성을 상대로 하는 투자잖아요. 명도는 남자를 상대하는 것일지 몰라도...

명도도 그런 사람이 잘해요. 여자도 그렇고요.

명도 자체는 남자 성향일지 모르지만, 임대나 매매는 여자를 상대로 하는 경우가 많잖아요.

여자들도 남자 성향의 용감한 여자들이 잘하는 것 같고, 남자들은 섬세한 남자가 잘하는 것 같아요.

지금 현재 본인한테는 부동산 경매 하는데 있어서 멘토가 있으세요?
선생님 없어서 힘들어요. 어디 가서 물어볼 사람이 없어요.

있으면 좋겠다고 생각하시는 거예요?
꼭 그렇지는 않은데... 그런 사람을 찾으려고 강의를 들은 건 아니고, 내가 궁금해서 그분들의 강의를 들었던 거니까요. 멘토가 있었으면 좋겠다고 생각했으면 계속 그분에게 충성했겠죠.

그런 건 아니고 어떤 부분이 궁금해서 찾아가서 듣는 거니까, 멘토가 없어도 괜찮은 것 같아요. 나 혼자 할 수 있는 것 같아요. 찾으면 다 열리니까요.

옆으로 돌아가더라도 찾다 보면 해결되고, 대충 그런 것 같아요. 멘토한테 물어보기보다는...

본인이 생각할 때에는 부동산 경매하는데 있어서 멘토를 찾거나 전문가에 의지하는 건 무의미하다고 생각하세요?
멘토가 다 가르쳐주지도 않잖아요.

물론 그렇죠.
자기만의 스타일인 거죠. 의지하고 싶은 사람은 멘토가 필요할 것이고, 내 마음대로 할 거라고 생각하는 사람에게 꼭 멘토가 필요할까 싶은 거죠. 멘토가 하라는 대로 했다가 잘못되는 것도 많죠. 그것보다는 내가 실수하는 게, 나은 것 같아요.

📑 부동산 경매에서 중요한 건

부동산 경매를 잘하기 위해서 어떤 공부를 하면 좋을까요?

뛰어들어요. 퐁당 빠져야 해요.

공부가 필요 없다?

공부는 기본만 하고, 몸으로 습득하는 게 효과적인 것 같아요. 현장에 가서...

앉아서 공부할 생각 말고?

앉아서 공부해도 한 번도 안 해 보면 재미없어서 어떻게 해야 할지 모르니까요. 강의할 때 항상 움직여서 해 봐야지 안다고 말해요. 안 해 보면 잊어버리고 모른다고 얘기해요.

경매도 투자잖아요. 여기에서 운하고 실력이 어느 정도 작용한다고 생각하세요?

운은 되게 중요한 것 같아요. 운이 6은 있어야 할 것 같은데요? 저는 다행히 운이 되게 좋았어요. 그건 감사해요. 운이 7이라고 하고 싶은데 그건 좀 심하고요. 운 6, 실력 4.

전 개인적으로 잘한다는 사람 만났을 때 '나는 실력으로 이렇게 됐지, 운 같은 거 안 믿는다'고 말하는 사람은 안 믿어요. 성공한 사람들은 대부분 운이 많이 작용했거든요.

운이 작용하는 것 같아요.

자기가 노력한 건 맞지만, 시기가 좋았거나 뜻하지 않은 호재가 발생하는 거지, 100% 자기 실력만으로는 힘든 것 같아요. 그걸 인정하지 않는 사람들은 거의 대부분 망하더라고요.

운이 7이라고 얘기하고 싶다니까요(웃음).

운이 작용하지 않고 실력이라고 생각하기 때문에 조금만 잘못되면 스스로 인정을 못 해요.

무너지는구나.

진짜 잘하는 사람 보면 그런 걸 인정하더라고요. '운이 좋았다, 지나고 나서 보니까 타이밍이 좋았다, 하필 그때 들어갔었구나.' 그런 얘기를 하더라고요. 저는 많은 사람들하고 얘기하고 보니까, 운을 얘기하지 않는 사람들은 실력자가 아니라는 느낌이 들더라고요.

2010년에 공부 시작했는데요. 만약 2007년에 시작했었으면 거품이 꺼지던 시기에 고생 많이 했을 수도 있었겠죠. 물론 2007년도에 돈도 없었지만요. 처음부터 돈이 많았으면 막 투자했을 테고, 그런 것도 다 운인 것 같아요.

처음 시작할 때 돈이 없고, 2008년이 지난 시기였고, 저도 살짝 운이 좋은 것 같아요. 돈이 없었기 때문에 지방에 내려갔는데 지방 물건의 가격이 올랐고, 그런 게 다 운으로 작용한 것 같아요. 앞으로도 계속 운이 좋을 거라고 생각해요.

그게 말 그대로 잘하는 사람들의 마인드죠. '나는 잘될 거야.'
'세상은 내 편이야.'

그러면 경매에서 가장 중요한 건?
부지런함이 가장 중요한 것 같아요. 끈을 놓지 않고 부지런히 계속하다 보면 성공할 수 있다고 봐요. 부지런함과 끈기. 꼭 성과가 나오더라고요.

🗒 경매의 최소 자본금

강의도 하시지만, 얼마 정도 있으면 경매하라고 하실 것 같으세요?
1천만 원요. 사실 500만 원도 할 수는 있잖아요. 5천만 원짜리 하면 입찰보증금 500만 원 내고, 나머지는 나중에 끌어오면 되니까. 그래도 천만 원은 있어야죠. 이것저것 다른 비용 들어갈 거 생각하면요.
그런데 입찰보증금 1천만 원짜리를 보면 또 1억원짜리 하고 싶죠. 입찰보증금만 있으면 하게 되죠. 하지만, 입찰보증금 넣고 수습해야 하는 거니까, 보수적으로 생각해야 해요.

맞아요. 다른 사람들은 1천만 원이라고 얘기하고 있어요.

옛날에는 1천만 원으로 하는 거 상상도 못 했잖아요. 요즘에는 1천만 원, 1천만 원 하지만...

📝 경매는 아날로그

임장 다닐 때 그냥 눈으로만 해요? 기록하거나 사진 찍고 해요?

기록하고, 사진 찍고, 다 해요. 왜냐하면 낙찰받았을 때 특히 지방은 다시 가야 하잖아요. 인테리어 주문하려면, 문 사진 찍어야 하고요. 하도 많이 보니까 여기는 디지털 키를 달아야 된다, 안 달아야 된다, 이런 것도 확인해요.

집이 얼마나 낡았는지, 사진으로 찍어 놔야지, 기억나니까요. 패찰할 수도 있고 낙찰받을 수도 있잖아요. 다 적어요. 기록해놔요.

데이터화도 하세요?

그건 안 해요.

포항 갔으니까 그 밑에 다른 포항 걸 쓴다든지.

그냥 무조건 적어 놓고 모아 놔요. 데이터화 안 해요. 그냥 느낌만 갖고 있어요. 노트에만 무조건 적어 놔요. 지역별로 모아 놓지 않고 노트에는 다 해 놔요. 버리지 않고요. 나중에 찾죠. 필요할 때마다...

📝 일반 물건만 해도 물건은 많다

특수 물건은 해 본 적 있으세요?

　법정지상권 있는 물건 시도해봤어요.

단타형 법정지상권이요?

　단타형 하려고 했는데 결국 못했어요. 단타형 법정지상권 하려면 굉장히 마음이 찝찝하더라고요. 하려고 시도했다 안 했어요. 못 하겠더라고요.

하지는 않은 거예요? 시도만 하고?

　네.

지금까지 한 물건은 그냥 흔히 일반 물건들, 임대로만 수익을 내는 그런 것들만 주로 하셨다는 거잖아요.

　네~~

책이나 인터넷에서 환상적인 수익률을 보여주는 특수 물건은?

　그런 건 안 해봤어요. 배우기는 배웠어요. 가서 강의 들었는데 별로 안 하고 싶더라고요.

안 하고 싶은 이유는?

　'일반 물건도 많은데, 굳이 잡하고 위험한 물건을 해야 하나?' 하는 생각이 아직은 지배적이에요. 경우에 따라 처리 기간도 1년 이상 길어질 수도 있고요. '작게 작게 하는 게 낫지.' 그런 생각이 들어요.

소송하면 1년 걸리잖아요. 우선 돈이 없고, 대출도 잘 안 나오니까요. 그게 가장 컸고요. 또 시간도 오래 걸리고, 좋은 일반 물건도 많고요. 그래서 안 했어요. 그런데 어떤 식으로 되는지 궁금은 하니까, 강의는 많이 들었는데 별로 재미가 없더라고요.

📝 이사비가 아닌 위로금

아까 이사비 안 줬다고 했잖아요. 이사비에 대한 원칙이 있을 텐데...

이사비 아니고 위로금이라 생각해요. 이사비는 100만 원 이상 줘야 하잖아요.

줄 때는 100만 원 이상?

한 번도 준 적 없어요. 그냥 위로금으로 50만 원. 딱 두 번. 위로금 드리는 것이지 이사비가 아니라고 말해요. 처음부터 그렇게 했어요. 과도하게 요구해도 처음부터 원칙이 그랬어요. 적당히 맞춰준 것도 있고, 요구해도 원칙이 이렇다니까 말 못하기도 하더라고요. 그래서 50만 원씩 두 번 줘 봤어요. 그거하고 관리비 정산하고요.

두 사람 다 세입자였어요?

집주인요. 세입자는 세탁기랑 냉장고 사주고요. 그것도 50만 원 준 거네요. 세탁기하고 냉장고를 50만 원에 샀으니까요. 이사비를 과도하게 달라고 한 적이 없는 게, 그렇게 큰 물건이 아니라서 그런가? 큰 물건은 과도하게 달라고 하잖아요. 큰 물건을 안 해서 그럴 수도 있는 것 같아요. 작은 거니까, 작은 집에서 이사비를 얼마나 기대하겠어요?

📝 향후 투자 계획은

향후에도 계속해서 할 건가요? 비록 뭘 모르고 시작했지만...

나랑 잘 맞아요.

예전에는 임대만 진행했는데, 이제부터는 가치를 올려서 파는 방법에 주력하시잖아요. 시장에 내놓으려고 계획하는 일련의 과정으로 조금씩 가시는 거잖아요?

네~~

그러면 궁극적으로는?

저는 지역은 상관 안 해요. 왕복 8차선 도로 코너에 있는 20층짜리 빌딩을 갖는 게 가장 최종 목표예요. 10년 안에 가질 수 있을 거라고 생각해요.

대도시여야 하네요? 20층 정도 되면, 소도시는 힘들겠네요.

서울 아니라도 괜찮아요. 그걸 하고 싶어요. 부동산으로 하고 싶은 가장 마지막은 그거예요.

강의도 하고 계시잖아요. 사람들에게 이거 하나는 기억했으면 한다는
점이 있다면?

'경매 어렵지 않다.', '나도 할 수 있다.', '어렵지 않으니까 할 수 있
다.' 이런 것만 알게 해줘도, 당장은 잊어버려도, 나중에 언제든지 할
수 있잖아요. 이 중에서 꼭 하나만 얘기하면 '할 수 있다.'

📝 경매는 평생 함께 할 친구

아까부터 '나는 경매가 되게 재미있다'고 하셨잖아요. 뭐가 그렇게 재미
있는 거예요?

저는 여행 다니는 거 되게 좋아했거든요. 일 안 할 때는 두 달에 한
번 다녔어요. 경매하니까 일하면서 여행 다니는 것 같잖아요. 여행 다
닐 때는 애들 뒤치다꺼리 하면서 끌고 다녔는데, 지금은 나만 달랑 가
면 되니까요.

항상 좋은 것만 보는 건 아니지만, 그래도 어딘가 집이 아닌 다른
곳에 차를 타고 가서, 다른 걸 보고 새로운 걸 알아가는 과정이 재미있
어요. 새로운 거 먹고, 답답하지 않아서 재미있어요.

누구 밑에서 일하면, 다른 사람이 주는 월급으로 어쩔 수 없이 일해
야잖아요. 그건 못 할 거 같아요. 재미없어요. 힘들어도 이런 게 재미
있어요. 막상 낙찰받았을 때는 돈도 그렇고 여러 가지로 신경 써야 하

지만, 하나하나 끝낼 때마다 재미있어요.

'이것도 했네, 이번에 바닥도 다 뜯어봤네.' 이런 거 있잖아요. '250 만 원 주고 배운 거구나.' 하는 것요. 경매가 저한테 잘 맞는 거죠. 재 미있으니까요.

경매는 본인이 생각하기에 평생 하실 것 같으세요?

계속할 것 같아요. 규모가 달라지겠지만, 계속할 것 같아요.

경매에 대해 우리가 장점만 얘기했는데, 단점은 뭐라고 생각하세요?

저는 잘 모르겠는데요.

부동산 경매에 위험이 있을지언정 단점은 없다고 생각하시나요?

리스크를 다 알고 들어가니까요. 리스크를 알고 들어가면 별로 단 점이 없는 것 같은데요. 처음 하는 사람들에게는 너무 비싸게 받는 것 이 위험할 수 있지만, 경매를 하는 이유를 제대로 알면 단점은 없는 것 같아요.

경매는 앞으로 우리나라 인구 구조 때문에 안 좋아질 것이라는 말이 있 잖아요. 이런저런 이유로 집값이 문제가 될 거라고 하잖아요. 그럼에도 불구하고 경매를 해야 되는 이유가 있을까요?

없어질 것 같지 않은데요. 아무리 경제가 안 좋아도 부동산이 전체 적으로 폭락하지는 않을 것 같고요. 부동산은 국가 경제와도 연관이 되어 있으니까요. 거기에서 잘 이용을 해야 하는 거죠. 경매라는 수단을 잘 이용하면 어려운 상황에서도 살아남을 수 있을 것 같아요.

끝으로 경매를 하려고 하는 사람들에게 할 말은? 본인은 이래서 경매를 했다 그렇게 얘기하시면 되겠죠. 그게 너무 어려우면 용기를 줄 수 있는 말은?

"경매로 돈을 벌 수 있다!" 그런데 그게 성향 차이라서... 나는 경매가 재미있고, 하는 과정이 좋아서 재미있다고 느끼는데, 누군가는 스트레스로 다가올 수 있잖아요.

'경매하고 싶지만 다 스트레스야. 나는 못 하겠어.' 이런 사람에게 어떤 말 해줘야 될지 모르겠네요. 내가 좋다고 다 좋은 게 아니니까요.

그래도 하나를 말하라면, "용기를 가지고 즐기세요. 즐겨야지 열심히 할 수 있으니까요!"

인터뷰를 마치며

미취학 아이가 있는데도 불구하고, 전국을 벗삼아 부동산 경매를 하러 돌아다니는 이야기를 들으며, 대단하다는 감탄을 멈출 수가 없었다. 아는 것이 없어 못하고, 명도가 두려워서 못하고, 돈이 없어 못하고, 투자할 곳이 없어 못한다고 변명하는 사람들에게 꼭 들려주고 싶은 이야기였다.

앨리스님이 이야기했듯이 혼자서는 아마도 못했겠지만, 초반에 언니와 함께 서로 힘이 되어주며 했기에 지금까지 올 수 있었다고 한다. 하지만, 하고자 하는 간절한 마음이 없었다면, 결코 부동산 경매라는 어려운 투자를 해내지 못했을 것이다. 누구나 할 수 있지만, 누구나 할 수 없는 것이 바로 투자이고, 그중에서도 부동산 경매이다.

만날 때마다 유쾌하게 깔깔 웃으면서 즐거운 이야기를 나눴지만, 이렇게 부동산 경매에 대해서만 진지하게 이야기를 해 보니, 얼마나 부동산 경매를 즐거워하고 재미있어 하는지 눈에 보였다. 이런 자세야말로, 앨리스님이 부동산 경매를 잘하는 비결이 아닐까 싶었다.

어느덧 아이들이 자라 예전보다 더 집중적으로 부동산 경매를 할 수 있으니, 앨리스님의 부동산 경매는 이제부터 시작이 아닐까 싶다. 그동안 여러 가지 이유로 주저했던 다양한 투자를 직접 할 수 있는 시간과 자본이 생겨, 본인이 원하는 바를 이뤘으면 좋겠다. 10년 내로 20층 건물의 건물주가 되기를 기원한다.

부동산 경매시장의 마법사들

경매는 기회다
(10억짜리 경매비법)

제이원님

제이원님

블로그 http://blog.naver.com/bestsam
카 페 http://cafe.naver.com/bidchance (10억짜리 경매비법)

　평소에 제이원님이 올리는 글은 투자에 대한 본질을 알려주는 글이 많아, 늘 읽을 때마다 진짜배기라는 생각이 들었다. 투자뿐 아니라 실생활에서 접하는 다양한 경험과 투자를 접목하여 들려주는 이야기는 투자가 무엇인지에 대해 다시 한번 생각하게 해준다.

　제이원님은 부동산 경매를 투자라는 관점에서 시작한 것이 아니라, 애초부터 사업이라는 측면에서 접근하여 투자를 시작하였다. 이미 운영하는 사업이 있어 투자에만 모든 시간을 쏟는 상황도 아니다. 그럼에도 매일 퇴근 후 집에서 공부한다는 이야기를 들었을 때는 대단하다는 말이 저절로 입에서 튀어나왔다.

　피곤하고 공부가 잘 안될 때는 일본 드라마를 보거나 PC 게임도 하지만, 꼬박꼬박 하루도 빼놓지 않고 자신이 알아야 할 분야에 관한 공부를 게을리하지 않고 노력한다는 이야기를 들었다. 법인 사업체도 운영하고, 중개업소도 운영하고, 왕성하게 투자 활동도 하고, 책도 쓰고, 강의도 할 수 있는 힘의 근원은 무엇일까? 제이원님의 이야기를 들어보자.

경매를 시작한 계기

언제 경매를 처음 알게 된 건가요?

금융위기 이후인 2008년도죠. 2008년도 금융위기 때 장사든 사업이든 안 좋은 상태니까, 제가 뭔가 돈이 되는 걸 해야 했죠. 금융위기 때 매출이 꺾이고 비용이 많이 나가니까, 당시 갖고 있던 잉여금이 많아도 위기감을 느끼게 되더군요.

한참 경기가 좋을 때는 많이 버니까 비용이 많이 늘어도 괜찮았어요. 그런데 금융위기로 수익이 확 줄어들었는데, 이미 늘어난 비용은 줄이기 힘들더라고요. 그때 수익을 충당하기 위한 방법으로 경매를 배웠죠.

어떻게 알게 된 거예요?

어떻게 알게 되었다기보다는, 여러 경우의 수 중에서 가장 높은 확률을 찾은 거죠. 누구를 통해서 알게 됐다, 어떤 계기를 통해서 알게 되었다가 아니고, 경우의 수를 따져보고 가장 확률이 높은 것을 찾은 거죠.

그 당시에는 주식시장도 어렵고, 장사는 힘들고, 사업도 어렵고, 바닥으로 떨어지는 상태였어요. 계속 생각을 하다가 '그나마 가장 확률이 높은 게 부동산 경매다'라는 생각이 들었어요. 그래서 경매를 배우게 된 거죠. 그전에는 부동산 경매에 대해서 아무것도 몰랐죠.

경우의 수라는 걸 감안했을 때 부동산 경매가 확률상 그 당시에 가장 좋다고 판단을 내린 거잖아요. 무엇을 감안했기에 그런 결론이 나온 거죠?

계산기를 두드려 보면 되죠. 저는 장사와 사업을 했으니까 산술적인 것, 그리고 수치적인 건 남들보다 약간은 탁월한 것 같아요. 옛날부터요. 계산해 보니까 사업은 자기 자본 대비 30% 수익을 올리면 굉장히 잘한 거라는 소리를 들어요.

물론 장사는 적은 비용으로 30~40%나 50%는 물론이고 대박 나는 경우도 있죠. 하지만 그런 건 확률상으로 상위 1%도 안 되니 제외하고요. 쉽고 안전하게 자기자본 대비 수익률을 10% 이상 낼 수 있는 건 경매밖에 없다는 것을 깨달은 거죠.

경매에 대해서 전혀 모른다고 하셨는데... 어떻게 계산하신 거예요?

계산은 간단해요. 자기자본 대비 수익률에 대한 계산법이 따로 있는 게 아니에요. 10,000원에 물건을 사 와서 11,000원에 팔면 10% 남잖아요. 사업도 마찬가지예요. 1억 원 들여서 1,000만 원 벌면 10% 남잖아요.

마찬가지로 부동산을 5천만 원에 사서 보증금과 월세를 얼마에 놓을지 계산해 보면, 자기자본 대비 수익률이 20%가 넘는지 쉽게 알 수 있잖아요.

물론 월세를 밀리지 않고 잘 받을 수 있느냐, 그리고 나중에 잘 팔 수 있냐는 문제는 남아 있죠. 그런 변수는 내가 통제할 수 있도록 공부를 해야 하죠.

사업을 하셨기 때문에 그런 걸 보는 눈이 있다는 건 이해가 되는데, 경우의 수가 말 그대로 돈을 넣고 빼고 하는 것이잖아요. 경매도 모르면서 월세 수익률을 계산하셨다는 점이 신기해요.

수익률은 부동산을 알고 모르고는 상관없죠. 부동산 지식이 없어도 산수만 할 줄 알면, 초등학생도 풀 수 있는 것이니까요. 초등학생들한테 "만 원에 사서 만천 원에 팔면 얼마 남니?" 물으면 "천 원요." 대답하죠. "수익율은 몇 %니?" 물으면 "10%요."라고 답하겠죠.

부동산 지식과는 상관없이 수익률만 보자고요. 사업은 자기 자본 대비 10% 수익을 내기 힘든데, 부동산은 쉽게 10% 이상의 수익을 낼 수 있잖아요. 게다가 안정적이죠. 특별한 부동산 지식이 없어도 기본적인 계산만 할 수 있으면 되죠.

산수만 할 줄 알면, 매달 월세를 받아서 이자를 얼마 내고 얼마가 남는지, 쉽게 임대 수익률을 계산할 수 있죠. 또 만 원에 사서 만천 원에 팔면, 만 원을 투자하여, 천 원 남으니 매매 수익률도 10%임을 알 수 있고요.

그런데 파는 건 큰 비중을 안 뒀어요. 파는 건 변수가 많으니까요. 부동산이 좋은 건 경기가 안 좋아서 잘 팔리지 않더라도, 사서 보유하고 있으면 장기적으로 수익률이 뒷받침된다는 점이죠.

장사할 때도 체인점을 팔 생각으로 차리는 게 아니고, 매달 모든 비용 다 빼고 얼마가 남는지를 따지죠. 보통 체인점을 1억 원 들여 차려서, 권리금 5천만 원 붙여서 1억 5천만 원에 팔겠다는 계산은 잘 안 하거든요. 사람마다 생각의 차이는 있겠지만요.

질문을 다시 드리면, 대개 경매 투자나 부동산 투자를 해 본 다음에 '이런 거구나' 깨닫고 본격적으로 하는 게 일반적인데, 이미 시작하기 전에 깨닫고 하셨다고 하니까 신기해서요. 제이원님이 사업을 했었기 때문에 본질을 꿰뚫어 보셨겠지만요.

이렇게 생각하면 쉬울 것 같아요. 사람들은 항상 뭔가 앞발을 들여놓고 간을 보고 나서, 그 맛이 단지 쓴지를 판단하려고 해요. 꼭 혀를 대봐야 단지 쓴지를 안다고 생각하는데, 간접 경험으로도 충분히 알 수 있죠.

꿀은 단맛, 고춧가루는 매운맛임을 알고 있으니, 그 재료들을 넣은 음식의 맛도 미리 알 수 있잖아요. 미리 충분히 알 수 있는 건데, 사람들은 지식을 습득하기 전에 몸이 먼저 나가요. 저는 먼저 지식을 쌓고, 그다음에 실천을 하죠.

그 점이 일반 사람들과는 다르다고 느껴지네요.

사업을 하면서 겪고 있는 어려운 상황을 어떻게 하면 벗어날 수 있을까를 고민했기 때문에 그래요. 먼저 파악할 수 있는 수익률을 계산하여, 승산이 충분함을 따져보고 본격적으로 들어갔죠. 물론 그런 과정이 딱 맺고 끊는 것처럼 되는 것은 아닐 수 있죠.

📝 경매 이론을 검증하다

경매하겠다고 마음먹고 나서 처음 하신 건 뭐예요?

책을 봤어요. 시중에 있는 책을 다 읽었죠. 책으로 검증 과정을 거쳤어요. 책으로 습득한 지식이 내가 가진 배경지식과 맞는지 여부를 검증했죠.

기본적으로 책 속에 있는 지식은 다 맞다고 생각해요. 그 지식을 누가 사용하냐에 따라, 자기 기준에 맞냐 안 맞냐의 차이가 생기는 것이니까요. 각자가 처한 상황에 따라 다른 것일 뿐이라는 거죠.

그래서 저는 웬만해서는 책 추천을 안 해요. 상대방의 배경지식에 따라서 느끼는 것이 다 다르거든요. 똑같이 슬픈 소설을 읽고 남들이 다 슬프다고 해도, 그중에 한두 명은 웃는 사람이 있거든요. 그런 것처럼 다 똑같을 수 없거든요.

하나의 예로 색채학은 통계학이거든요. 노란색을 따뜻하다고 생각하는 사람이 있는 반면, 춥다고 생각하는 사람도 있을 수 있어요. 대부분 노란색을 따뜻하다고 생각하지만요.

이처럼 모두의 배경지식과 가치관이 다르기 때문에, 책으로 내 지식, 내가 가진 자원, 내 실천력, 내 행동하고 맞는지에 대한 검증과정을 거쳐야 하죠. 그게 그렇게 길지도 않았어요. 길게 끌 시간도 없었고요. 금융위기라 하루하루 피가 마르는 그런 상태였으니까요.

검증이라는 것을 어떤 식으로 하신 거예요? 현장에 가셨어요?

책에서 시세를 이렇게 파악하라고 하면, 내가 부동산 중개업소에 가서 물어보는 거죠. 예를 들어 '매도자 중심에서 한번 물어봐라'고 하면 , 내가 직접 가서 매도자 입장에서 물어보고, 내 협상력과 설득력에 맞는 방법인지, 안 맞는 방법인지를 파악했어요.

그런데 저와 안 맞는 방법이 너무 많더라고요. 그래서 저는 책을 통해서 배운 것 외에도, 실제 주변인들 중에 사업하는 파트너, 거래처 사람들, 친인척과 같은 사람들, 실제 경매를 해서 돈을 번 사람들을 찾아다니면서 그 사람들한테 배웠어요.

같이 식사도 하면서 물어볼 사항이 있으면 질문도 하고요. 왜냐하면 내가 이걸 검증하는 과정에서 궁금한 내용이 생기잖아요. 그런 건 책에 안 나와요. 책에도 안 나오고, 검색해도 안 나오고, 얻을 수 있는 방법이 없더라고요. 이미 그 길을 가서 성공해 본 분들에게 물어볼 수밖에 없었죠.

저는 검증이라고 해서 본인의 생각과 맞추는 검증이 아니라, 책에 나온 사례를 직접 확인하는 검증을 말하는 줄 알았어요.

그런 건 관심도 없어요. 말씀드렸듯이 모든 책은 100% 맞다고 생각해요. 대부분의 저자들이 자기 경험을 기준으로 이론을 쓴 거니까요. 그래서 다 맞다고 봐요. 그것이 얼마나 설득력을 얻고, 독자가 직접 실천할 수 있느냐의 문제죠.

그러니까 어떤 지식과 실천력을 가진 사람이 행동하냐에 따라서, 그 책이 맞다 틀리다가 나뉘죠. 즉 그 책 내용의 검증이 아니라, 나와 맞는지를 검증해 보는 거죠.

책으로 공부를 하신다는 의미가, 책만 갖고 공부하셨다는 건가요?

처음에는 그랬죠. 그런 후에 먼저 실천하고, 실제로 돈을 번 분들에게 배웠죠. 하나씩 하나씩 그분들을 쫓아다니면서 배우고, 또 현장에서 내 스스로 배우고요.

예를 들어, 권리분석을 그렇게 깊게 공부했는데, 현장에서 투자하시는 분들은 권리분석을 중요하게 생각하지 않는다는 걸 알게 되었죠. 실제로 돈을 번 사람들은 권리분석을 잘해서 돈을 번 게 아니에요. 그러면 권리분석으로 돈을 벌었다는 건 틀린 거잖아요.

이처럼 현장의 지식과 책의 지식 사이에는 갭이 있을 수밖에 없어요. 결국은 직접 움직이면서 찾아내야 하죠.

지역선정은 어떻게

투자 지역은 방대하잖아요. 지역 선택은 처음에 어떻게 했어요?

사람들은 자신에게 맞는 정보를 가공하는 방법을 잘 모르더라고요. 옛날부터 저는 컴퓨터를 남들보다 훨씬 잘 다뤄서, 인터넷에서 돌아다니는 정보 중 나에게 필요한 정보를 찾아서 나에게 맞게 가공하는 능력이 있었어요.

인터넷에는 정보가 많은데, 사람들은 대부분 타성에 젖어서 그 정보를 그대로 습득해요. 나에게 필요한 정보로 가공하는 과정이 중요하거든요. 그래야 내 정보가 되는 거죠. 인터넷에 있는 걸 가공하고, 과연 가공한 내 지식이 맞는지 현장에 가봐요. 후보지를 선정해서 A지역, B지역, C지역을 돌며 내 이론, 내 가설이 맞는지를 검증해봐요.

연구원들이 어떤 세균이 핵분열을 한다고 가설을 세웠으면, 핵분열을 하는지, 안 하는지 그 세균을 관찰하면 되잖아요. 똑같아요. 가설을 세울 때 계시를 받아 '이 세포는 핵분열한다'고 하진 않죠. 뭔가 근거가 있으니까 핵분열한다는 가설을 세운 것처럼, 저도 정보를 가공한 후 가설을 세우고, 현장에서 검증 과정을 거쳐요.

A지역, B지역, C지역을 정하는 과정에 있어서 참고하시는 게, 부동산 시세나 정책상 어디가 오를 것이라는 정보를 보는 건가요?

아니오. 저는 정책을 안 믿고요. 주식 투자할 때도 마찬가지예요. 소스, 정책, 호재는 다 안 믿어요. 그거 믿고 투자하는 사람 중 마지막까지 돈 번 사람도 못 봤고, 나 또한 경험해 봤기 때문에 호재나 지역에 관한 소스 같은 거는 절대 안 믿고, 항상 확률과 내가 판단한 수치로만 판단해요. 그렇게 하지 않고 돈 버는 사람을 보질 못했어요.

쉬운 얘기로 부동산을 오래 투자하신 아주머니들 보면 그분들이 항상 하는 말이 있어요. "왜 그 집을 샀어요?"라고 물으면, 그분들이 하는 말은 "500만 원만 주면 사는데, 500만 원 적금 붓는다고 생각하고 샀어. 돈이 적게 들어가서 샀어."

이게 과연 무엇일까요? 전세가율이죠. 그런 가설을 세우고 검증하는 과정을 거치는 거죠.

그러면 처음 투자했던 지역은 어떤 관점에서 선택하셨어요?

전세가율이 높은 건 잃지 않는다는 가설이었어요. 대부분의 사람들이 돈을 벌려고 투자하는데, 거의 80% 이상이 잃어요. 욕심 때문이죠. 반면에 잃지 않기 위해서 투자하는 사람들은 대부분 이익이 나요. 주식도 마찬가지예요. 사람들은 좋은 종목을 사야지 돈을 번다고 생각하거든요. 그런데 그게 아니에요.

어떤 종목이든 잃지 않는 방법을 먼저 배운 사람이, 주식에서 돈을 벌어요. 그래서 손절이 중요한 거예요. 물론 손절만 잘 한다고 돈 버는 건 아니죠. 이익을 냈을 때 그 이익을 지키는 것, 즉 잃지 않는 방법도 알아야 해요.

부동산도 호재를 보고 사는 게 아니라, 내가 잃지 않을 물건들을 찾아야 해요. 그래서 전세가율을 파악하고, 그걸 검증하는 과정으로 지역을 선정해서 본 거죠. 내가 세운 가설이 맞는지 부동산 중개업소에 가서 확인했죠. 부동산 중개업소도 엄청 많이 돌아다녔죠.

전세가율을 먼저 전국적으로 파악하고, 해당 지역의 매매가 대비 전세가를 파악하고, 여기가 내 조건에 부합하면 그 지역에 가는 식이죠? 그리고 현장에서 그게 맞는지 확인하는 방법으로 했다는 거잖아요?

그렇게 하나씩 하나씩 블록 쌓듯이 지식을 쌓고 검증한 거죠.

그렇게 한 후에, 조건에 부합하는 지역의 물건이 나왔을 때, 그 물건에 입찰을 들어가신 거네요?

처음에는 저도 선뜻 용기가 안 나더라고요. 그래서 어떤 각오로 했냐면, 적은 금액을 잃을 생각으로 임했어요. 입찰 보증금이 적은 물건으로요. 그때는 금융위기 시절이라 3, 4회는 기본으로 유찰이었어요. 잘 안되면 몇백만 원 잃을 각오로 시작했죠.

지금은 달라지셨을지 몰라도 그 당시에는 전세가율이 투자의 핵심 키

포인트였잖아요? 몇 % 정도였나요?

그건 시장 상황이나 개인의 상황에 따라 달라요. 요리도 어떤 양념을 더하느냐, 어떤 소스를 더하느냐, 어떤 재료를 가미하느냐에 따라서 달라지잖아요. 감자로 만들 수 있는 요리가 어마어마하게 많듯이 그게 조금씩 달라지는 거죠.

몇 %라는 수치는 하나의 양념에 불과해요. 짠 거 좋아하는 사람은 양념을 더 치면 되는 거고, 싱거운 거 좋아하는 사람은 양념을 덜 치면 되는 거죠. 그 사람이 가진 자원에 따라 달라요.

각자가 가진 시간, 자본, 지식. 이 세 개에 따라서 전세가율의 %는 다를 수 있다고 생각해요.

저 같은 경우에도 강의하면 '지금 강남은 전세 비율이 낮아서 수익 보기 힘들다, 잃을 수도 있고, 1억원 미만이면 전세 비율을 잘 보면 최소한 잃지는 않는다. 떨어져봤자 얼마나 떨어지겠나?' 그렇게 말씀을 드리는데, 가장 키포인트는 그걸 근거로 해서?

전세도 떨어질 수가 있어요.

그렇기는 하지만 그게 기본인 거잖아요.

그것이 기본이지만, 여기에 어떤 양념을 치고, 어떻게 불을 조절하고, 어떤 소스를 넣느냐에 따라서 다양한 요리가 나오죠. 결국에는 재료가 좋으면 입맛에 맞는 요리가 나와요, 전세가율은 가장 중요한 재료예요. 양념은 각자 다르고요.

📝 지방으로 투자

처음 낙찰받은 곳은 수도권이 아닌 지방인가요?

지방이죠. 제가 2008년에 지방 투자할 때 사람들이 미쳤다고 했어요. 2007년을 갓 넘어오면서 대형 아파트를 블루칩이라고 하며 유행했죠. 그때는 모두 대형 아파트만 쳐다보고 있었어요. 또 재건축, 재개발, 지분당 가격, 이런 것들이 인기였죠.

지방에 투자한다고 할 때 다들 우려했죠(지금은 아무런 얘기도 안 하지만). 그때 당시에는 나도 두려우니까 누구한테 묻고 싶기도 했죠. 하지만 물어봐야 뻔한 대답만 돌아올 거라 묻지 않았어요.

지식과 투자 경험이 많은 사람이 얘기해주면 인정이라도 하겠는데, 경험과 지식도 없는 사람이 왜 거기에 투자하냐고 반대하고, 제가 세운 가설에 고춧가루를 뿌리니까, 점점 얘기를 안 하게 되더라고요. 얘기해봤자 불필요한 분쟁만 생기게 되는 거고, 그래서 혼자 지방 돌아다니면서 투자할 때 많이 외로웠죠.

저도 제 주변 사람한테 전혀 얘기 안 해요.

외로움을 즐겨야 한다는 게 이 말이구나 생각했죠. 중개업자조차도 왜 굳이 서울에서 내려와 여기에 투자하냐고 말할 정도였으니까요. 10년 동안 가격이 올라가지 않았다고 하는데 오죽이나 두려웠겠어요? 가설을 잘못 세운 거 아닌가 하는 걱정도 했죠.

2008년, 2009년이면 중개업소가 얘기한 것처럼 10년 동안 가격이 그

대로인데, 배짱이 좋으셨네요.

10년 동안 오르지 않았다? 항상 사람들은 과거의 기억 속에서 미래를 재단하려고 하는데, 투자에서는 금물이에요. 조심해야 하는 말이거든요.

가장 보편적으로 얘기하는 게 동전 던지기잖아요. 동전을 10번 던지는데, 5번 앞면이 나왔다고 여섯 번째에 뒷면이 나올 확률이 더 높은 건 아니거든요. 동전 던지기는 매번 똑같이 50% 확률이잖아요.

일곱 번째도 50%, 여덟 번째도 50%인데, 다섯 번 던진 게 우연히 모두 앞면이 나왔다고, 여섯 번째는 뒷면이 나올 확률이 높다는 건 잘못된 생각이에요. 사람들은 과거의 기억을 현재의 확률에 접목하여 잘못된 투자를 하죠.

맞는 말입니다. 낙찰받고 명도할 때 지방이라 쉽지 않으셨을 텐데, 어떻게 명도 진행하셨어요?

그때는 처음 배우는 거였고 지식과 경험을 쌓는 단계라 무식하게 했죠. 무조건 내려가서 일 끝내고 올라왔죠. 처음에는 밤 9시에 내려갔어요. 관리사무소에 물어보고, 낙찰받은 집에 불이 켜져 있는지 없는지, 경비아저씨한테 물어보고 초인종도 누르면서 명도했죠.

처음에는 그렇게 명도했어요. 고성이 오가고 싸우고... 사업이나 장사하면서 많이 겪어서 그런 건 어렵게 생각 안 하거든요. 두려워하거나 회피하지도 않아서, 무조건 몸으로 부딪치면서 했죠. 그렇게 하면서 성장하는 거죠.

그러면 직접 명도하고 이사 가는 날도 가셨어요?

네~

회사 가야 되는데 어떻게 가셨어요?

제가 나름대로 쓸 수 있는 휴가는 다 쓴 거죠. 저는 또 아무래도 회사에서 책임자니까, 일반 회사원들보다는 시간을 자유롭게 쓸 수 있기도 했죠. 그렇다고 마냥 자유롭게 쓸 수는 없었어요.

왜냐하면 다른 직원들이 다 주5일 근무해도, 나는 항상 토요일, 일요일에도 일해야 하니까요. 결산을 맞춰야 한다든지 일이 많았거든요. 그러니까 내가 가진 자원을 최대한 활용할 수 있는 방법을 찾은 거죠.

사람들은 항상 타인과 비교를 해요. 그렇게 할 거면 안 하는 게 나아요. 내가 가진 자원을 활용하는 방법을 찾아야죠. 주5일 근무하는 사람들은 토요일, 일요일 시간이 되잖아요.

그마저도 힘들면 가족들이라도 활용할 수 있잖아요. 자기가 가진 자원은 생각 안 하고 맨날 "남들은 시간이 많이 남고, 나는 시간이 없다"며 투덜대죠. 그런 게 어디 있어요? 다 똑같죠. 시간 넉넉한 사람이 어디 있어요? 돈을 벌어야 먹고 사는데.

그렇게 첫 낙찰을 받고, 명도하고, 임대 놓으신 건가요?

그렇죠.

임대 놓으면 한 사이클이 끝나잖아요. 그러고 든 생각은 뭐였어요?

'내 가설이 맞구나.' 가설이라고 해서, 엄청나게 큰 가설이 아니잖아요. '이 금액으로 할 수 있을까? 수익률 계산법이 맞는 걸까? 원금 회수가 될까? 임대가 나갈까?' 여러 가지 가설들이 하나씩 맞아떨어지면서 큰 퍼즐이 완성된 거죠.

첫 물건은 전세 놓으신 거예요. 아니면 월세?

월세 놓았죠.

비용은 얼마 들어가신 건가요?

돈이 안 들었어요. 그때 제가 세운 가설이 그거였어요. 무피투자. 그때 당시 이 가격이라면 돈 안 들어가고 집을 살 수 있겠더라고요.

'과연 이게 맞느냐, 틀리느냐' 그때 당시에 세운 첫 가설에서 가장 궁금했던 거예요. 물론 지금과 당시는 차이가 있어요. 투자 방식의 차이가 있는 게 아니고요. 지금은 일단 예전하고 다르게 금융위기 시점이 아니잖아요.

각 시기에 맞는 투자방식이 있는 거예요. 재료는 똑같은데 옛날에는 감자를 쪄먹기만 했다면, 지금은 감자로 온갖 요리를 하잖아요. 그런 것처럼 원재료는 똑같아도 요리 방법이 달라지죠.

첫 물건은 월세 받아서 이자 내고 얼마 남은 거예요?

월세 40만 원을 받았어요. 당시는 금리가 높았어요. 8%대. 그래도 월세 받아서 이자 내고 20여만 원씩 남았었죠.

8%대였으면 신협? 새마을금고? 저축은행?

신협이나 새마을금고까지만 대출받고, 저축은행은 절대 대출 안 받아요. 당시 신협이나 새마을금고가 8%대였어요.

은행은 금리 정하는 기준이 있거든요. 대출 비율(LTV; Loan To Value)이 낮으면 금리가 내려가요. 제2금융권에서 받아도 대출 비율이 낮으면 금리가 낮아요.

예를 들어서, 1억 원을 대출받는 대신 5천만 원만 대출받으면 금리를 낮출 수 있어요. 제2금융권에서도 저렴한 금리로 받을 수 있죠. 대출 비율(LTV)이 올라가면 금리가 올라가고요.

저는 신협이나 새마을금고까지만 이용해요. 저축은행이나 대부업체로 가면 리스크를 포함해서 금리를 높게 올려요. 그렇다고 해서 대출을 더 많이 주는 것도 아니거든요.

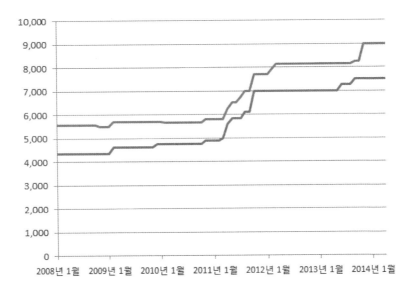

제이원님이 낙찰받은 충남지역 시세와 전세 (2008~2010년 집중 투자)

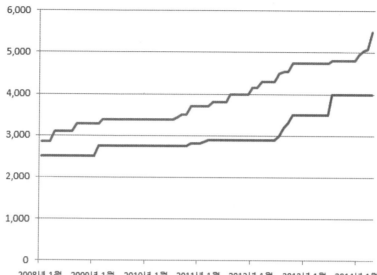

제이원님이 낙찰받은 충북지역 시세와 전세 (2008년~2010년 집중 투자)

📑 본격적인 경매 투자로

첫 물건을 통해서 검증을 거친 다음에 '내가 세운 가설이 맞았구나'라는 확신이 든 다음에 본격적으로 하겠다는 마음을 먹게 되셨어요?

그렇죠. 3~4개 해 보니까 감이 잡히더라고요. 왜냐하면 삼세번이라는 말도 있잖아요. 한 번 성공했다고 달려들어서는 안 되고, 최소한 세 번은 해봐야 할 것 같았어요.

내 가설이 두 번 이상은 맞아야지 확률이 높다고 생각하는 거죠. 3~4개 해보고 '맞구나' 생각되어서 그때부터 본격적으로 한 거죠.

특정 지역에 가서 하나 낙찰받으신 다음에 그 지역을 계속하세요? 자기 조건에 맞는 곳이면 어디든 가셨어요?

그때 당시에는 어디든 많이 갔어요. 하다 보니까 지역이 한쪽으로 편중되어 물건이 많아지는 곳도 있었고, 소외되는 곳도 생기더라고요. 여러 가지 스타일로 투자했어요. 내가 가진 시간이라든지 주말에 움직일 수 있는 거리를 감안하고, 교통편 등을 다 고려해서, 그게 가능한 지역까지 간 거죠. 부산 같은 곳에 간 게 아니고요.

처음에 시작했을 때 최악의 경우에는 잃을 수도 있다는 것에서 시작하신 거잖아요?

잃을 수 있다는 게 그때 당시의 입찰 보증금 수준이었지, 집을 매수해서 전체 금액을 잃는다는 건 아니에요.

대중에게 공개되지 않고 실전 투자를 오래 하고 돈을 버신 분이 말씀하신 게 있어요. "주변을 둘러봐라. 빈집이 있는지."

이 말은 부동산을 단기적으로 보고, 단기적인 수익에만 매달리지 말라는 뜻이라고 생각해요. P(프리미엄) 같은 경우에는 무형의 미래가치를 말하는 거잖아요. P를 붙여서 팔았다면 나중에 저도 P를 잃게 되는 경우가 생기겠죠.

저는 주식투자를 할 때 실체가 눈에 보이는 것만 투자하거든요. 선물, 옵션 같은 파생상품은 안 하고요. 부동산은 실체가 있는 실물자산으로, 일시적으로 가격이 떨어졌다고 해서 마이너스가 확정되는 것은 아니에요. 그렇게 그저 잃지 않기 위해서 투자한 거죠.

그런 과정에서 최초의 투자금은 얼마로 시작하셨어요?

7백만 원으로 시작했어요.

경매를 시작할 수 있는 금액이 7백만 원 정도라고 말해도 될까요?

네~

적다고 하면 적을 수 있는 금액이고, 크다면 클 수 있는 금액인데...

그걸로 계속 굴려 나간 건 아니고요. 사업이나 장사하는 사람은 돈 융통 방법을 알아요. 투자 방법이 검증되면, 이것저것 돈을 융통하는 방법은 많죠. 소위 말하면 연구비였다고 할 수 있죠. 연구 결과가 좋으면 상업화해서 상품으로 만드는 것처럼요.

그 당시에 주말마다 지방 가신 거예요?

그렇죠~

평일에는 본업 하시고, 주말에는 무조건?

네~ 가급적 토요일에 갔죠. 일요일에 쉬는 중개업소가 많거든요.

주말마다 가는 걸 언제까지 하신 거예요?

그때는 참 많이 간 것 같아요. 지도 보면서 현장을 다녔어요. 지금은 스마트폰이 있어서 GPS가 다 되지만 그때는 그게 없었어요. 지도를 출력해서 다녔죠. 동선을 미리 짜서 도는 거죠. 그렇게 해서 한 번씩 돌았죠.

바쁜 중개업소도 있지만 이사 시즌이 아니면 대부분 한가해요. 한가할 때는 많이 얘기했죠. 말하다 보면 어떤 중개업소에서는 3~4시간은 그냥 후딱 지나간 적도 많았어요.

아는 만큼 보이고 움직인다

급매도 하셨죠?

처음부터 하지는 않았어요. 경매를 충분히 하고 나서 했죠.

그러면 급매를 하려면?

급매는 부동산 경기를 알아야 해요. 설득력, 협상력도 있어야 하고요. 어떻게 시세 형성이 되는지, 근저당이라든지 권리관계를 어떻게 해결하는지, 그런 걸 알아야 제대로 급매를 할 수 있어요.

초보자들이 말하는 급매는, 그냥 중개업자가 급매라고 말하는 물건을 프리미엄 주고 사는 것에 불과해요. 잘못하면 바가지 쓰기 쉽죠.

컴퓨터를 많이 아는 사람이 컴퓨터 싸게 사는 거랑 똑같은 거예요. 또 옷에 대해 많이 아는 사람이 옷을 싸게 사는 거랑 마찬가지죠.

부동산 지식이 없는 사람이 급매를 할 수 있다고, 급매로 싸게 샀다고 착각하는 거죠.

많은 사람들이 경매는 대출을 많이 받을 수 있어서 유리하다고 생각하는데, 일반매매나 급매는 대출 면에서 불리한가요?

급매도 대출 잘 받을 수 있어요. 단, 어느 정도 금융에 지식을 가지고 있어야 하죠. 모든 건 누가 더 지식을 많이 갖고 있느냐에 따라서 남들과 다른 결과를 만들어 내는 거죠. 경매로 대출 많이 뽑는 게 가장 손쉬운 편이고요. 금융 지식이 쌓이면 그때부터는 급매로도 대출을 많이 뽑을 수 있어요.

그 지역에 있는 은행의 경우에는 중개업소를 통해서 소개받는 건가요?

항상 공식을 만들면 안 돼요. 지식은 공식이 없어요. 수학 문제도 공식으로 푸는 사람이 더 못 푸는 거랑 똑같아요. 그게 경우에 따라 달라요.

현장에서 공인중개사 소개로 은행과 연결되는 경우도 있지만, 일반적으로 공인중개사들은 은행 소개해 주고 뒷돈 받는다는 오해를 사기 싫어서, 아예 소개를 안 해줘요. 공인중개사들도 자기들 나름대로 프라이드가 있어요. 그게 큰돈도 아니니까요. 그렇게 되면 직접 찾아야 하죠.

그 지역에서 보이는 은행에 가서 대출 담당자한테?

결국 설득력의 차이이고 협상력의 차이예요. 어느 지점에 가도 똑같아요. 어떤 사람은 그 지점에서 70~80% 뽑아내요. 어떤 사람은 50%도 못 뽑아내요. 그게 설득력과 협상력 차이거든요.

원리를 알고 상대방을 어떻게 대하느냐에 따라 달라지는 거죠. 은행은 정한 룰대로만 하는 게 아니에요. 은행도 리스크를 따져야 하고, 신용도도 따져야 하고, 지점에 할당된 대출 자금과 대출 실적도 따져

봐야 하잖아요.

아무리 신용도가 높아도, 카드 연체 몇 번 한 사람은 대출을 안 해 줘요. 3등급이라고 해도 카드 연체 기록 있으면 대출 안 해 주려고 해요. 그 사람은 뭔가 신용 대출과 금융에 대한 지식이 부족하다고 판단하는 거죠.

은행이 중소기업에 대출해 줄 때는 사장과 인터뷰를 해요. 사장을 인터뷰해서 이 사람은 근성과 끈기와 책임감이 있다고 판단하면, 대출이 나가요.

어떤 사장이 마인드가 별로이고, 폼 잡기 좋아하고, 사치 좋아하고, 향락 좋아하고, 뒷돈 바라는 성향이 짙으면, 아무리 매출이 많고 돈을 버는 업종이라고 해도, 눈먼 투자자들 빼고는 투자 안 해요.

그런 거랑 똑같이 은행도 누가 어떻게 설득하느냐에 따라 대출이 많이 달라지죠. 지식의 차이가 크게 작용하는 거죠. 그건 그때그때 달라서 현장에서 섭외하는 경우도 있고, 아니면 거래하던 은행을 섭외하는 경우도 있고, 상황에 따라 달라지는 거죠.

급매의 경우에는 대출 딜러도 이용해요. 대출 딜러도 한두 사람 정도 계속 거래하는 사람이 있어요. 그 사람 통해서만 해요. 10만 원 때문에 바꾸고 하면 신의가 없어져 문제가 되거든요. 물론 100만 원 차이가 있다면 바꿔야죠.

그런데 10~20만 원은 그 사람에 대한 예우이고 신의도 쌓이는 거니까 묵인하죠. 저는 그렇게 생각해요. 그 사람이 나를 속인다는 생각보다는 신의의 문제도 있으니까, 어느 정도 작은 금액 차이라면 대출 딜러를 안 바꾸는 게 좋다고 봐요. 인정하고 넘어가는 거죠.

인테리어 할 때도 어느 업체는 500만 원, 어느 업체는 300만 원일 경우, 같은 퀄리티면 당연히 300만 원으로 가야죠. 그런데 어느 업체는 500만 원을 불렀는데, 공사를 맡겨 보니까 잘하는 업체예요.

그런데 450만 원 부르는 싼 집이 나왔어요. 검증이 안 된 집이잖아요. 50만 원에 리스크를 걸 필요는 없잖아요. 그러면 500만 원 부르는 집에 한다는 거죠.

낙찰받고 명도한 후에 리모델링은 대부분 직접 하셨어요?

예전에는 제가 직접 해보려고 노력도 했거든요. 너무 힘들더라고요. 손재주가 없어서 너무 힘들어요. 집에서 청소라도 해 봤으면 정리정돈이라도 하겠는데 정리정돈도 안 되고요. 그리고 연장에 대한 이름도 잘 기억 못하고, 용어도 모르고, 일만 더 만들어 놓더라고요.

그래서 인건비 아끼자고 그 짓을 하느니, 차라리 지식을 쌓는 게 낫다고 생각해서 거기에 불필요한 시간을 안 들여요. 거기에 들어가는 시간만큼 공부하자는 주의예요. 지금도 새벽에 항상 공부해요. 매일 매일.

인테리어를 외부 업체에 맡긴다고 하셨는데 특정 지역, 여러 지역이 있는데?

그것도 마찬가지예요. 견적을 잘 받는 방법만 알면 돼요. 인테리어는 그 지역에서 할 수밖에 없는 게, 물류비가 들어가고 이동비도 소요되거든요. 비용이야 기름값 5만 원이면 되는데, 문제는 기름값이 아니고 시간이에요.

이동 거리가 2시간이면 왕복 4시간인데, 4시간이면 다른 일 하나 더 할 수 있는데, 4시간 들여서 그 비용에 하려면 결국은 손해죠.

인건비 싸움이거든요. 그래서 결국에는 현장에서 할 수밖에 없어요. 그러기 위해서 견적을 잘 받는 방법을 알아야 해요.

초창기에는 인테리어 비용이 많이 들어갔겠네요?

아니오. 견적 잘 받는 방법만 알면 똑같아요. 평범하게 들어갔어요. 자기가 아는 지식만큼 대가를 치르는 거죠. 지식만 쌓으면 똑같죠.

예를 들어 옷을 한 벌 사요. 파카 하나 사는데 파카에 대한 시세가 어느 정도인지 모르는 사람들은 어디 가나 바가지를 쓸 수밖에 없어요. 그런데 시세를 잘 아는 사람들은 상대방이 제시한 가격이 비싼지, 보통 수준인지, 싼지 알죠. 그러면 바가지 안 쓰겠죠.

똑같아요. 그것조차도 안 하고 귀찮아서 지식을 안 쌓으니까, 비용으로 대가를 치러야죠. 비싸게 돈 내고 해야죠.

대출도 똑같거든요. 그런 시행착오를 겪을 필요가 없죠. 물어보면 다 나오는 건데, 견적을 잘 받아서 검증 과정 거치면 나오는 건데, 그거 하기 귀찮아서 비용을 더 내는 건 죄악이에요. 그런 건 안 귀찮아 해요.

여러 곳 다니면서 하나씩 임대를 놓으신 거잖아요.

초반에는 단타도 많이 했어요. 좋은 물건은 단타가 잘 돼요. 따져보면, 사실 팔면 안 되는 물건을 팔았던 거죠. 그래서 그때 생각의 전환이 있었죠. 단타로 돈을 빨리 돌려서 불려 나간다고 생각했는데, 그게 착각이었다는 걸 그때 경험을 통해서 배운 거죠.

현재는 단타보다는 임대로 갖고 가자는 생각으로 매입을 하신다고 하면 되겠네요?

그렇죠.

📑 별 볼일 없는 특수물건

특수물건도 하세요?

특수물건도 경험했죠. 선순위 관련 물건도 해봤고, 법정지상권은 없었고요. 법정지상권은 제가 아는 분이 했어요. 그걸 도와주는 과정에서 '이 게임은 아니다'는 생각이 들었죠. 즉 법정지상권은 돈이 되지 않는다는 거죠. 돈이 될 확률이 낮다는 걸 느껴서 저는 안 해요.

때마침 법정지상권에 대한 사례를 가까이에서 본 거죠. 문제가 생기는 사례를요. 예측할 수 없는 변수가 튀어나와서 돈이 묶이고, 결국 잃는 사례를 봤어요. 유치권도 해봤고, 예고등기는 얼씬도 안 했고요.

결국 이리저리 특수물건도 경험해 보니 결국에는 기본적인 투자가 제일 수익률이 좋더라고요.

소위 말하면 주식에서도 파생상품보다는 주식이 제일 수익률이 좋은 것처럼요. 당장은 수익이 적어 보이지만, 시간이 지나고 보면 주식은 파생상품보다 수익이 훨씬 커요.

그러면 특수물건은 할 필요가 없다?

특수물건은 필요하면 하는데, 수익률이 좋다고 일부러 찾지는 않아요. 부동산은 본질인 물건이 더 중요하죠. 아파트에 유치권이 걸려 있다면, 그런 건 뻔하니까 따지지도 않아요. 유치권 축에도 속하지 않는 거니까요.

선순위가 있다면 권리관계를 따져보고 가급적이면 안 하지만, 만약 뻔히 아는 거라면 하겠죠. 하지만 웬만해서는 단순히 싸게 받으려는 목적으로 하지 않는다는 거죠.

그러면 특수물건의 수익률이 일반 물건에 비해서 어떻다고 생각하세요?

수익률이 별로예요. 진짜로요. 물건이 좋아야 수익률이 좋은 것이지, 권리관계가 복잡한 걸 싸게 받는다고 반드시 수익률이 좋은 건 아니에요.

쉽게 얘기해서 1억 원짜리를 5천만 원에 샀어요. 5천만 원 이익을 본 것 같아도 세금 등을 떼고 하면 실제로는 1~2천만 원 이익 보는 거예요. 대출도 못 받고, 처리하는데 시간도 오래 걸리고, 마음고생도 크죠. 게다가 실패라도 하면? 경매판을 떠나게 되죠.

1억짜리가 2억으로 올라간 물건을 2년 이상 보유하다 팔면, 양도세 중과세가 아니라서 2천만 원을 세금으로 내더라도 8천만 원 수익을 보잖아요. 겉으로 보이는 수익률과 실제 수익률은 하늘과 땅 차이기 때문에 실상을 잘 파악해야 해요.

물건이 좋으면 특수물건 여부를 떠나 1억 원이 2억 원이 되죠. 그런 물건이면 특수물건이라도 도전해 본다는 것이지, 1억 원짜리를 5천만 원에 사서 5천만 원 이익 보려고, 일부러 특수물건을 깨러 들어가지는 않는다는 거죠.

부동산 경매를 한 지 대략 6년 정도 되는 거잖아요. 그 기간 동안 본인이 생각할 때 가장 잘했던 물건, 수익이 좋았던 물건은 어떤 거예요?

수익률이 좋았던 건 낙찰가 대비 3~4배 났죠.

그렇게 생각하고 들어간 물건이에요?

잃지 않기 위해서 들어간 것에서 대박이 났죠. 월세를 목적으로, 잃지 않기 위해서 들어간 건데, 양념도 잘 되어 있어서 좋았던 거죠.

가장 안 좋은 것은?

어떤 전문가가 추천해준 물건이었어요. 그거 하나만 마이너스이고, 다른 건 전부 플러스예요. 그래서 제가 그 이후부터 트라우마가 생겼어요. 내가 확실하게 쌓은 지식이 아니고는 함부로 믿지 않는 트라우마가 생겼죠. 남들이 아무리 좋다고 해도 내가 그걸 아예 모르면 안 하는 거고, 내가 알면 하는 거고요.

그러면 지금은 대부분 보유로 가시는 거잖아요.

보유로 가고 있죠. 따로 언제 팔겠다는 목표는 안 정한 상태로요.

무한정 갖고 있을 수는 없잖아요?

필요할 때 파는 것이지, 목표를 정해서 파는 건 아니에요 필요에 의해서 뭔가 액션이 나오는 거죠. 주식처럼 뭔가 목표를 정해 놓고 목표에 도달하면 액션이 나온다? 그건 아니죠.

투자 스타일은 모든 게 다 달라요. 농산물 투자가 다르고, 선물 투자 다르고, 주식 투자, 부동산 투자, 분양권 투자, 지분 투자, 각각 달라요. 그걸 공식화해서 내 스타일로 목표를 정해서 결정하죠. 미리 판다는 생각은 안 해요. 필요에 의해서 팔죠.

돈이 되기 때문에 굳이 팔지 않는 것이고, 나중에 팔게 되더라도 시세차익 때문에 파는 건 아니라는 거죠?

때마침 돈이 필요하다든지, 시세 차익이 과도하게 생겼다든지, 거품이 많이 끼었다든지, 내 스스로 어떤 판단이 들면 파는 거죠. 내 목적은 돈이 필요할 때 파는 거지만, 2007년처럼 과도하게 거품이 끼었다고 판단되면 팔겠죠.

여러 지역에 갖고 있기 때문에 지역별로 시세는 계속 변할 거 아닌가요? 그러면 지역에 대한 요소는 한 달에 한 번씩 체크하세요?

체크 안 해도, 임대 놓을 때 되면 부동산 중개업소에서 전화가 와요. 내가 조사 안 해도 자동으로 알게 됩니다. 거래도 빈번하게 이뤄지니까 나한테 거짓말을 못하죠.

"얼마면 거래될 것 같아요?"라고 물어보면 "7,000만 원 또는 6,500만 원까지 될 것 같아요." 그럼 나는 결정만 하면 되죠.

📝 경매를 하려는 사람에게

경매를 처음 하는 사람이 얼마 정도 있으면 투자가 가능할까요?

금융 지식이 많으면 돈이 필요 없는 사람도 있을 수 있고, 금융 지식이 부족한 사람은 최소 1~2천만 원은 있어야겠죠.

아까 얘기하신 것처럼 경매에 관심이 있고, 하겠다는 사람은 어떤 공부를 해야 한다고 추천하시겠어요?

지금 같은 시기라면 금융 지식을 먼저 공부하라고 할 거예요. 대출은 여러 은행 찾아다니며 직원한테 물어보면 돼요. 묻는 것도 귀찮아서 먹여 달라고들 하는데, 먹여 줄 수 있는 정보 중에서 제대로 된 정보가 없다는 것을 알아야 해요.

내가 필요한 걸 찾아 물어보고, 적절한 답을 찾아서 얻은 정보가 내 정보가 되는 것이지, 남이 알려주거나 인터넷에서 떠돌아다니는 정보는 제대로 된 정보가 아니에요. 잘못 먹으면 토하는 정보인데 대부분 그 위험성을 몰라요.

초보자한테 중요한 건 금융지식이에요. 저는 사업과 장사를 하면서 금융지식이 어쩔 수 없이 생긴 건데, 경험으로써 생긴 금융 지식이 저에게 엄청난 도움이 되었죠.

처음 하는 사람이 100% 자기 돈으로 하면 금융지식은 필요 없죠. 그런데 레버리지를 활용할 거면 금융지식은 갖춰야해요. 그리고 실전 투자에 필요한 지식을 쌓아 나가는 게 좋겠죠.

📑 투자는 영원하다

현재 다주택자이시잖아요. 지금 사람들은 부동산은 투자 대상이 아니고, 더 이상 오르지도 않을 거라고 하는데도 계속하는 이유는?

그 사람들이 잘못 생각하고 있는 거죠. 만약에 그 말을 한 사람이 진짜 부자라면 그 사람 말을 생각해 볼 거예요. 하지만 그 사람이 부자가 아니라면, 그 사람들이 틀릴 수 있다는 거죠.

가설은 틀릴 수 있는 거잖아요. 만약에 투자할 게 없다면, 즉 부동산 투자의 대상이 없다고 하면, 이 세상에 투자할 게 하나도 없어요. 주식은 금융위기 때 상장폐지 되는 회사도 많았고, 요즘(2013년)에도 개인들이 선호하는 STX라는 종목도 문제가 많잖아요.

금은 또 세금이 높죠. 골드바 거래는 취득세를 내야 하고, 신고도 해야 하거든요. 그냥 금반지 같은 걸 거래하는 건 상관없지만요, 시세차익이 크다면 세금을 내도 아깝지 않지만, 시세차익도 거의 없어요. 그러면 투자할 수 있는 게 아무것도 없어요.

우리나라가 미국처럼 다국적 기업화가 되어, 기업들이 하나의 국가처럼 움직여서 기업 투자도 하고 펀딩도 하고 그렇게 한다면, 우리나라 기업에 투자하는 게 낫겠죠. 그런데 우리나라는 그것도 안 되잖아요. 조금 더 관심 있게 생각하면 이 말이 틀렸는지 맞는지는 여러 가지 정보들을 토대로 알 수 있을 거예요.

부동산은 투자 대상이 아니다? 지금 있는 돈이 다 어디로 움직이겠어요? 움직일 데가 없잖아요. 주식으로 간다면 결국에는 투자자한테 가는 거예요. 자본가들이나, 사업가들한테.

인구 구조로 부동산 시장을 예측하잖아요. 이미 고령화 시대가 됐고, 2020년 되면 포화상태가 돼서 주택을 살 사람이 없다고 해서 주저하기도 하고요. 여기에 대해서는 어떠세요?

주택을 한 번 지으면, 한 오백 년 가는 거 아니잖아요. 예전에 재건축을 배울 때 공부한 것 중 하나인데요. 지금 재건축하는 아파트들은 골격에 문제가 있어서, 즉 안전 때문에 재건축하는 것도 있어요. 고도 성장기에 주택이 부족하여 막 빨리 지어야 하니까 아무래도 허술하게 지은 것도 있죠.

하지만 대부분은 아파트 외관이나 골격 문제가 아니라, 우리의 라이프 스타일과 생활 수준이 달라졌기 때문에, 그 아파트들을 허물고 새로 지어야 한다고 생각해요. 지금 집이 아무리 많다고 해도 결국은 허물어야 할 집이 더 많은 거예요. 허물고 또 그만큼 필요에 의해서, 필요한 수량만큼 지을 거라고요.

사이클이 도는 것이죠. 돈이 더 필요하면 돈을 더 찍어 내듯이, 아파트도 더 많이 필요하면 헌 집 부수고 더 많이 짓겠죠. 필요 없으면 헌 집 덜 부수고 덜 짓겠죠. 그런 것을 왜 미리 재단하고 따지는지 모르겠어요. 현재가 중요한 거고, 현재 열심히 하면 된다고 생각해요.

📄 경매 투자자의 자세

경매하는 사람에게 가장 중요한 성격이나 성향은 뭐라 생각하세요?

하나를 꼽으라면 부지런함? 정신도 부지런하고 몸도 부지런해야 해요. 그리고 간 보는 스타일처럼, 이거 해 보고 안 되면 포기하고, 저거 해 보고 안 되면 포기하고, 이런 식으로 해서는 절대로 돈 못 벌어요. 그렇게 해서 돈 버는 사람 못 봤거든요.

장사도 똑같아요. 김밥집 하다가 안 되면 접어야지 생각하는 사람은 스파게티집을 해도 접어요. 배수진처럼 더 이상 물러날 데가 없는 사람들은 벌어요. 한번 해볼까 하는 사람들은 안 하는 게 나아요. 진짜 많이 느껴요. 제가 꽤 오래전부터 사업하고 장사하면서 많이 느꼈죠.

경매하면서 가장 좋았던 건 어떤 점일까요?

돈 버는 거요. 장사보다 수익률이 더 좋으니까요.

현재 경매를 병행하면서 하던 사업이 조금 더 원활하게 된 거예요?

그렇죠. 기댈 수 있는 산이 생겼으니까요. 그만큼 더 자신감도 생기고 든든해진 거죠.

주식과 사업을 예로 들어서 경매 얘기를 하셨잖아요. 그중에 딱 하나만 하라면 어떤 거 하시겠어요?

경매요. 당연한 거죠. 사업을 한다면, 경매하기 위한 종잣돈을 버는 정도로 하고요. 물론 닭이 먼저냐 달걀이 먼저냐의 논리일 수 있어요. 나 혼자 해서 성과가 바로 나타나는 건 경매고요. 여러 사람이 조직적으로 성과를 내는 건 사업이고요. 직원과 함께 성과를 내야 하는 것은 장사고요.

사업은 아이디어가 좋아야죠. 아이디어와 멀리 보는 시야가 있어야 하거든요. 사업은 한정된 지역 안에서 하는 게 아니고, 지역에 대한 제한성이 없기 때문에 남들보다 반발짝 앞서서 뭔가 추진해야 하거든요. 항상 선점하고요.

그런데 장사는 시간이라든지 공간이라든지 제약들이 크게 작용하죠. 상권 같은 게 바뀔 수 있고 하니까요. 경매는 시작하기에도 쉽고 부업으로도 가능하죠. 회사원들도 얼마든지 할 수 있잖아요. 물론 직업이 있는 상태에서 하려면 조금 힘은 들겠죠.

하지만 고정적인 수입이 있는 상태에서 하면, 좀 더 안정적으로 욕심부리지 않고 할 수 있다는 장점도 있어요. 전업 투자자는 매월 생활비를 벌어야 하니까 무리수를 둘 수도 있거든요. 그래서 미래에 대한 준비를 위해서, 또 현재 삶의 윤택함을 위해서, 부업으로 경매하는 것을 적극적으로 추천하죠.

📑 공동투자에 대해

지금까지 하시면서 공동투자는 해보셨나요?

딱 한 번 있고요. 그거 때문에 엄청 후회했어요. 나는 공동투자는 절대 하지 말라고 해요. 공동투자란 단어가 나오면 항상 얘기하는 게 있어요.

공동투자는 몸통은 하나인데 머리가 여러 개 달린 괴물이라고 비유해요. 서로 움직이지 않으려고 해요. 서로 지시만 내리려 하고, 서로 욕심만 차리려 하고, 서로 자기 잇속만 챙기려고 해요.

음식물을 섭취하고, 움직여야 하고, 호흡도 해줘야 사는 건데, 서로 먹으려고만 하고 이익만 취하려고 하는 그런 괴물은 굶어 죽거나 욕심 때문에 죽기 마련이죠.

공동투자는 절대 반대다?

네~~

경매하면서 6년 동안 여러 가지 사건 사고가 있었을 텐데, 소송 같은 건 해보셨어요?

소송이라고 해 봐야 인도명령하고 지급명령 정도? 큰 분쟁이나 형사 입건 같은 건 없었고요. 형사 입건되는 사람은 욕심 때문에 짐을 함부로 치운다든지 해서 문제가 생기는 거죠.

재판까지 가 본 적은 없다는 거죠?

네~ 그냥 재판 말씀하시는 거죠? 채무부존재라든지 지급명령에 대한 공판은 가봤죠. 재판이라고 해서 판결받고 그런 게 아니고요. '조정할 거냐, 어떻게 할 거냐?' 하는 것들인데, 재판이랄 것까지는 없어요.

원고, 피고가 되는 경우는 많죠. 채무부존재 소송을 걸었어요. 내가 원고가 되는 거고, 상대방이 피고가 되겠죠. 그런 건 자잘하고, 어려운 것도 아니고, 서면 왔다 갔다 하면서 판결 내리는 거죠. 사법보좌관이나 판사라고 하는 3, 4급 공무원이 판결을 내리는데, 그런 건 크게 어려운 게 없죠.

참, 예전에 한 번 이런 게 있었어요. 가처분에 잘못 걸렸는데, 원고가 이겨서 1심, 2심, 대법원 판결까지 갔어요.

판례를 만들거나 그런 건 아니고요?

　판결이라고 할 만한 건 아니고 그냥 자잘한 것이에요. 채무부존재, 가압류, 가처분, 보존처분에 대한 행위 등. 경매하려면 필요하니까 하는 거죠.

📑 명도에서 중요한 것

그러면 지금까지 엄청나게 많은 물건을 해보신 건데, 그만큼 명도를 많이 했다는 뜻이잖아요. 명도에서 제일 중요한 건 뭐라고 생각하세요?

　경청이요. 상대방을 파악해야 해요. 사람들이 명도할 때 문제가 뭘까요? 바로 상대방을 고려하지 않은 공식화예요. 모든 사람을 똑같이 대하려고 해요. 그러면 안 돼요.

　상대방이 어떤 성향인지 먼저 잘 듣고, 상대방에 맞춰 공격과 방어를 해야 되는데, 모든 사람에게 똑같이 해요. 내용 증명도 똑같이 보내요. 상대방 지식수준도 파악 안 하고, 성격도 파악 안 하고, 어떤 성향인지 파악 안 하고, 막무가내로 하다 보니까, 일을 크게 만드는 사람이 너무 많아요.

　저는 장사하던 습성이 있으니까, 손님에 맞춰서 비싼 물건도 팔고, 싼 물건도 팔고, 몸에 밴 습관 때문에 자연스럽게 이뤄진 것 같은데, 다른 사람들은 일률적으로만 대하려고 하더라고요. 그러면 더 큰 문제가 발생해요.

저는 역지사지라고 말하거든요. 역지사지면 결코 상대방과 큰일이 나지 않는다는 거죠. 저는 전화로 하는 것도 많아요. 직접 안 만나고요.

경청을 해야만, 상대방이 어떤 사람인지, 양보해도 되는 사람인지, 양보하면 안 되는 사람인지 파악할 수 있죠.

시스템을 만들어 투자하라

여러 채의 주택이 있으시면 관리는 어떻게 하고 있나요?

그 많은 걸 내가 일일이 다 확인하면서 못 하잖아요. 관리는 별도로 분업해서 해요. 저한테 위임받은 사람이 많으니까, 제가 더 성장할 수 있는 거죠.

계속 투자하시고 사업하시면서 시스템화하시는 거네요?

네, 해야 해요. 안 하면 다음 단계로 못 가니까요. 관리에 치여서 개수도 안 늘어나고요. 투자를 80년대인가 90년대부터 하신 연세 있으신 분을 만났어요. 그분은 너무 집이 많으니까 이제는 곶감 빼먹듯이 빼먹어야겠다, 더 못 늘리겠다, 너무 어렵다고 하시는 거예요.

자기가 뭘 가지고 있는지도 모르고, 등기필증도 어디 있는지도 모르는 분이었어요. '조상 땅 찾아 주기' 캠페인처럼 어디 있는지도 모르고 그냥 지내시는 분도 계시고요. 그런 거 보면서 결국에는 시스템이 안 갖춰져 있으니까 저렇구나 느꼈죠.

어떤 분은 그냥 봉투에 등기필증을 넣어 두니까 나중에 찾으려면 등기필증이 어디 갔는지 몰라요. 또 등기필증의 바코드를 찍어야 하는데 등기필증이 없어서 전세권 설정도 못 해주는 사람들도 많이 봤거든요.

항상 시스템이 되어 있어야 필요할 때 딱딱 찾아낼 수 있죠. 조직이 커지려면 시스템을 갖춰야 하는 것과 똑같아요. 작은 회사들은 "무슨 서류 갖고 와" 하면, 그 서류를 못 찾아서 우왕좌왕하고, 서류 찾는 데 몇 시간씩 걸리잖아요.

큰 회사가 그러면 전체가 돌아가지 않잖아요. 문서 보관실에 규칙대로 서류를 보관하고, 시스템을 갖춰야 하는 거죠.

관리에 대한 시스템화를 강조하시는데, 투자하는 절차에서는요?

투자 절차에 대한 시스템은 만들 수 없어요. 그때그때 경기 상황에 따라서 다르고, 금리에 따라 다르고, 은행 정책에 따라 다르고, 국가 정책에 따라 다르고, 시기에 따라 다르고, 명도는 사람마다 다르고, 집 수리도 집마다 달라요.

이걸 시스템화할 수 있는 체크리스트는 만들 수 없어요. 물론 체크리스트에서도 핵심이 되는 몇 가지가 있죠. 만약 5가지 절차에 대해서는 체크리스트가 된다고 치더라도, 그걸 실현하기 위한 어떤 세부적인 전술에 대한 시스템은 만들 수 없는 거죠. 각기 사람마다 다르고 집마다 다르니까요.

📃 타이밍은 중요하지 않다

어떤 분은 시기에 따라 투자할 타이밍을 판단해서, 지금은 쉴 타임이라고 쉬시고, 다시 본격적으로 투자해야 할 타이밍이면 투자한다는 분도 있더라고요.

그건 명분이죠.

그런 것 없다?

돈 있으면 투자하고, 없으면 쉬죠.

앞으로도 계속해서?

똑같아요. 예전에는 700만 원이면 투자했다고 쳐요. 그러면 지금의 경우에는 금리나 시장 상황에 따라서 그 금액이 줄어들 수도 있고 올라갈 수도 있죠. 물론 인건비라든지 원자재비도 올라가고 물가도 올라갔으니까 그때그때 상황에 따라 다른 거죠.

앞으로도 계속해서 물건 보고 괜찮으면 투자하실 생각인가요?

네, 2011~2012년 동안 중개업을 하면서 투자를 소홀히 한 게 있어서 2013년부터는 본격적으로 하고 있죠.

투자할 타이밍도 고려하나요?

지식을 쌓을수록 보여요. 아무리 경기가 안 좋을 때도 무엇이 돈이 되는지 보이고요. 경기가 좋을 때도 무엇이 돈을 잃는지 보여요. 제일 중요한 건 지식이라고 생각하는 것도 그런 이유거든요.

지금도 매일 새벽마다 공부해요. 새벽 3~4시까지요. 일 다 끝내고 집에 가서 정리하고, 처리할 거 마무리하고, 그다음에 11시부터 3~4시간씩 공부해요. 지금은 예전처럼 특별한 주제 없이 마구 책을 읽는 건 아니에요.

이젠 지식에 대한 필터링도 할 수 있는 요령이 생겨서, 하나의 주제에 대해서 집중적으로 공부하죠. 공법이 필요하면, 공법에 대해서 공부하고, 상법이 필요하면, 상법에 대해 공부하죠. 필요한 특정 분야에 대해서 공부해요.

그러면 그 시간이 재미있으세요?

네~ 아무리 밖에 나가서 스트레스를 받아도 혼자 조용하게 생각하는 시간이 즐거워요. 아무한테 방해 받지 않고 3~4시간 공부해요. 처음에는 자기 전에 한 시간 정도는 쉬었어요.

공부에 너무 집중하다 보면 막상 자려고 누워도 생각이 많아져서 잠이 안 와요. 불면증으로 고생한 적도 있어요. 그래서 자기 전에 한 시간은 쉬죠. 휴식으로요. 일본 드라마를 본다든지 영화를 본다든지요.

일부러 쉬는 건가요? 잠들기 위해서.

머리도 식히면서 정리도 하고요.

📄 경매의 의미

경매가 본인에게는 어떤 의미인 것 같나요?

경매는 기회죠.

그 당시인 2008년으로 다시 간다고 할 때, 경매를 안 했다면 어떻게 했을까요?

저는 제 나름대로 옛날부터 장사나 사업을 많이 했으니까, 경매를 안 했다고 해도 뭔가 했겠지만, 글쎄요. 그걸 생각해 본 적이 없어서...

딱히 답을 말하긴 어렵지만, 뭔가 하기는 했겠죠. 어려운 방법을 찾든, 더 쉬운 방법을 찾았든지요.

지금 이 시기도 경매를 하면 된다고 생각하세요?

네~ 당연하죠. 똑같아요. 사람들은 '지금 김밥집이 이렇게 많은데 차리면 성공할 수 있을까?' 라고 하죠. 그런 사람들은 스파게티집 차려도 성공 못해요.

하지만 지금 김밥집이 성공할 확률이 높은지, 스파게티집이 성공할 확률이 높은지에 대해 공부하고 지식을 갈구하는 사람은 스파게티집을 해도 성공하고, 김밥집을 해도 성공한다는 거죠. 이게 내 가치관이에요.

오랜 시간 인터뷰에 응해 주셔서 정말 감사합니다. 아주 유익한 시간이었습니다. 앞으로도 멋진 투자 활동 계속하시길 기원합니다.

인터뷰를 마치며

부동산 경매를 하는 사람들이 한결같이 하는 이야기가 있다. 바로 이론이 중요한 것이 아니라, 현장이 중요하다고 한다. 법으로 진행되는 이론이 무서워서 부동산 경매를 쉽게 도전하지 못하는 사람들이 많다. 하지만 실전에서 열심히 돌아다니는 것만큼 중요한 것은 없다고 말한다.

제이원님은 현장이 중요한 것은 맞지만, 너무 많은 사람들이 제대로 알지 못하는 상황에서 무모하게 뛰어드는 경우가 많다고 한다. 제이원님은 실행에 앞서 먼저 이론적으로 자신이 부족한 것을 확실하게 공부하고 모르는 것을 파악한 후에, 현장에 가서 자신이 세운 가설이 올바른지에 대해서 조사하고 실행하며 갭을 줄이는 방식으로, 자신만의 부동산 경매 방법을 만들어 낸 것이 아닐까 한다.

끊임없는 공부를 통해 일신우일신 하며, 자신의 이론과 현실의 괴리감을 하나하나씩 제거하면, 누구나 노력을 통해 얼마든지 원하는 바를 얻을 수 있는 투자가 바로 부동산 경매라고 자신 있게 이야기한다. 여러 투자 수단 중에 부동산 경매가 가장 수익도 좋았고 투자방법도 확실하다는 이야기를 곁들이면서.

제이원님의 앞으로의 행보가 더욱 궁금해진다.

제이원님의 작업 공간과 노트북

부동산 경매시장의 마법사들

새로운 인생을 펼쳐준 부동산 경매

호빵님

블로그 http://blog.naver.com/club_dubu

어느 날 모르는 번호로 전화가 왔다. 생전 만나 본 적도 없는 사람이 나를 만나고 싶다고 연락을 한 것이다. 평소에 나를 만나자고 한 사람을 거절한 적이 없어 흔쾌히 만났는데, 그것이 계기가 되어 호빵님과의 인연이 시작되었다.

당시 부동산 경매를 본격적으로 하기 위해 부동산 경매 책을 열심히 읽고 리뷰를 올리고 있던 시기였다. 내 리뷰를 읽고 나에게 관심이 생겨 만나보고 싶다는 생각에 연락했다고 하는데, 그 당시에도 그렇고 지금도 그렇고 내 연락처를 어떤 식으로 알게 되었는지에 대해서는 전혀 알지 못한다. 그만큼 호빵님은 자신이 알아야 하는 것에 대해서는 철두철미하게 조사하고 파악하는 스타일이다.

직접 만나 보니 부동산 경매를 오래 했다는 것과 만만치 않은 실력으로 다양한 부동산 경매를 하고 있다는 것을 알게 되었다. 법정지상권, 유치권, 위장 선순위 임차인 등 부동산 경매에서 특수물건이라 하는 많은 사건을 처리한 능력의 소유자였음을 알게 되었다.

부동산에 대한 현장조사도 잘하지만, 부동산 경매에 관계된 수많은 이론적인 부분도 깊게 파고들어 공부했다는 점이 나를 놀라게 했다.

법을 공부하기 위해 법률 동영상을 수없이 돌려본 것은 물론이고, 수많은 판례를 조사해서 자신이 들어갈 사건과 비교하고, 자료를 찾기 위해 법원 관계자들을 찾아가 관련 서류를 받아 공부할 정도로, 이론과 실전을 탄탄하게 겸비한 실전 부동산 경매 투자자다.

부동산 경매뿐만이 아니다. 매해 새로운 투자를 시작하거나, 인생에 도움이 되거나 인생을 풍부하게 해줄 무엇인가를 끊임없이 배운다. 부지런히 멈추지 않고 자신의 삶을 개척해 나가는 모습은 늘 변함이 없다. 워낙 다양한 투자와 사업과 취미생활로 바빠서 만나기도 쉽지 않을 정도였다.

닉네임처럼 푸근한 호빵님의 겉모습에 속으면 안 된다. 화려한 미사여구로 성공투자라고 한 것이 사실인지 아닌지 하나씩 직접 확인할 정도로, 투자에 대해 작은 틈도 놓치지 않고 치밀하다.

그의 사무실과 서재에는 부동산 경매뿐만 아니라 투자에 대한 책과 서류가 가득 쌓여 있다. 늘 새로운 투자를 찾아다니는 진짜 투자자이다.

📝 경매입문

언제, 어떤 계기로 시작하신 건가요?

경매를 하기로 마음먹은 것은 2003년 가을 무렵이고요. 당시 회사를 운영하고 있었는데, 회사 운영하는 게 지겹기도 하고, 직원들 월급 주는 것도 어렵고, 먹고사는 게 힘들었어요. 자유롭게 내 시간을 가지면서 돈을 벌 수 있는 게 뭐 없을까 찾다가, 우연히 신문에서 부동산 경매 재직자 과정을 봤어요. 무작정 8만 원을 입금하여 강의를 신청하고, 일주일에 2시간씩 강의를 듣고 시작하게 되었어요. 그 당시가 2004년도였어요. 책 보고 수업 듣고 무작정 질렀죠.

그럼, 그전에는 전혀 부동산 경매를 몰랐던 거예요?

부동산 자체를 몰랐죠. 제 인생에 처음으로 부동산 거래를 한 것은 2001년 결혼할 때였어요. 장모님이 이쪽으로 조금 알고 있으셔서, 당시 대림역 바로 앞에 있는 럭키아파트를 "대출 끼고 아파트를 사면 손해는 보지 않을 것이다" 하시더라고요.

멋모르고 제 이름으로 계약하고 신혼집으로 들어가 사는데, 6개월 만에 5,000만 원이 올랐어요. 그게 처음이었는데 '나는 참 운이 좋다'고 믿으면서 살았어요. 나는 뭘 하면, 내가 몰라도 저지르면, 굉장히 잘 풀려요.

처음에는 권리분석이나 기타 여러 가지 과정이 막막하셨을 텐데요?

2003년도 겨울 당시 재직자 경매 강의가 6주 과정이었는데, 3회 들고 법원에 가서 하루 10개씩 입찰을 넣었어요. 문제가 없는 물건으로요. 낙찰을 받으면, 분명히 선생님이 도와줄 거라고 막연히 생각했어요. 그 강의 과정에서 2개인가를 낙찰받았어요. 그게 제 기억으로 2004년 초였어요. 임장도 잘 모르는 상태에서 시작했는데, 제가 그 강의 수강생 중 유일하게 낙찰받은 사람이었어요.

그 강사님께서 도와주셨어요?

아니요! 그냥 혼자 알아서 했어요. 요청 자체를 하지 않았어요. 낙찰받았다고 한턱내고, 알아서 혼자 마무리했어요.

처음 시작할 때 자본금은 얼마였어요?

처음 자본금은 3,000만 원이었어요. 낙찰받은 두 건이 인천 지역이었는데, 하나당 1,000만 원씩 잡고 1,000만 원은 여유자금으로 이자 내고 수리비로 쓴다고 생각했어요.

이유는 정확히 모르지만, 당시에는 그렇게 해야 안전하다고 생각했어요. 만약 3,000만 원이 잘못되면 손 뗀다고 생각했어요. 3,000만 원 이상으로 할 생각도 없었고, 딱 그 돈만으로 끝을 보겠다고 생각하고 실제로 그 돈으로만 했어요.

그 정도 돈이면 적은 돈은 아니었네요?

작은 돈인지 큰돈인지는 모르겠는데, 당시는 인천에서 부동산 경매로 빌라를 한 건당 500만 원에 살 수 있을 때였거든요. 저한테는 큰돈이었어요.

지금 시작하는 사람이 3,000만 원으로 부동산 경매를 시작한다면 어떻다고 생각하시나요?

적당하다고 봐요. 베팅할 만한 금액이고, 잃어도 부담 없는 금액이고, 충분히 승부수를 띄울 만해요. 특수 물건이 아닌 일반 물건으로 가능한 금액이죠. 저는 집에서 가까워서 인천에서 시작했는데, 지금(2013년) 시세가 2004∼2005년 시세로 돌아갔다고 봐요.

그래서 제가 잘 아는 동생들은 지금 인천에서 빌라를 많이 낙찰받고 있어요. 다만 지금은 그 당시의 제 안목과 달라서, 절대로 맨 꼭대기 층이나 반지하 물건은 하지 말라고 동생들에게 이야기하고 있죠.

그러면 어느 정도 금액이면 시작할 만하다고 보세요?

1,000만 원이면 가능하다고 봅니다. 제 친구한테도 1,000만 원만 모아오면 도와준다고 말했어요.

두 건 빌라를 낙찰받으신 후에 '이게 되는구나.' 느끼신 거죠?

그렇죠.

그럼, 그 두 건은 매매와 임대 중에 어떻게 하셨어요?

저는 물건을 고를 때 원칙이 하나 있는데, 이 물건을 5년 안에 팔지 않아도 상관이 없는 물건인지 판단해요. 바로 되팔기 위해 낙찰받은 적이 없어요.

그 이유는 이래요. 맨 처음 공부할 때 경매 강의나, 카페를 운영하는 사람이나, 유명한 사람이 하는 모임에 많이 쫓아다녔어요. 그런데 그 사람들 중에 돈을 번 사람이 없었어요.

만나서 이야기하면 새벽 2~3시에 가야 겨우(지금 생각하면 아무것도 아닌데) 대단한 정보라는 것이 나왔어요. 그런 노하우를 가지고 그 당시 기준으로 했을 때, 10년 정도 경매를 한 사람들 중 부자가 없었어요. 경매하는 사람의 약점 때문인데요. 경매하는 사람들은 너무 급하게 판다는 거죠.

그래서 급하게 팔지 않았으면 부자가 되었을 것이라는 후회들을 하더라고요. 그래서 나는 절대로 단기간에 팔 물건을 경매로 사지 않겠다는 전략을 가졌죠.

향후 5년 동안 내가 보유할 만한 집인지 판단하고, 그런 물건만 낙찰받았어요. 실제로 초창기 때 받았던 물건들 대부분을 지금도 갖고 있어요. 물론 가격은 2~3배 이상 뛰었고요.

낙찰가를 산정하실 때 매매가는 신경 안 쓰고, 임대가나 임대 수익률로 계산하신다는 이야기네요?

그렇습니다. 임대가 기준으로 200만 원 정도는 내 돈이 들어가도 상관이 없다는 계산으로 낙찰가를 산정합니다. 저는 나름대로 엄하게 하다 보니 최근 일반 물건은 낙찰이 잘 안 돼요.

임대가 기준으로 대출금리를 연 7%로 계산해요. 즉 내가 이자를 연 7% 낸다고 계산해서 취득원가에 산입을 하니 낙찰이 잘 안 돼요. 아직도 연 7%의 대출이자를 내는 게 있는데, 경락자금이다 보니 갈아타지 않고 있어요.

特 특수물건의 처리 방법

지금까지 10년 정도 하셨는데, 특수물건은 어떤 걸 해보셨어요?

어느 날 생각해보니 특수물건은 다 해봤더라고요. 지금까지 책에 나온 특수물건은 다 해봤죠.

그럼, 빌라를 받은 후에는 어떤 물건에?

2005년도부터는 빌라 시세가 점점 올라가는 시점이라 낙찰이 안 되는 거예요. 그때가 빌라 10건 정도를 받았을 때인데, 워낙 계산 방식이 엄격하다 보니 너무 낙찰이 힘든 거예요. 그래서 눈을 돌린 게 당시에 사람들이 쳐다보지 않았던 오피스텔이었어요.

오피스텔은 매매가 안 된다는 약점이 있어요. 임대수익은 좋은데, 매매가 안 되니 낙찰가가 낮았죠. 저는 싸면 무조건 산다는 전략으로 2005년도에만 20개 정도를 낙찰받은 거 같아요. 다 임대를 놓고 수익률은 좋았죠. 그때나 지금이나 수익률은 좋고 매매가 안 된다는 약점이 있지만, 부동산은 돌고 돈다는 걸 믿었어요.

결국 2008년~2009년에 오피스텔 붐이 일어나서 싹 정리했어요. 다 기회가 찾아오더라고요. 내놓고서 연락을 기다리면 부동산 중개업소에서 알아서 다 해줘요. 최대한 수리 잘하고 임대료를 높여 놨어요.

즉 수익률은 높게 해 놓고, 나는 급하지 않으니깐 찾는 사람이 있으면 연락을 달라고 말했죠. 그러니까 2008년도부터 연락이 오더라고요. 그래서 지금은 다 정리하고 오피스텔은 없어요.

그 당시에는 특수물건을 하지 않았네요?

일반 부동산만 하다가 낙찰이 힘들어 관심을 갖게 되었죠. 처음에는 명도나 인도명령 등이 법이라고는 생각하지 못하고, 사람들이 그냥 당연히 하는 것이라 생각했어요. 그런데 점점 점유자들이랑 부딪히면서, 모든 게 법이라는 걸 깨달았죠.

제가 워낙에 뭘 하면 집중적으로 열심히 하는 스타일이고, 사람들이 이상한 물건을 가져 와서 도와달라고 하니, 더 많이 공부하게 됐죠.

당시에 경매 모임을 5개 정도 나갔는데, 모임에서 사람들이 여러 사건을 이야기할 때 제가 주도적으로 하다 보니, 조금씩 실력이 늘고 나도 모르게 어느 순간 소장을 쓰고 있더라고요.

처음 했던 특수물건은?

처음은 유치권이었어요. 당시 2009년 말부터 유치권 책이 나오기 시작했어요. 2008년 오피스텔을 팔면서 새롭게 관심을 갖게 된 것이 유치권이었어요. 유치권 관련된 것만 집중적으로 공부하고 연구하고 투자해서 대략 20건 넘게 했는데, 딱 한 번 졌어요.

그런데 별 의미가 없는 게, 이겨도 돈을 번 것은 아니고 져도 손해 본 것은 아니었어요. 대개의 경우 항상 합의가 가장 좋았어요. 그렇게 시작했는데 지금은 유치권을 잘 안 해요.

특수물건 중에 유치권을 하게 된 이유는?

워낙 최저가가 낮아 조사했더니, 가짜라는 생각이 들어 도전했죠. 또 아는 사람이 같이하자고 해서 했어요. 저는 공동 투자를 싫어하는데 어쩌다 보니 하게 됐어요. 그 사람이 독산역 물건을 낙찰받아 해결을 못하고 있었거든요. 그걸 도와주면서 고생했지만, 많이 배운 계기가 되었죠.

특수물건은 높은 수익을 볼 수도 있지만, 최악의 상황이 올 수도 있는데, 그런 것은 어떤 가정을 하고 들어가셨어요?

당시 오피스텔을 팔아 제법 돈이 있었어요. 그런데 유치권은 사전조사를 해도 한계가 있거든요. 그때도 사전에 충분히 조사했지만, 자신은 없었어요.

만약 진짜 유치권이면, 최악의 경우 보증금을 포기하는 게 제 마지노선이었죠. 진짜로 포기한 적도 있어요. 그냥 날리면 돼요.

똑같은 방법으로 위장 선순위 임차인도 7건 정도 했는데, 보증금 걸고 서류 다 복사해서 진짜면 포기하는 거죠. 전략은 똑같아요. 그런데 확률적으로 진짜인 경우는 10%를 넘지 않았어요.

잔금 치르기 전에 모든 걸 완전히 파악하고, 잘못되면 보증금 포기하고, 만약 처리가 확실히 가능하면 어떻게 하나요?

그때부터 합의하기 위해 노력하죠. 법적이든 법 외적이든 최선을 다하죠. 그렇게 유치권을 하고, 그다음에는 위장 선순위 잡는 걸 했죠. 위장 선순위도 확률적으로 10건 중 9건은 가짜예요.

그 사람이 법적으로 잘 알았든 몰랐든, 법률적으로 보호받지 못하는 선순위도 있고, 고의로 짜고 악의로 한 선순위도 있지만, 확률적으로 진짜는 10%예요.

저 말고 다른 사람들도 낙찰받으면, 확률적으로 10%만 진짜예요. 10건 중 9건은 인정이 안 되는 가짜예요. 1건은 인정~! 그럼 깨끗이 포기하죠. 그런데 저는 세상에 어떤 투자도 90% 확률을 보이는 투자는 없다고 생각해요.

그런 논리로 30%가 되면 대단한 확률이라 보고 투자를 하는데, 위장 선순위가 90%니깐 그냥 한 거예요. 실제로 잔금도 치르지 않고 합의를 해서 조용히 마무리한 적도 많아요.

〓 전업투자자의 길

처음에는 회사를 운영하시면서 했는데, 회사는 언제 접으신 거예요?

2004년도에 회사를 닫을 생각을 하고 있었고, 직원들에게도 1년 후에 정리할 것이니 알아서 준비하라고 얘기했어요.

언제 부동산 경매를 집중해서 해야겠다고 마음먹으셨어요?

강의를 들을 때부터요. 강의 듣는 과정 중에 저랑 너무 잘 맞는다는 걸 느꼈어요. 분석하는 게 너무 좋았고요. 그 당시에 저를 가르친 분이 5건을 하고 강의를 한다고 했어요.

그것도 당시에는 대단하다고 생각했어요. 권리분석 등을 공부하면서, 그런 것들을 법에 근거해서 분석한다는 것이요. 또 막상 공부를 하니 저랑 너무 잘 맞는 거예요.

상당히 특이한 케이스네요? 처음부터 집중할 생각을 하셨다니?

그렇죠. 제가 전공이 전산이라 프로그램을 개발할 때 분석해서 0하고 1로 표현하는데요. 결국 부동산 경매라는 것도 권리분석이라는 부분하고 부동산 분석, 두 개가 합쳐진 것이잖아요.

권리분석이라는 것은 철저하게 법률적 근거에 의해서 Yes 아니면 No더라고요. 그게 저는 좋더라고요. 지금도 잘 맞아요.

법조인들 책을 많이 읽는데 판사, 검사, 변호사들의 느낌이 저랑 잘 맞아요. 분석하는 거 좋아하고, 혼자서 사색하고 책보고 자료 찾는 게 성격에 잘 맞는다면, 이 분야에 어울린다고 생각해요.

여기에 추가로 부동산이 붙는 것인데, 혼자서 사람을 잘 찾아가서 넉살 좋게 하는 것을 잘한다면, 부동산 경매는 평생 직업으로 좋다고 봐요.

보통 그냥 하다가, 나랑 잘 맞는다고 생각하고 본격적으로 하는데, 처음부터 느낌이 딱 왔으니 대단하네요.

여러 가지 모임에 소속되어 있지만, 경매 강의를 들은 건 그게 다예요. 제가 아는 경매 투자자가 대략 200명이 넘는데, 10년 지나서 경매하는 사람은 저 하나밖에 없어요. 살아남은 사람은요.

굳이 경매라는 분야가 아니라도, 어느 분야나 정말 좋아하고 즐겁지 않으면 끝까지 가지 못하는 것 같아요.

📋 일반 물건과 특수 물건의 차이

일반 물건과 특수물건 중 수익률 면에서 어느 쪽이 더 좋나요?

특수물건이 비교되지 않게 좋았어요. 그 이유는 푸는 과정에서 좋은 결과가 나왔어요. 저는 경매에서 만난 사람이든, 채권 관계든, 채무 관계든, 그 사람의 사정을 많이 들어주고 도와주려고 해요.

그러면 그 사람이 나를 믿기 시작하고, 자기 이야기를 해주고, 제 영업사원이 되어(문제를 해결해주면) 이 사람, 저 사람 알음알음 소개해서 많이 찾아와요.

그런 분들은 한 번 사고를 치면 계속 사고를 치고, 이상하게 사고치는 분들은 왜 그렇게 끼리끼리 만나는지, 계속 소개해서 만나요. 바이럴 마케팅으로요. 저는 입소문을 믿어요. 지금까지도 믿어요. 그게 엄청나게 크다는 걸요.

📋 물건검색과 현장조사

처음에는 어느 정도 시간을 투자해서 검색하고 임장을 하셨어요?

하루에 100개의 물건을 보고, 그중에서 마음에 드는 10개를 보러 가요. 예를 들어 처음에 간석동을 찍었다면, 간석동에 나온 물건 10개를 순서대로 돌아요. 그리고 좋은 물건을 찾으면 법정에 가서 입찰해요. 떨어지면 바로 부동산 현장에 가서 또 임장을 했죠. 그중에 실제로 입찰할 물건은 3~5번 정도 갔었어요. 부동산 조사하려요.

저는 방에 온통 지도로 싹 도배를 했었어요. 지도에 갔던 곳을 다 체크하고, 메모지에 언제 어느 부동산 중개업소에 갔는지, 공인중개사 명함 뒤에 시세 등을 다 적어 잘 모았어요. 아직도 그 명함집은 갖고 있어요.

빌라 현장을 갔을 때 내부는 다 보셨나요?

저는 넉살이 좋아 90% 정도는 내부를 봤어요. 처음에는 못했지만요. 사람이 있으면 90%는 봤어요. 사람이 없으면 아랫집, 윗집, 옆집 순서대로 봤어요. 아이들이 쿵쾅거리는지, 누수는 없는지 보려고 했죠. 보려고 노력했어요. 그날이 안 되면 다음에라도 꼭 봤어요.

임장을 3~5번 갈 수밖에 없는 게, 아침, 점심, 저녁 시간대별로 집을 보려고 했고, 사람을 보려고 했고, 공인중개사에게 매매, 임대 시세를 물어봐야 하니까, 그럴 수밖에 없었죠.

안 보고 입찰하신 적이 있나요? 그렇다면 그 차이점은요?

있었는데 후회를 많이 했어요. 경험이 미숙해서 그랬었죠. 임장을 가서 부동산 중개업소 사장님이랑 이야기를 많이 하는 편인데, 사장님이 말씀을 잘하셔서 1~2시간 이야기하다 친해졌어요. 그러다 보니 해가 떨어지고 어두워졌죠.

저는 무조건 해 떨어지면 물건이 안 보여서 철수하는데, 그날은(저녁 7~8시 정도였는데) 물건이 잘 안 보였지만 가는 길이라 봤어요. 깨끗하고 지하철역 바로 앞이라 마음에 들고, 가격도 싸고, 그런데 기일이 좀 촉박해서 그냥 입찰했는데, 낙찰이 됐어요.

그날 현장에 가자마자 가슴이 덜컥했어요. 바로 앞에 고압선이 지나고 있더라고요. 그걸 해 떨어져서 못 봤어요.

어떻게 하나 고민했는데, 너무 싸게 받아서 저희 누나가 살고 있어요(웃음). 집이 좀 큰 편인데, 지금까지도 살고 있어요. 딱 하나 약점이 고압선이 지나간다는 거예요.

그럼, 어두워진 다음에 임장 가는 건 반대하시나요?

저는 반대해요. 점유자를 만나러 가는 거면 상관이 없는데, 부동산 보러 가는 거라면 반대해요. 현장 파악이 힘드니까요.

그럼 평일에 다니신 건가요?

네, 저는 평일에 다녔죠. 시작하자마자 전업 투자자와 마찬가지로 여기에 뼈를 묻겠다고 생각하고 승부를 걸려고 했죠. 저는 남들처럼 투잡으로 해보다가, 잘되면 계속 하겠다가 아니라, 이거 아니면 더 이상 갈 길이 없다는 심정으로 좀 더 치열하게 했죠. 모임에도 많이 나갔고요. 공부도 많이 했고, 그 당시에 경매 책만 200권 정도 구입했고, 지금도 갖고 있어요.

현장 조사할 때 기록과 사진을 남기나요?

지금도 그렇게 해요. 저만의 조사 보고서가 있어요. 지금도 그걸로 작성하는데, 메모를 많이 해요. 그 메모를 보면 미처 놓쳤던 부분을 발견하기도 해요.

그 양식은 저에게는 노하우예요. 그 자체가 노하우인 게, 그 양식을 쓰는 방식과 메모 자체도 저만의 방법으로 특화시킨 거죠. A4용지의 어느 곳에 쓰느냐에 따라 의미가 달라져요. 하나 하나 다 의미가 있어요.

물건 검색은 어떤 식으로 하세요?

제 컴퓨터에는 물건 검색 순서 리스트가 있어요. 지역별로 검색하고, 물건별로 검색하고, 특수물건 검색하는 식으로 하죠.

그러면 지역을 먼저 선정하신다는 거네요?

그 순서는 3개월마다 변경하는데, 신문 기사나 이슈 되는 지역이 나올 때마다 중요도를 올리거나 내리죠. 지금은 양보다 질로 하고 있어요.

예전처럼 검색을 많이 하지는 않지만, 지금도 검색을 계속하기는 해요. 실제 조사하고 입찰하는 것은 거의 낙찰이 돼요. 이상한 것만 검색하고 입찰에 들어가니까요.

📝 경매 물건보다 경매 사건에 집중

그럼 지금은 어떤 식으로 하세요?

최근에는 주기가 없어요. 1년에 잘해야 2~3건 낙찰을 목표로 하고 있어요. 개인적으로 '소송은 1년에 한 건 정도만 하자'예요. 1건만 계속 돌려도 쉽지 않고 하는 것이라, 낙찰 목표를 1년에 3건 정도로 잡고 연수익으로 따지면 1억 정도?

그러다 보니 요즘은 검색도 많이 안 해요. 이상한 물건이 매번 나오는 것도 아니라서, 한 달에 한 번만 날 잡아 검색해도 다 걸리거든요.

이상한 것들은 현장 조사를 굳이 할 필요가 없어요. 시세는 그리 중요하지 않거든요. 주로 경매 사건에 관련된 당사자들이 어느 정도의 능력이 있고, 재산 상태가 어떤지가 더 중요한 경우가 많아요.

현장이 중요하게 생각되는 물건이 요즘은 별로 안 나와요. 의미가 없어요. 어차피 이해당사자들이 내 물건을 사 줄 수밖에 없는 그런 물건들을 찾거든요. 워낙 경매의 분야가 다양하기 때문에 이런 경매도 가능하다는 것이지, 모든 경우가 다 해당되는 것은 아닙니다.

부동산 경매에서 물건보다는 경매 사건에 집중하신다는 거네요?

그럴 수밖에 없는 게, 지금(2013년)은 부동산 가격이 떨어졌고 단기간에 오를 가능성이 없어요. 부동산 자체를 바라보고 지금 경매를 시작한다면, 그건 좀 아니라고 생각해요. 물론 내가 계산한 월세에 맞춰서 낙찰을 받아 임대를 놓고 보유한다면 괜찮아요.

하지만 매매를 생각해서 낙찰받는다면 이건 굉장히 위험한 도박, 즉 베팅이라 생각해요. 저는 그래서 부동산이랑 상관없이 경매 사건에 집중해요. 반드시 내 물건을 사 줄 수밖에 없거나, 매매가 안 되도 이해당사자들과 관계를 잘 풀면, 거기서 나오는 수익이 큰 물건을 찾죠.

그럼, 지금은 불특정 다수가 아니라 당사자가 있는 것만 하시겠네요?

그렇죠~~ 돈이 있는 사람~!

검색하다 본 것을 다른 사람에게 이야기한 적은 있나요?

아니요, 그런 적은 없어요. 다만 사건번호 알려주고, 이 물건 알아보라고 한 적은 있어요. 사람마다 보는 물건이 다르고 선호하는 물건이 달라서요. 나한테 좋은 물건이 다른 사람에게 나쁜 물건일 수 있어요.

또 제 성격상 물건을 소개하면 뒤처리까지 해줘야 해서, 소개는 하지 않아요. 제가 이야기하면 뭔가 있는 게 아닐까 하는 생각으로 접근할까 봐 이야기를 못해요. 그래서 잘 안 해요.

언제부터 양보다 질로 가야겠다고 생각했나요?

한 50개 정도부터? 그 정도 되니깐 안 되더라고요. 그 전부터 무리라는 생각은 했는데, 워낙 싸니깐 주워 담았어요. 70개 정도까지는 갔는데, 저 같은 경우 일반 매매로도 했어요. 싸게 나왔는데 놓치기는 아깝고 해서요.

📑 경매 공부 방법

처음에 경매 공부는 어떤 식으로 했어요?

그 당시에 경매라고 쓰여 있는 책은 전부 다 읽었어요. 지금도 많이 갖고 있는데, 그게 많이 도움이 되었어요. 책들이 다 비슷비슷해서 빨리 읽을 수 있었어요.

나중에는 책에 나온 공개된 내용이 아니라, 공개할 수 없는 내용이 궁금해서, 직접 저자를 만나서 친분을 쌓고 이야기를 들을 수 있었어요. 결국에는 부동산 경매를 만들어가는 과정까지 알게 되었죠.

부동산 경매를 공부할 때 가장 효율적인 방법은 뭐라고 생각하세요?

처음에는 강의, 그다음에는 책! 그런데 사실 책하고 강의는 순서를 정하기 애매해요. 책하고 강의 순서를 정하기 애매하지만, 저는 무조건 강의를 먼저 이야기해요. 시간 대비 효과가 좋으니까요.

강의는 나보다 먼저 앞서간 사람의 이야기를 듣는 것이니까 그만큼 시행착오를 줄일 수 있고, 강의를 들은 후 책을 고르더라도 내가 보는 눈이 생기잖아요. 비록 강의료가 많이 들어가지만 비용이 아깝지 않아요. 돈을 들이면 그만큼 시간이 단축되죠.

강의를 들으려면 좋은 강의 나쁜 강의 따지지 말고, 무조건 아무 강의나 하나 들으라고 이야기해요. 강의를 듣기 전과 듣고 난 후의 본인이 달라지기 때문이죠.

책을 읽어도 좋은 책 나쁜 책이 아니라, 본인에게 맞는 책을 고를 수 있게 되고, 이해도 빨라지죠. 저는 무조건 강의가 먼저라고 생각해요. 그리고 사람에 대한 공부는 마지막으로 해야 해요. 워낙 사기꾼이 많아서요.

실전에 좀 더 깊게 들어가기 위해 어떤 공부를 하셨어요?

민사집행법하에서 부동산 경매가 이뤄지기 때문에, 부동산 경매를 전문적으로 하려는 사람들은 똑같은 순서로 공부할 것이라고 봐요. 그런데 민사집행법의 한계가 있거든요. 그 한계를 느끼는 순간 공부를 더 깊게 할 것인가, 포기할 것인가의 순간이 온다고 봐요.

민사집행법은 경매로 낙찰되고 배당하면 그것으로 끝이거든요. 그 다음 단계부터 벌어지는 일은 민사집행법으로 해결이 안 돼요. 그래서 그때부터 연구하고 공부하게 된 게 민법이에요. 상대하는 게 회사면 상법을 공부하게 되고, 사람이면 민법을 공부하는데, 그 풀어가는 법을 알아야 하니 민사소송법을 공부하게 되죠.

그래도 안 되면 강제집행면탈이니 형사적인 문제니 하다 보니, 형법과 형사소송법도 공부하게 되어 저절로 범위가 넓어지게 되죠. 내가 하려고 한 것이 아니라, 바로 앞에 있는 법 자체로는 해결이 안 되니까 어쩔 수 없이 공부하게 됐죠.

독학으로 동영상 강의를 듣고 법전을 찾아 읽었죠. 틈나는 대로 지금도 강의를 보고 있어요. 그걸 처음부터 끝까지 몰아서 보면 힘들고, 내가 어떤 문제가 생기면, 그 부분에 해당하는 동영상하고 자료들을 집중적으로 보고 듣고 하죠. 그래야 기억에 잘 남으니까요.

그걸 가지고 내가 하고 싶은 이야기들을 글로 써서 법원에 제출했죠. 이런 부분, 저런 부분에 대한 문제가 생겨서 하다 보니까 결국 다 봤더라고요. '참 많은 일을 했구나.'라고 생각하죠.

필요에 의해서 공부를 했다는 말씀이네요?

그렇죠. 제가 사법고시를 공부하는 게 아니잖아요. 처음부터 스케줄을 짜서 한 것이 아니라, 해당 부분들에 대한 일이 터지다 보니, 그 부분을 해결하기 위해 집중해서 공부하게 된 거죠.

이론과 실전에서 무엇을 먼저 추천하시겠어요?

각자 스타일에 따라 이론을 먼저 공부하고 실전을 하는 사람도 있고, 실전만 하다 이론을 공부하는 사람도 있어요. 그런데 사실 어떻게 시작해도 똑같다고 봐요. 이렇게 시작하나 저렇게 시작하나 어느 지점에서는 결국 만나게 되거든요. 물론 중간에 도태될 수도 있지만요.

이론부터 먼저 시작한 사람은 실전을 하면서 부족한 부분을 메우게 되어 있고, 실전을 먼저 시작한 사람은 하다 보면 이론이 막히게 되어 있어요. 우리가 하는 모든 일이 법에 관련된 일이니까요. 그래서 이론을 열심히 공부하게 되죠.

결국 어느 지점에서는 만나게 되더라고요. 제 주변에도 오래 살아남은 사람들을 보면, 처음에는 다들 실전이 중요하다고 생각해서 막 해요. 하지만, 하다 보면 어느 순간 법을 공부하게 되더라고요. 저도 마찬가지고요. 부족한 부분이 생기니 그렇게 되더라고요.

어떤 것부터 시작하든 그리 중요한 것은 아니에요. 자기에게 맞는 것부터 시작해서 하다 보면, 어느 순간 더 완벽해지죠. 그렇게 부족한 것을 채우다 보면, 결국 어느 지점에서 다 만나게 되더라고요.

처음 시작하는 사람들에게 중요한 것은 무엇이라고 생각하나요?

우선 부동산이 중요하죠. 우리가 하는 건 부동산 경매이고, 경매보다 부동산이라는 단어가 앞에 있죠. 그래서 부동산이 더 중요해요. 우리가 경매를 하다가 잘못 받아 실패하더라도, 부동산이 실패하지 않으면 돈을 벌어요. 그런데 경매를 아무리 잘해도 부동산이 실패하면 결국 손해를 보게 되어 있어요.

핵심은 부동산이라는 거죠. 그 이야기를 꼭 해줍니다. 부동산을 보는 안목은 책을 봐서는 알 수 없죠. 책만으로는 해결되지 않아요. 저도 유명한 분들 좇아 다녀보고, 토지 공부할 때 따라다니면서 물어도 보고 했지만, 이건 시간이 어느 정도 쌓여야 되더라고요. 이상하게도 그렇게 현장을 돌아다니는 분들은 책을 쓰지 않아요.

실력이 예전보다 늘었다고 생각될 때는 언제였어요?

제가 카페를 100군데 정도 가입해서 보는데, 카페에 질문이 올라와 보자마자 답이 나올 때요. 지금도 계속 공부를 하고 있지만, 가끔 막히는 질문이 나오기도 해요. 그런데 그 부분은 실제로 경매와는 상관이 없는 내용이에요. 사람들은 경매 관련 질문이라고 올리는데, 그 질문에 대한 핵심은 경매와는 상관이 없는 거예요. 다른 곳에서 풀어야 하는 문제죠.

글이나 이야기에서 잘못된 용어나 이상한 점이 저절로 보이나요?

네, 평소에 제가 다른 사람들의 책이나 글을 읽을 때, 잘못된 용어나 실수를 잘 발견하거든요. 그런 걸 알고 있어서, 비슷한 내용이나 주제가 나오면 더욱 유심히 보게 되고, 더 눈에 잘 들어오는 것 같아요. 정확하게 보이는 것은 아니지만, 이상하다고 생각하고 찾아봐요.

📝 NPL과 배당에 대해

현재 부동산 경매에서 NPL이라는 것이 유행하고 있는데, 언제부터 알고 계셨어요?

2006년인가 2007년에 처음 들었어요. 그때 들은 이야기가 "IMF 때인 98년에 부실채권을 거래해서 엄청나게 대박을 맞은 사람이 있는데, 지금까지도 배당을 받고 있다"는 거예죠. 그 사람은 작년에도 배당을 받았다고 하더라고요. 그게 아직도 끝나지 않아 내후년 정도에 끝난다고 해요.

그 이야기를 그 당시에 듣고 '아니, 그런 게 있단 말이야!' 하고 계속 관심을 가지고 있었어요. 채무자가 은행 이자를 연체하면 경매에 들어가잖아요. 그 이전에 은행하고 접촉을 해서 인수하면 돈이 되겠다는 생각은 계속하고 있었어요. 관심을 가지고 있다가, NPL이라는 시장을 알고 NPL을 인수하게 되었죠.

그럼 은행에 가서 직접 NPL을 인수하신 건가요?

아니요. 은행에 가도 개인은 상대를 안 해줘요. 은행 규정상 개인하고 할 수가 없어요. IMF 때 대출 채권들이 유동화되어 외국 자본에 넘어갔죠. 그 당시에는 유동화라는 개념도 없었죠. 외국계 회사들이 그걸 팔아 엄청나게 돈을 버는 걸 보고 은행도 뒤늦게 깨닫게 된 거죠.

그래서 몇몇 은행들이 자회사를 만들어, 은행이 직접 매각을 안 하고 자회사에 넘겨요. 자회사에서 하다 하다 처리가 안 된 것들을 공개 입찰로 매각하죠. 그 입찰도 아무나 못 하고 일정 규모가 있는 회사가 하거나, 몇 회사가 컨소시엄을 만들어 입찰해서 나눠 갖는 형태죠.

그런데 그걸 하나하나 살펴 볼 시간이 없으니까, 뭉텅이로 나눠 가져요. 재수죠. 그런 단계들을 거치고 거친 채권을 받게 되는 거죠.

은행에서 몇 단계를 거친 부실채권이 나오는 거네요?

그럴 수밖에 없죠. 내가 상위 단계를 건드릴 수 있는 능력이 안 되잖아요.

그러면, 인수할 때 물건들을 어느 정도 검토하세요?

검토 전혀 못 해요. 대신 싸잖아요. 총액 얼마에 몇 프로 할인하여 사는 거죠. 검토해서 고를 만하면 그만큼 가격이 올라가죠.

시중에 알려진 NPL은, 은행 같은 곳에서 할인해서 사거나, 직접 낙찰받는 방법으로 투자한다는데, 그것과는 다른가요?

저는 무담보 부실채권이에요. NPL을 크게 분류하면 담보부와 무담보부가 있어요. 담보부 NPL은 은행이 설정한 근저당권을 론세일이나 채무인수 방식으로 계약하여 배당수익을 얻거나, 직접 근저당을 이용해서 싸고 확실하게 인수하는 투자 수단이에요.

담보부 NPL은 일반적인 NPL 투자 방법이고요. 제가 투자하는 것은 무담보 NPL로 훨씬 더 어렵죠. 담보 없이 일명 쓰레기라고 하는 NPL이에요. 모 아니면 도예요. 하다가 안 되면 저는 아예 태워 버려요.

직접 경매로 넣으신 적도 있어요?

예, 있어요. 경매로 매각은 1년에 1~2건만 해요. 왜냐면 어떤 특정 해에 수익이 많이 나면, 법인세를 많이 내기 때문에 나눠서 하죠. 작년에도 하나 넣어서 했고요.

그러면 경매 넣는 것은 날짜를 우선순위로 하나요?

그런 것과는 전혀 상관없어요. 저는 담보가 없기 때문에 강제경매를 해요. 저보다 선순위 채권자도 있고요. 이럴 때는 선순위를 깨야죠. 즉 민사집행법으로 하는 것이 아니라 민법으로 하는 거예요. 무담보 NPL은 선순위를 안 깨면 돈이 안 돼요. 겉으로 봤을 때는 선순위 채권자가 있어서, 배당받지 못하니 NPL 자체로는 쓰레기예요.

그래서 선순위를 깰 수 있는지를 파악해야 해요. 그걸 판단하는 게 능력이죠. 논리는 똑같아요. 이게 진짜인지, 가짜인지 제삼자는 알 수 없어요. 소송을 걸어야만 알 수 있어요. 소송 걸어서 진짜면 "죄송합니다" 하고, 가짜면 깨는 거고요.

작년에 선순위로 있는 국내 모 은행을 깼어요. 대박이었죠. 법적으로는 하자가 없어요. 법적으로는 하자가 없는데 하자를 찾았죠. 은행을 믿지 말아야 해요.

깬다는 의미가 뭐예요?

모 은행의 배당금을 빼앗아 왔어요~! 너희 배당금은 인정 안 된다고 하면서...

배당 신청금액이 잘못되었다는 건 금액 자체예요? 이자 부분이에요?

이자 부분이 잘못되었어요. 은행이 청구할 수 없는 이자를 청구했어요. 그래서 그걸 빼앗아 왔어요. 즉 은행을 상대로 배당이의 소송을 걸어서 이겼어요. 소송비용은 얼마 안 돼서 그건 청구 안 했어요.

저당 금액 자체는 건드릴 수 없는 거고, 어떤 부분을 건드릴 수 있나요?

이자도 가능하고, 원금도 건드릴 수 있고, 다 건드릴 수 있어요. 법적 하자만 있으면요.

뭘 근거로 하나요?

민법에 다 있어요. 그런데 겉으로는 다 알 수 없어요. 일단 경매를 집어넣으면, 은행에서 배당을 받기 위해서 경매원인서나 채권계산서 등을 제출하잖아요. 거기서 하자를 찾는 거죠. 담당자가 실수를 할 수도 있고요. 얼마든지 가능합니다.

하자를 이자 부분에서 찾나요? 서류를 계속 보나요?

둘 다요. 이자는 기본적으로 보고요. 원금도 봐요. 관련 서류도 보고, 다 봐요. 최대한 빼앗아 올 수 있는 건 빼앗아 와요.

경매 책들을 보면 유행따라 순서대로 나오잖아요. 유치권이 나오고, 법정지상권이 나왔다가, 공유지분이 나왔는데, 지금은 배당 책이 한참 나오죠. 그런데 배당은 생각보다 어렵거든요.

그래서 그걸 제대로 해 본 사람도 없어요. 그나마 김○○씨가 배당 관련 책을 쓰셨죠. 저는 배당이 돈 된다는 걸 5년 전부터 알고 있었고,

배당을 계속 파고들었어요.

우리 경매 계장님들이 너무 바빠서 배당까지 잘 신경을 못 써요. 그래서 배당 계산을 정말 많이 틀려요. 틀리더라도 배당이의 절차로 정정하면 된다는 논리로 이야기해요.

결국 NPL을 하려면 배당을 알아야 해요. 배당 계산을 공부해 보면 재미있고, 아직까지는 배당이 블루오션이라 할 수 있어요.

배당이 블루오션이라고 하면, 결국에는 NPL이잖아요?

제가 생각했던 게 있어요. 배당기일에 경매 법정에 가면 복잡하게 얽힌 물건들이 있어요. 그 사건의 배당기일에 이해당사자들이 오면 "내가 못 받은 배당금 받아줄 테니 나눠 먹자" 할 수도 있어요.

실제로 그런 적도 있나요?

실제로 접촉은 해봤는데, 그 사람들이 나를 안 믿더라고요.

그렇겠죠. 그럼 배당하고 NPL을 연결할 수밖에 없네요?

배당 공부를 해놓으면 여러 가지를 응용할 수가 있어요. 그게 상속까지 연결되더라고요. 배당 방법이 상속 배당 방법하고 똑같아요. 그런데 사람들이 거기까지 몰라요.

저도 처음 듣네요.

왜냐하면 상속 관련해서 배당을 해 본 사람이 없거든요. 변호사나 법무사도요. 그래서 문제가 생기죠.

그럼 일반인이 한다고 하면, NPL을 배당받기 위해서 하는 건데, 그걸 감안하고 인수하면 되나요?

그걸 감안하고 인수하면 가능합니다. 그냥 NPL로 돈을 버는 것은 쉽지 않은 일이에요. 은행이 바보가 아니잖아요. 은행 담당자들도 이 제는 공부를 많이 해서, 세상에 좋은 채권은 없어요. 은행이 미쳤다고 돈이 많이 남는 채권을 싸게 팔겠냐고요. 안 팔아요.

그래서 지금 NPL 강사들이 접근하는 방식을 보면, 어떤 새마을금 고라든지 신협이라든지 이런 곳을 접촉해서, 원금하고 이자를 다 지 불하고 인수를 해와요.

그러면 뭘 하냐? 그 이후부터 발생하는 이자를 먹겠다는 거예요. 왜 그러냐면 연체 이자가 18~20% 거든요. 경매가 끝나고 배당까지 가려면 6~8개월 걸리니, 그 이자를 먹으라는 식이죠.

그렇게 하면 은행이 팔 수도 있겠지만, 새마을 금고나 신협이 선순 위인 경우가 많지 않아요. 후순위 대출인 경우가 더 많아요. 만약에 그 렇게 해서 인수했는데, 선순위 채권자를 깨면 대박이죠.

호빵님이 생각하는 배당 수익은 제2금융권 저당권을 인수해서, 1순위 인 시중은행 배당을 분석해서 깬다는 얘기네요? 최근에 저축은행 물건 이 NPL로 많이 나오기는 하죠.

제1금융권은 그걸 못 팔게 되어 있거든요. 그래서 그래요. 새마을 금고나 신협 같은 경우에는 그게 가능하거든요.

결국에는 배당 공부를 해야 한다는 건데, 어떤 식으로 배당 공부를 해야 하나요?

글쎄요. 그건 딱히 정답이 없네요. 그냥 열심히 배당 책으로 우선변제금이나 세금 같은 것을 열심히 공부하는 방법밖에 없어요.

시중에 나와 있는 배당 관련 책으로 문제 풀고 공부하는 방법밖에 없다는 이야기네요?

현재 굳이 따지자면 블루오션이 배당밖에 없어요. 경매는 이제 다 공개가 되었는데, 배당은 아직까지 미지의 세계인 거죠.

말씀하신 바에 의하면 공개가 되어도 쉽지 않네요?

아직 많이 공개되어 있지 않으니까요.

하지만 공개가 되어도 배당 분석을 제대로 할 수 있어야 하니, 공개된다 해도 누구나 쉽게 할 수 있는 건 아니죠?

대부분 소송까지 가야 해요. 내가 배당이의를 해도, 상대방이 인정하는 경우가 없어요. 일목요연하게 "네가 이러이러해서 이 돈은 받으면 안 돼"라고 해야 그때 가서 겨우 인정할까 말까라니까요. 거의 100%가 소송이에요. 배당이의는 합의로 끝나는 경우가 거의 없어요.

은행이 잘못되었다는 것을 몰라서 그러는 건가요?

아니요. 저는 안다고 생각해요. 모를 리가 없어요. 전문가들이잖아요. 배당의 기본 속성상 이의제기가 기본이거든요. 이의제기를 안 하면 인정되는 거예요. 그건 어쩔 수 없어요. 민법이 그렇게 되어 있어요. 그래서 이의제기를 할 수밖에 없죠.

경매계장도 배당을 자세히 알기 어려워서, 채권자가 제출한 대로 하는 거고요. 내가 볼 때 은행 담당자는 알아요. 그런데 은행 규정상 일단 배당을 청구하라고 되어 있어요. 자신들의 수익이니까요.

그럼 내가 인수를 한 후에 관련 서류를 전부 복사해서 봐야겠네요?

예! 채권계산서를 봐야 하니까요. 채무자가 제일 정확하게 알겠죠. 그래서 채무자와 만나서 이야기 들어보고 이상하다는 생각이 들면, 배당이의를 하는 거죠. 지금 배당이의 소송을 두 개 진행하고 있어요.

대부분 채무자를 만나나요?

채무자한테 이야기도 듣고, 채권자가 제출한 서류도 보고요. 더 중요한 것은 대법원 판례가 계속 변경된다는 거죠. 계속 소송하기 더 좋은 환경이 되고 있어요.

채무자 만나는 게 쉽지는 않을 것 같은데요?

경매 나온 곳에 살고 있거나 연락이 되면 만나거든요. 제가 만났던 채무자는 경매를 한 번 취하하고 밀린 이자 200만 원을 냈고, 경매 진행 비용 포함해서 500만 원을 은행에 줬다고 하더라고요.

은행이 경매를 신청할 때 먼저 예납을 하고 환급으로 돌려받거든요. 그런데 경매가 취하되었는데도, 은행이 환급금을 계산하지 않고 다 배당받은 거예요.

그 물건은 예납금이 최대 200만 원 정도 되고, 채무자가 그 200만 원을 줬다고 하니, 은행은 법원에서 100만 원 이상 환급받았을 거예요. 그러면 그 돈을 돌려받을 수 있죠. 나중에 은행을 찾아가 봐야죠.

특수물건 중에 NPL이 가장 좋나요?

제가 갖고 있는 NPL은 부동산 경매와 상관이 없고요. 제가 생각할 때 지금 부동산 경매에서 특수물건이 있나요? 다 공개가 되어서 이제는 특수물건이 없다고 생각해요. 누구나 할 수 있다고 생각해요.

그렇죠. 법도 계속해서 그런 것을 제외하는 쪽으로 가고 있으니까요.

정보라는 게 결국 그래요. 그것이 정보냐 아니냐의 판단 기준은 얼마나 많은 사람이 아느냐 모르냐에 달렸는데, 이제는 다들 많이 알고 검색하면 인터넷에 다 나와요. 그래서 이제는 특수물건이 없다고 생각해요. 대신 이제는 특이한 상상을 많이 해야 한다고 생각해요.

저는 어디 가서 강의를 하면 이런 말을 많이 해요. "이 물건이 왜 경매가 되었을까?" 그 원인을 반드시 파악해보라고요. 그러면 그 원인 관계 속에서 무엇인가 분명히 나온다는 거죠. 바로 그게 돈이라고 이야기해요.

제가 3억 가지고 100억짜리 물건을 흔들고 있어요. 이게 처음에는 부동산 경매와 상관이 없었어요. 그런데 원인을 찾다 보니 그 원인이 거기에 있더라고요. 그래서 지금은 100억원짜리를 잡고 흔들게 되었죠.

이제 부동산 경매가 워낙 대중화되고 일반화 되고 보편화 되어 수익은 줄었지만, 그 와중에서도 내가 정말로 수익을 찾으려고 노력하고 공부를 많이 해서, 그 사람들의 가려운 곳을 해결해주면 된다고 생각해요. 이게 성공하는 방법인 거죠.

채무자들이 경매를 당했을 때는 그만한 우여곡절을 겪었다고 보고, 경매가 끝나도 여전히 해결이 안 된다고 봐요. 채무자들, 점유자, 임차인, 누가 되었든 간에 이해 당사자들의 문제점을 해결해 주면, 내게도 도움이 된다고 봐요. 물론 내가 능력이 된다는 전제하에서 말이죠.

📝 고수의 의미

고수라는 단어를 싫어하는 분들도 있지만, 고수의 정의는 뭐라고 보세요?

저도 마찬가지로 고수는 없다고 생각해요. 순간순간 잘하고 못하고는 있지만, 고수는 없어요. 열심히 하는 거죠. 잘하려고 노력하는 사람은 있을 수 있어요. 고수는 없어요. 그렇게 생각하는 순간에 자만하게 되고, 무엇인가 실수하게 되죠.

대부분의 실수는 그런 사람들에게서 나와요. 큰 실수가요! 지금 그런 사례들이 무척 많아요. 그런 사람들이 물어물어 찾아오는데 유명한 사람들이 많아요.

그래도 정의를 내린다면?

굳이 이야기하자면 상상력이 뛰어난 사람이 고수라고 생각해요. 같은 물건인데 다르게 생각하는 사람~!

상상력이 뛰어난 사람?

제가 인터넷이나 주변을 통해 그런 사람들을 주목하고 만나려고 해요. 똑같은 물건을 다른 상상력으로 풀어낸 사람들의 글을 읽으면, 만나려고 노력하고 쪽지를 주고받기도 해요. 곧 만날 분도 있는데요. 그분이 의외로 굉장히 많은 건에 연루되어 있는데, 경매판에서 전혀 노출이 안 된 사람이에요.

부동산 경매에서 성공하기 위한 가장 중요한 요소는 무엇이라고 생각하세요?

제가 생각할 때는 열정과 노력이라고 생각해요. 이건 모든 일에 다 공통이라 생각해요. 남들이 한 번 볼 것을 나는 두세 번 보고 조사하고, 직장인들 주말에 놀고 싶을 때 투잡으로 주말에 열심히 임장하고 조사하는, 그런 열정과 노력이 제일 중요한 것 같아요.

즉 이걸 경매에 접목한다면 분석력이 아닐까 해요. 법률적으로 분석을 해야 하니까요. 내가 무슨 일을 할 때 승자의 입장이라면 거리낄 게 없는데, 내가 불리한 입장이라면 상대방한테 놀아나게 되죠.

그 원인도 분석력이죠. 그런 물건을 잘 분석해서 입찰하지 않아야 되는데, 분석을 못해서 잘못 받은 거잖아요. 결국 분석하는 힘이 경매를 잘하는 요령인 거 같아요. 물론 부동산을 보는 안목도 필요한데, 그건 기본이잖아요. 그건 말하나 마나 부동산이니 당연하죠.

🗒 도로의 낙찰

저번에 말씀하신 내용이 생각나서 물어보는 건데요. 도로를 낙찰받은 분을 도와주신 적이 있잖아요. 어떻게 되었어요?

그건 실패했어요. 공로와 사로가 연결된 걸 낙찰받고 사용료를 받으려고 했는데, 결국 졌어요. 도로를 쓰는 사람들한테 사용료를 청구하면, 비싸게 사주겠지 하고 낙찰받았는데요.

도로는 청구할 수 있는 도로와 청구할 수 없는 도로가 있는데, 그건 사전에 조사하면 알 수 있어요. 그 도로는 청구할 수 없는 도로였어요. 그분이 실수했죠.

변호사가 사용료를 받을 수 있다고 해서 낙찰받았는데, 2심까지 가서 졌어요. 제가 진다고는 했는데, 결국에는 그렇게 되었네요. 그건 재개발이 되어 팔거나, 자식들에게 물려주거나, 경매로 넘기는 방법밖에 없어요.

도로가 경매로 꽤 많이 나오는데 어떤 관점에서 바라봐야 할까요?

핵심은 매입할 수 있게 강제할 수 있느냐, 사용료를 청구할 수 있냐인데요. 이건 누구나 다 알고 있는 거고요.

도로를 사용하는 사람들에게 사용료를 청구할 수 있으면, 봉이 김선달처럼 땅 사용료만 받으면 되죠. 이걸 판단하는 기준은 아주 간단해요. 사용하는 사람들에게 도로의 원소유자가 사용 수익권을 포기했느냐 포기하지 않았느냐만 파악하면 돼요. 의외로 간단해요.

그분은 법을 잘못 봐서 실수했어요. 그건 민사집행법 같은 것을 보면 안 되고요. 건축법을 봐야 하는데 그걸 잘 몰라서 실수한거죠.

그걸 낙찰받은 사람이 법대 나오신 분이에요. 판례도 건축법과 관련되어서 나오는데, 몰랐던 거죠. 도로는 돈이 된다고만 생각한 거죠.

사용료 받을 수 있다고 생각하고 한 거네요?

제가 처음부터 말렸어요. 청구할 수 없는 도로라고. 낙찰받고 잔금 내고 소송할까 말까 고민하다 찾아왔더라고요. 변호사가 된다고 했다면서 말이죠.

끝까지 변호사가 된다고 하면서 소송으로 갔는데, 변호사도 잘못 판단한 거죠. 변호사라고 모든 걸 다 아는 것은 아니에요. 상대방 변호사 비용까지 다 물어줬어요.

그러면 그 변호사의 법적인 근거는 뭐였어요?

그 변호사의 논리는 대법원 판례도 잘못되었다는 거죠. '이건 말이 안 된다. 개인의 재산권을 침해할 수 있냐'고 했는데 그건 침해할 수 있는 거예요. 사람마다 생각하는 바가 다르니까. 결국에는 졌어요.

📋 상가 내 독점약국

상가 내 독점 약국 건이 있던 걸로 기억하는데 어떻게 되었나요?

상가 내에 있던 약사님은 충분한 보상을 받고 옮겼어요. 그 사건으로 약국을 전문적으로 컨설팅하는 사람이 3,000만 원 정도의 수수료를 받는다는 것을 알게 되었죠. 약국을 낙찰받은 사람은 병원의 원장이었어요.

처음에는 원장이 낙찰자가 아닌 것처럼 행동하기에, 원장 아니면 우리는 합의 안 한다고 했죠. 낙찰자가 원장인 거 다 아니까 빨리 오라고 했죠. 협상 나온 사람이 전화하고, 10분 기다리니 원장이 왔어요. 잘 합의하고 보상금 받고 이사했죠.

병원이 잘 되는 곳이었나요?

그 병원이 아니면 건물 자체가 다 죽을 정도였죠. 그 원장이 말하기를, 경매 나온 약국 자리의 상가 주인이 무척 유명한 약사였대요. 그 동네 협회장까지 했었는데 망가져서 경매로 나오니, 탐을 내서 낙찰받았나 보더라고요.

독점 약국이 관리규약으로 된 거잖아요?

원장이 약국을 본인 소유로 갖고 있고, 그 건물의 회장이니 관리사무소가 힘이 없잖아요. 회장이 시키는 대로 하고, 관리규약도 회장이 원하는 대로 만들어져서, 관리규약에서 독점권을 인정하지 않는다는 것은 다 무효예요.

분양 당시부터 독점적으로 해주기로 하고 분양을 받았으면, 관리규약이 침해할 수 없어요. 계속 독점이 유효한데, 유효하지 않다고 병원 원장이 우기면서 자기가 차명으로 약국을 개설한 것인데, 그걸 가처분으로 못하게 했어요.

그래서 손해배상을 청구하려고 했는데, 자기도 알아보니 안 된다는 것을 알고, 법무사를 통해 협상이 들어온 거죠. 결국 좋게 끝났죠.

📋 인상적인 경매 물건

지금까지 한 물건 중 가장 인상에 남는 것은 뭐예요?

경매하고 상관없어도 되나요? 상속하고 관련된 건인데요. 아주머니가 옷가게를 하고 있었는데, 운영자금 때문에 현금서비스로 5백~천만 원을 돌리다가, 돌려막지 못해 문을 닫게 되었어요.

남편도 실직한 상태였는데, 실직한 남편이 직장을 알아보러 나갈 때 아주머니가 남편에게 잘 다녀오라고 이야기했대요. 그런데 남편이 자살을 했어요.

보험금이 나와, 따님 학자금 대출을 갚으려고 했는데, 따님은 상속을 포기하고, 부인은 채무를 갚고 남은 재산 범위 내에서 한정상속을 하려고 한다고, 아는 공인중개사가 도와달라고 했어요.

사연이 가슴 아프더라고요. 변호사와 법무사에게 물어봤는데, 다들 남은 재산이 없으면 0을 만들어 신고하고, 채권자에게 배당할 것이 없다고 하면 된대요. 그런데 이분은 임대차 보증금이 있었고, 돌아가신 분이 자동차가 있었고, 통장에 잔고가 조금 있었어요. 굳이 자살하지 않으셔도 되는데 안타깝더라고요.

열여덟 개의 통장이 있는 걸 보니 몇천만 원이 있기는 한 것 같더라고요. 아버지는 혹시라도 딸에게 피해가 갈까 봐 노심초사했었대요.

자동차는 300만 원에 팔고, 은행 예금, 조의금, 가게 보증금 등을 채권자들에게 다 계산해서 주는데 6개월이 걸렸어요. 이걸 도와준 게 제일 기억에 남아요.

그렇군요.

경매 관련해서는, 2007년 인천에서 건물과 땅이 경매로 나온 물건이 있었어요. 그중 땅만 낙찰받았어요. 이게 지금 상황에서는 후회스럽기도 해요. 당시에는 좋은 의도였는데, 맘이 약해져서 내린 결정 때문에 손해를 보고 있어요.

건물의 임차인들도 입찰 들어왔는데 200만 원 차이로 진 거예요. 임차인들이 난리가 났죠. 임차인 보증금이 각각 5,500만 원, 5,500만 원, 6,000만 원, 6,000만 원, 2,000만 원이었어요. 합이 2억 원을 넘어가는 거예요. 내가 건물을 철거하면 보증금을 모두 날리는 거죠.

그래서 임차인들하고 합의를 봤어요. 내가 당신들 보증금 찾을 때까지 기다려주겠다. 대신 빨리 서둘러 달라고 했어요. 그런데 한 2년이면 될 줄 알았는데 아직까지 해결이 안 되었어요. 지금 2013년인데도요.

아직도 다 남아 있고요?

다 이사 가고, 이제 두 명 남았는데, 아직도 마무리가 안 되었어요. 이사가 마무리되면, 제가 건물에 소송을 걸어 경매를 넣고, 건물이 낙찰되면 낙찰자한테 돈을 돌려달라고 그분들이 싸우고, 나는 그 소송을 도와주는 시나리오였어요.

그런데 이상한 놈이 낙찰받아 돈도 안 물어주고, 배째라 하고 있고,

지금까지 마무리가 안 되고 있어요. 재개발이 잘될 줄 알았는데, 재개발도 진행되지 않아서 이상하게 꼬여 있어요.

하나당 1억 원씩 남을 것이라 계산하고 시작했는데, 몇천만 원 정도밖에 안 될 것 같아요. 결과적으로 손해 본 것은 아니지만 이익을 많이 창출하지 못했죠.

호빵님은 본인이 투자하는 것보다 다른 분 것을 많이 도와주시나요?

그렇지는 않아요. 그 질문은 애매한데요? 반반이라고 해야 하나? 제가 진행하는 사건은 시간을 들여서 하는 것이 딱 하나 있는데, 일주일에 한 번씩 가봐요. 그것 말고 나머지는 사무실에 있는 걸 틈틈이 하거든요.

그럴 수밖에 없는 게, 부실채권은 매일매일 하는 게 아니라 한 바퀴씩 기간이 계속 돌아요. 텀이 한 바퀴 돌아서, 지금 저는 2~3년 지켜봐요. 계속 연락해도 소식이 없는 사람들이니까요. 도망간 사람들도 있고요.

제가 볼 때 반반인 거 같고요. 책 보고 공부하거나 다음 투자는 뭐 할까 생각하죠.

볼 때마다 항상 바쁘시던데요. 그런데 본인 물건 투자만으로 그렇게까지 바쁠 것 같지는 않아서요.

다른 사람 사건도 있지만, 제 것과 관련되어 바쁘기도 해요. 지금 조사해야 할 것이 필리핀 관련 일인데요. 누가 중고차 수출하는 것을 할 생각이 없냐고 해서 알아보는데, 기존 지식과는 너무나 다른 것이라서 바쁘네요. 알아볼수록 괜찮다는 생각이 들어 바쁘게 움직이고 있어요.

제가 듣기로는, 잘하면 1년에 1~2억은 번다고 하더라고요.

그런 제의가 들어와서 지금 조사하고 알아보고 있는데요. 그렇게 제안이 들어오면, 자료 조사하고 공부해요. 그러다 실제로 투자하기도 하고요. 실제로 저는 투자하는 사람이죠. 그중에 경매라는 부분이 비중이 커서 그렇지만.

📝 경매의 의미

부동산 경매를 하면서 언제 제일 재미있었어요?

2006~2007년도요. 그때는 낙찰받으면 세를 쉽게 놓고, 내 돈도 안 들었죠. 금융위기 터지기 전까지 무척 좋았어요. 사 놓으면 그냥 올라가더라고요. 그래서 '사면 올라가는구나.' 생각했죠. 금융위기 터지고 나서 이상해졌죠.

경매 과정 중 제일 흥미 있는 부분은요?

저는 낙찰받고 처음으로 사람 만날 때요. 어떤 사람이 날 기다리고 있을까 하고 설레죠.

두근거림?

전 항상 두근거려요. 법원에 가면 아직도 떨리고 두근거려요. 재미있어요. 사람 만나는 것이 좋아서요. 낙찰받고 사람 만나러 갈 때가 제일 신나요. 어떤 깡패를 만날 수도 있잖아요. 두 달 전에는 멱살도 잡혔었는데, 상관없어요.

경매가 인생에 어떤 도움이 되었어요?

망했었는데, 다시 일어설 수 있게 도움이 된 것은 확실하고요. 적성에 맞는 평생 할 수 있는 일을 찾았다는 거?

경매를 시작할 때 35살이었는데, 경매 때문에 세상을 보는 법, 세상을 살아가는 법, 공부를 열심히 해야 한다는 것 등을 알게 되었죠.

그 계기가 경매였죠. 법을 잘 몰랐는데 경매 때문에 알게 되었죠. 처음에는 아무것도 몰랐는데 알고 보니 그게 다 법이었죠.

'세상이 이렇구나'하고 배웠죠. 매일 망하는 사람 보면서 '나는 망하지 말아야지' 결심하고요.

저도 경매하면서 제일 좋았던 점이 법을 알게 되었다는 거예요. 제가 법을 깊게 공부하지 않았지만, 생활 속에서 '법이 이렇게 다 연결이 되었구나!'라고 깨달은 것이 가장 좋았어요. 경매를 계속할 것이지만, 그것과는 상관없이, 법이 공기처럼 내가 벗어날 수 없게 촘촘히 연결되어 있구나 하고 느끼죠.

제가 주식을 계속하고 있는데, 경매하면서 등한시했어요. 그랬더니 마이너스가 되어 복구되지 않아요. 그것은 좀 안 좋아요.

어떤 사람으로 기억되고 싶어요?

나를 아는 사람들이 행복했으면 좋겠어요. 그 사람들의 문제를 해결해 줄 능력있는 사람이 되고 싶어요. 그렇게 기억되었으면 좋겠어요. 부동산과 관련되어 어려운 사람이 정말 많아요.

기획부동산한테 사기를 당한 게 대표적인 케이스인데, 그 사람들이 다들 힘들거든요. 그렇게 사기를 당한 사람은 1차 피해도 있지만, 거기서 출발해서 2, 3차 피해가 계속 있거든요.

대출받아 사면, 사기당한 것으로 끝난 것이 아니에요. 대출 이자를 계속 갚아야 하고, 그걸 못 갚으면 다른 자산에도 압류가 들어오고, 이런 문제들이 계속 생겨요.

내가 NPL을 하면서 돈을 회수하려고 채권 행사를 하지만, 반대로 그런 사람들에게 도움을 주고 있어요. 그런 사람들이 나로 인해서 고민을 덜 하고 행복해졌으면 좋겠다는 생각을 해요. 능력 있는 사람으로 기억되었으면 좋겠어요.

그렇군요.

강의해 볼 생각이 없냐는 제안도 있는데, 아직도 자신이 없어요. 하루 이틀 떠드는 것은 괜찮은데...

그게 왜 그러냐면, 내가 전혀 경험이 없는 사람들에게 강의를 하면, 그냥 기본적인 강의를 할 수 있어요. 그런데 조금만 진도를 나가면, 내가 이게 안 맞는다는 것을 알면서도 강의를 계속해야 하잖아요.

나는 그냥 있는 그대로 이야기하고 싶은데, 수강생들 수준에 맞춰서 이야기해야 하잖아요. 초등학생에게 대학교 내용을 설명할 수 없는 것처럼요. 나 말고 누군가 하겠지 하는 생각도 들고요.

실제로 그런 문제로 더 큰 사고가 터지고, 그렇게 문제가 터진 사람들을 만나 그 문제를 함께 해결하는 사람이 되려고 노력해요. 그러려면 더 공부도 하고 노력을 해야 하죠. 남들이 안 된다고 하면, 가져오라고 해서 해결해 줄 수 있을 정도의 실력을 갖추기 위해서요.

인터뷰를 마치며

워낙 다양한 투자를 하고 계신 분이라, 부동산 경매에 대한 이야기를 듣는 것만으로도 큰 도움이 되었다. 부동산 경매를 할 때 최소 5년은 보유할 생각으로 매수한다는 이야기는, 주식투자에서 가치투자의 관점으로 적정 가치보다 떨어진 종목을 저가에 사서, 제 가치를 인정받을 때 매도하고 나온다는 개념이 떠올랐다.

부동산 경매를 하기 위해 어떤 공부를 해야 하고, 어떤 준비를 해야 하는지에 대한 이야기는 특히 더욱 가슴에 남았다. 단순한 부동산 경매 투자로는 수익을 내기 힘들 때, 새롭게 각광받고 있는 NPL과 관련된 이야기를 들을 수 있었다.

NPL에서 중요한 것이 무엇인지에 대한 이야기는 NPL을 공부할 때 무엇에 집중해야 하는지 알게 해줬다. 그 안에서도 틈새가 있다는 사실은 처음 알게 되었지만, 아무나 진입할 수 없는 부분이 아니라 입맛만 다셨다.

오랜 시간 부동산 경매 투자로 새롭게 인생을 살게 된 것뿐만 아니라, 자신에게 너무도 잘 맞는 부동산 경매라는 분야를 선택해서 행복하다는 호빵님.

먹고 살기 위한 투자가 아니라, 부동산 경매 투자가 재미있어 오늘도 여러 사람들을 도와주고 있는 호빵님의 투자에 지속적인 응원을 보내고 싶다.

호빵님의 작업실

호빵님의 법률 책

부동산 경매를 잘한다는 것에는 여러 의미가 포함되지만, 결국에는 얼마나 이익을 보고 있느냐로 귀결된다. 수많은 방법이 존재하지만, 이익을 낼 수 없다면 그 방법은 아무런 의미가 없다.

손에 땀을 쥐면서 읽은 엄청난 무용담의 명도가 중요한 것이 아니라, 실제 매매나 임대를 통해 이익을 얻었느냐가 중요하다. 하잘것없는 투자 방법으로 보여도 꾸준히 수익을 내고 있다면, 그것이 바로 부동산 경매 투자를 하려는 사람들이 꼭 따라하고 명심해야 할 방법이다.

책에서 소개된 투자자들도 각자 자신만의 방법으로 꾸준히 수익을 내고 있다. 서로 투자하는 방법은 조금씩 다르고, 각자 활동하는 지역도 차이는 있지만, 이들에게 배워야 할 공통점은 존재한다. 이들이 하는 이야기에서 중요한 내용을 하나씩 기억하고, 최종적인 정리를 통해 다시 한번 되새김질을 하면 도움이 될 것이다.

책을 읽으며 놓친 부분이 있으면 다시 한번 찾아 읽고, 이해한 부분이 있다면 머리에 각인시켜 놓기를 바란다. 이들에게도 처음이 있었고 힘들었던 때가 있었다.

마법사들의 공통점

1. 적은 돈으로 시작했다.
2. 손해를 볼 때도 있었지만 포기하지 않았다.
3. 자신만의 수익을 내는 방법을 찾았다.
4. 투자 공부를 게을리하지 않았다.
5. 자신의 적성을 최대한 살렸다.
6. 스스로 판단한 결정만 믿고 투자를 한다.
7. 운이 좋았다는 겸손함을 갖췄다.
8. 부동산 경매로 세상을 배웠다.
9. 자신의 현 상황을 결코 탓하지 않는다.
10. 부동산 경매가 재미있다.

1. 적은 돈으로 시작했다

부동산 경매에 관심 있는 사람들이 물어보는 질문 중 가장 압도적으로 많은 질문이 바로 "얼마가 있어야 가능한가"이다. 각자 처한 상황에 따라 다르겠지만, 책에 소개된 사람들 중에 억 단위의 돈을 가지고 시작한 사람은 없었다. 대부분 시작 금액은 1,000만 원이었다.

부동산 경매는 부동산의 특성상 여타의 투자보다는 큰돈이 있어야 하는 것이 사실이지만, 보통 사람들의 생각만큼 큰 금액이 필요한 것은 결코 아니다.

이들이 시작한 때와 비교할 때 현재는 인플레이션으로 돈의 가치가 달라졌다고 해도, 다들 1,000만 원만 있으면 부동산 경매를 할 수 있다고 이야기했고, 1,000만 원을 만들면 부동산 경매를 도와준다고 했던 호빵님 같은 분들도 있고, 책에 소개된 분들이 자신의 강의에서

1,000만 원 정도면 충분히 부동산 경매를 할 수 있다고 이야기하는 것으로 알고 있다. 심지어 자유롭게님의 내용 중에는 단 한 푼도 없이 어떻게 하든 부동산 경매에 참여할 보증금을 마련해서 투자를 한 대목도 있었다.

중요한 것은 얼마의 돈을 갖고 있느냐의 여부가 아니라, 부동산 경매를 할 수 있는 실행력이다. 돈은 얼마든지 마련할 수 있다. 자신이 확실하다고 믿는다면.

부동산 경매는 큰돈으로 해야 한다는 생각은 아주 큰 오해다. 부동산 경매는 레버레지 효과를 통해 적은 자본으로도 타인의 자본을 활용할 수 있어서, 생각보다 큰돈이 필요하지 않다.

2. 손해를 볼 때도 있었지만 포기하지 않았다

몇 년이 지나도 여전히 부동산 경매를 하는 사람들의 특징은 바로 포기하지 않고(경매판을 떠나지 않고), 투자하고 있다는 것이다.

투자할 때마다 성공을 거둬 이익을 보면 좋겠지만, 투자가 그리 쉬운 것만은 아니다. 자신의 생각과 달리 비용이 과다하게 발생할 수도 있고, 원하는 가격으로 매매나 임대가 되지 않을 수도 있다.

이럴 때 사람들의 반응은 다들 똑같다. '투자는 나랑 맞지 않는다'는 생각을 하기 쉽다. 부동산 경매로 남들은 돈을 번다고 하는데, 내가 직접 해보니 마음대로 되지도 않고 이익도 나지 않으니 포기하는 것이다.

처음부터 잘 달릴 수 있는 인간은 존재하지 않는다. 자전거를 탈 때도 몇 번씩 넘어진 후에야 넘어지지 않고 탈 수 있는 것처럼, 부동산 경매에서도 뜻하지 않은 손해를 보고 넘어질 수도 있다. 손해를 최소화하고, 절대 포기하지 않고 투자를 계속하는 지속성이 중요하다.

나만의 엘도라도를 찾아 떠났지만, 생각과 다른 결과가 나온 러브님은 아직도 경매를 하고 있다. 최악의 경우에는 아예 보증금을 날릴 생각으로 투자하는 호빵님 같은 분도 있다. 보증금이 최소한 한 달 월급이 넘는 금액임에도, 투자를 계속한다. 돈을 잃는 것이 중요한 것이 아니라, 잃는 경험을 통해 실수를 반복하지 않는 것이 핵심이다.

누구나 실수할 수 있고 실패할 수도 있다. 한 번도 시도하지 않은 사람은 한 번도 실패하지 않지만, 성공도 해 본 경험이 없다. 손해가 났다는 것은 다음 번에는 똑같은 실수와 실패를 하지 않는다는 의미다. 이 경험이 훨씬 더 부동산 경매 투자에서 의미 있는 것이다.

3. 자신만의 수익을 내는 방법을 찾았다

부동산 경매를 처음 할 때는 무엇이 좋은지 몰라, 사람들이 말하는 영웅담에 일희일비한다. 누가 유치권으로 돈을 벌었다고 하면 유치권 물건을 보고, 누군가 선순위 대항력을 깨서 돈을 벌었다고 하면 이번에는 또 그런 물건을 열심히 찾는다.

한 번도 제대로 된 경험(현장조사, 입찰, 낙찰을 거쳐 점유자의 명도를 끝내고 매매 내지 임대까지)을 해본 적도 없고 여기저기 계속 쫓아다니느라 바쁘기만 하다.

그럴 필요가 전혀 없다. 각자 자신이 가장 잘할 수 있는 방법이 있으니 그걸 찾으면 된다. 돈을 더 많이 벌 수 있는 방법이 아니라, 자신에게 가장 부합하는 투자 방법이 있다. 이를 찾는 것이 먼저다.

지방 물건에서 시세와 전세가의 차이를 발견하고, 최소 차이를 보이는 곳에 투자하여, 이제는 전세가격이 낙찰가격을 역전해서 자신의 원금을 다 회수한 제이원님.

모든 경매 투자자가 한결같이 이야기하는, 자신의 안마당부터 현장 조사하고 알아보라는 말을 실천하여, 자신이 사는 인천지역의 빌라만 전문적으로 했고, 이제 인천 지역의 물건과 시세와 발전 방향을 알고 여유롭게 투자하는 자유롭게님.

아이가 어린이집과 학교에 간 사이에 어렵게 지방을 돌아다니면서 투자를 했지만, 이제는 수도권에 있는 빌라를 리모델링해서 매매나 임대로 투자 방법을 변경한 앨리스님.

모든 부동산은 연결되어 있다며, 지금도 공부를 게을리하지 않고, 각종 강의도 듣고 경매뿐만 아니라 부동산 전반적인 분야를 하나하나씩 경험하며 자신의 포트폴리오를 짜고 있는 러브님.

복잡해 보이지만 파고 들어가면 해결하지 못할 것이 없다는 생각으로, 탐정처럼 관련 물건과 판례를 하나씩 하나씩 조사하며 파헤치면서 재미를 느끼는 호빵님.

결국 자신만의 부동산 경매 투자 방법을 찾아 실천하는 것이 먼저라는 것을 절감한다.

4. 투자 공부를 게을리하지 않았다

단 한 사람도 빼놓지 않고, 부동산 경매 책뿐만 아니라 강의를 듣고 부동산 경매를 시작했다. 인터뷰에서는 직접적인 언급을 하지 않은 사람도 있지만, 다들 부동산 경매를 본격적으로 접한 계기는 부동산 경매 강의를 통해서였고, 부동산 경매 책을 읽어 지식을 확장했다.

의외로 부동산 경매 강의를 듣지 않고 부동산 경매를 시작하려는 사람들이 많다. 이야기인즉 돈이 없어 책으로 공부하고, 부동산 경매를 한다는 것이다. 부동산 경매 강의료가 싸지 않은 것은 맞지만, 부동산 경매 투자가 잘못되어 잃게 되는 금액이 최소 몇백만 원에서 몇천만 원까지 하는데, 강의료 몇십만 원이 아깝다고 하는 것은 잘못된 생각이다.

호빵님은 강의를 통해 나보다 먼저 앞서간 사람의 경험과 지식을 압축해서 들을 수 있다고 말한다. 책을 통한 것도 좋지만 강의가 더 좋다고 한 이유다. 아무것도 몰랐던 아줌마에서 호기심으로 들었던 부동산 경매 강의로 완전히 다른 인생을 살게 된 앨리스님도 있다.

부동산 경매 책도 흔하지 않던 당시에, 거금을 강의료로 내고 열심히 실전 경매를 배우면서 차곡차곡 실력을 쌓은 자유롭게님을 봐도 알 수 있다.

매일같이 퇴근 후에 3~4시간씩 투자 공부를 하고 나서야 잠드는 제이원님, 부지런히 자신의 부족한 부분을 채우기 위해 다양한 강의를 듣고 있는 러브님은 말할 것도 없다.

도대체 투자에서 '공부의 중단'이라는 단어가 존재하기나 할까? 어렵지 않은 물건만 입찰하고 낙찰받고 명도하고 매매하고 임대를 한다고 투자 공부가 무의미할까? 결코 그렇지 않다.

아무리 쉬운 물건이라도 정책이 변하고 제도가 바뀌고, 부동산 투자 지역의 상황도 변한다. 이런 점을 놓치지 않기 위해서는 끊임없는 공부를 해야 한다.

1주택자와 다주택자의 세금 체계가 달라지고, 예고등기, 유치권 등이 수시로 변화를 맞이하는 부동산 경매에서 공부를 게을리한다면, 내 돈을 길가에 버리겠다는 것과 동일한 의미다. 투자는 결코 머무르는 속성이 없다.

5. 자신의 적성을 최대한 살렸다

가장 대표적인 인물이 자유롭게님이다. 살면서 리모델링은 생각해 본 적도 없었는데, 막상 부동산 경매를 시작하니 가장 재미를 느끼는 부분은 리모델링이 되었다. 자신이 직접 도구를 갖고 다니면서 남들은 기피하는 물건을 낙찰받아 새롭게 탄생시키는 그 재미가 가장 기쁘고, 자신이 알지 못했던 적성을 발견했다고 한다.

러브님 같은 경우에도 직접 할 수 없는 것은 외주를 맡기지만, 리모델링의 모든 공정을 직접 참여하고 꼼꼼하게 도면까지 그리면서, 남편과 함께 새롭게 탈바꿈시키는 재미에 빠져 있다.

평소 사업을 하던 관점을 그대로 부동산 경매에 접목하고, 직접 몸으로 부딪치기 전에 부동산 이론을 다양하게 자신만의 가설을 세운 후에, 현장에서 응용하며 이론과 실제의 차이를 제거하는 재미를 느끼는 제이원님 같은 경우도 있다.

부동산 경매를 위한 현장조사를 할 때면, 여행할 때처럼 신나게 돌아다니며 재미를 느낀다는 앨리스님이나, 남이 해결하지 못하는 물건을 도와주며 자연스럽게 공부를 하면서 돈도 버는 호빵님 같은 경우도 있다.

다들 자신이 못하는 부분을 개선하기 위한 노력을 하기보다는, 자신이 평소 즐기고 좋아하는 부분을 부동산 경매에 접목하거나, 뜻하지 않게 부동산 경매의 다양한 프로세스 중에 흥미를 느끼고, 숨어있는 자신의 재능을 발견했다. 부동산 경매가 단순히 투자로써 돈을 버는 것을 넘어 취미생활이 되어, 이중 삼중으로 즐거운 시간이 된 경우들이다.

6. 스스로 판단한 결정만 믿고 투자한다

신기하게도 모든 사람이 이구동성으로 하는 이야기가 있다. 바로 남의 이야기를 듣고 한 투자는 좋지 않은 결과를 보았다는 것이다.

철저하게 자신의 사업 관점을 부동산 경매에 접목한 제이원님에게 손해를 본 케이스를 이야기해달라고 할 때 한 말이 바로, '자신이 내린 결정이 아니라 남의 말을 듣고 내린 결정'이라는 것이다. 그 후로 다시는 자신의 결정이 아닐 때는 절대로 투자하지 않는다고 한다.

지금까지 모든 투자를 자신이 직접 현장을 확인하고 수익률 조건을 감안해서 투자했지만, 유일하게 딱 한 번 남들이 좋다고 해서 투자를 했을 때 좋지 않은 결과를 보였다고 하는 앨리스님의 경우에도 마찬가지다.

약간 다르지만, 꼼꼼한 현장조사를 하지 않고 좋아 보이는 것만 보고서, 낮에 가 보지 않아 전선 줄이 빌라 앞에 있는 것을 놓쳤다는 호빵님의 사례도 비슷한 이야기다.

투자는 누군가 대신해 줄 수 없다. 그런데도 부동산 경매를 하려는 사람들은 지역을 골라 달라고 하거나 물건을 소개해 달라고들 한다. 각자 자신의 지식과 경험과 자본 규모에 따라 좋은 물건과 나쁜 물건은 달라지고, 보이는 경우의 수에 차이가 난다. 고수가 추천한 물건이라도 그것은 어디까지나 그 사람의 입장에서 좋은 물건이지, 내 상황에서는 모를 일이다.

결론은 자신이 직접 현장에 가서 물건 조사를 하고 권리분석을 한후에, 제대로 수익이 날지 파악한 후 들어가는 물건이 가장 확실하고 정확하게 수익 나는 물건이다.

자신의 상황은 자신이 가장 정확하게 아는 법이다. 타인의 의견이나 권고나 추천은 어디까지나 참고사항일 뿐이다. 투자는 내 돈으로 내가 직접 결과를 책임지는 행위다. 내 돈은 나만이 지킬 수 있다.

7. 운이 좋았다는 겸손함을 갖췄다

의도적으로 했던 질문이 있었다. 투자에 있어 운이 얼마만큼 작용하느냐는 것이다. 그 이유는 의외로 투자를 잘하는 사람들은, 대부분의 사람들이 생각하는 것과 달리, 운이 좋았다고 이야기한다.

운 좋게도 투자 시작하는 타이밍이 좋았다고 하는 사람들도 있고, 낙찰받고 보니 운 좋게도 생각하지도 못한 호재가 반영되었다는 경우도 있다.

정말로 운이 좋다고 생각하는 것도 있지만, 자기 스스로 최면을 거는 것도 있다. 자기 자신을 스스로 믿지 않으면 안 된다는 것이다. 최선의 노력을 한 이후에는 일정 부분 운이 작용한다.

운이 좋게도 나쁘게도 작용할 수 있다. 그럴 때 어떤 마음가짐으로 하느냐가 중요한데, 그만큼 긍정적인 마인드로 투자를 한다는 것이다.

이상하게도 자신이 하는 일은 전부 운이 좋았다고 하는 분도 있었고, 내가 하는 것은 억지로라도 운이 좋게 만든다고 하기도 했다. '운칠기삼'이라는 표현은 결코 잘못된 표현이 아니다.

실제로 투자에서 성공하는 사람들이 이구동성으로 외치는데, 스스로 운이 좋다고 믿고 일을 할 때와 그렇지 않을 때와의 차이는 크다고 한다. 마음가짐에서 먼저 이기고 들어가는 것과 지고 들어가는 것의 차이와 같은 것이다.

노력하는 사람에게는 운이 따른다. 아마도 운이라는 놈도 이분들의 기에 눌려서 따라오는 것이 아닐까 한다. 결코 운에 기댄다는 의미가 아니라 최선의 노력을 다한 후에, 결과를 알고 보니 운이 결부되었다는 자기 최면을 거는 것이다. 아무리 노력해도 운이 좋은 사람을 이길 수 없다는 말이 있는 것처럼 말이다.

운은 있어도 좋고 없어도 그만이 아니라, 노력을 한 자에게 반드시 따라오는 기특한 놈인 것이다.

8. 부동산 경매로 세상을 배웠다

세상 물정 모르던 러브님은 남편과 함께 부동산 경매를 만나 살아 있는 사회를 만나게 되었다. 돈을 벌고 사람을 만나 협상하는 것은 자신과는 전혀 상관없는 일이라 여겼지만, 부동산 경매를 만나 적은 돈으로도 얼마든지 노력하여 돈을 벌 수 있고, 명도를 할 수 있다는 자신감을 갖게 되었다.

아이들만 키우면서 육아에 전념했던 앨리스님도 부동산 경매를 배운 후에, 경제적으로 도움이 되었을 뿐만 아니라 자녀와 함께 꿈을 꾸게 되었다. 아이가 자라서 함께 투자할 꿈을 꾸게 되었고, 아이에게 종 잣돈을 만들어야 하는 의미와 열심히 돈을 모아야 하는 당위성을 알 려주게 되었다. 아이가 엄마를 바라보는 것만으로도 또 엄마와 이야 기를 나누는 것으로도 경제교육이 저절로 되고 있다고 한다.

부동산 경매가 진행되지 않으면 주택은 썩어가게 된다. 주택을 거 래할 수도 없고, 살고 있는 임차인들도 이사하지 못하는 상황이 발생 한다. 돈을 빌려준 금융기관은 부실이 생겨 자산 건전성에 문제가 생 긴다.

부동산 경매를 통해 썩은 물건이 새로운 물건으로 탄생해서 사람들 에게 인도되는 것이 바로 슘페터의 '창조적 파괴'의 역할로써 가능한 것이다. 피가 원활히 흘러야 인간이 생존할 수 있는 것처럼, 부동산 경 매가 진행되어야만 한다는 것을 깨닫게 된 것이다.

9. 자신의 현 상황을 결코 탓하지 않는다

첫 물건이 폐문부재라 아무도 만날 수 없다고 주저앉아 한탄만 하 고 있었다면, 자유롭게님의 부동산 경매 투자 여정은 그것으로 끝났 을 것이다.

앨리스님이 강의를 듣고 반년이라는 시간 동안 낙찰도 받지 못했다 고 부동산 경매에 대한 관심을 놓았다면, 지금까지도 부동산 경매를 시작도 하지 않았을 것이다.

러브님과 남편님이 상가 낙찰을 받은 후에 공실의 압박을 견디지 못하고, 다시는 상가 투자에 대한 엄두도 내지 못했다면 어떠했을까?

남의 판단을 믿고 한 투자만 유일하게 손해가 났다고 한 제이원님도 그 투자로 모든 것을 멈췄다면?

부동산 경매를 하지 말아야 할 이유를 열거하자면 수십 가지가 될 것이다. 해야 할 이유보다 하지 말아야 할 이유가 압도적으로 많이 나올 것이다.

처음 부동산 경매를 시작할 때 없는 돈으로 하나씩 배워가는 과정에서 그만두고 싶을 때도 많았을 것이다. 왜 아니겠는가? 투자란 그런 것이다. 아니 인생이란 그런 것이다. 인간의 본능이 그렇다.

자신의 상황을 탓한다고 달라질 것은 없다. 변하는 건 조금도 없다. 이들은 스스로 운이 좋다고 믿었다. 바로 그 차이다. 상황을 탓하지 말고 현실을 받아들여 오히려 긍정적으로 이겨내는 마음이 바로 이들에게 운이 따르는 이유다.

학교도 가지 않은 어린아이가 있어 움직이기도 쉽지 않았다. 이제 막 결혼해서 전세라도 빨리 들어가는 것이 좋았다. 하던 회사뿐만 아니라 빵집까지 접어야 했다. 사업이 안 되어 돌파구가 없어 힘들어 했고, 운영하던 회사가 어려워 좌절한다고 상황이 변할 것은 없었다.

현재 이 글을 읽고 있는 당신의 상황은 어떠한가? 이들보다 좋을 수도 나쁠 수도 있다. 상황에 굴복하면 안 된다. 이들이라고 부동산 경매를 하기에 완벽한 조건이었을까? 정말로 그렇게 생각하는가?

10. 부동산 경매가 재미있다

이 세상은 단순하다면 단순하다. 무엇이든지 열심히 하면 된다. 단순히 열심히 해서는 먹고 사는데 겨우 지장이 없을 정도이지만, 그래도 열심히 하면 된다. 거기에다 즐겁게 하는 사람이 열심히 하는 사람을 이길 수 있다는 원리를 깨우치면 금상첨화다.

사회에서 만나는 최악의 상대는 자기 일을 즐겁게 하면서도 열심히 하는 사람이다. 게다가 머리까지 좋다면. 이런 사람을 이길 수 없다. 다행히도 이런 사람은 우리 주변에 많지 않다. 또한 부동산 경매를 하는 사람 중에 이런 천재는 없다.

열심히 하는 사람은 많다. 이들은 열심히 하다가 어느 날 소리소문 없이 사라지기도 한다. 돈만 벌기 위해 열심히만 하다 보니 수익을 내지 못하고, 몸도 마음도 지칠 무렵에는 결국 포기하고 마는 것이다.

책에서 소개된 사람들은 여기서 가장 큰 차이를 보인다. 인터뷰하는 내내 그들은 부동산 경매에 대해 이야기한다는 것에 대해 즐거워했을 뿐만 아니라, 지금 부동산 경매로 자신의 인생이 새롭게 변화된 것을 고마워했다.

뜻하지 않은 리모델링에 재미를 붙인 자유롭게님, 자신이 세운 가설을 현실에서 적용했을 때 맞아떨어지는 점을 즐거워했던 제이원님, 하나하나씩 다양한 분야의 부동산 경매를 접하며 오히려 신나서 하는 러브님과 남편님, 남들이 꺼리는 현장조사를 여행한다는 즐거움으로 발걸음을 나서는 앨리스님, 부동산 경매 자체가 너무 재미있어 즐겁다는 호빵님.

당신도 부동산 경매시장의 마법사가 될 수 있다!

이들이 모두 빠지지 않고 하는 이야기는 앞으로도 평생 부동산 경매를 한다는 것이다. 부동산 경매는 어렵지 않다. 어려운 물건을 낙찰받아 수익을 내는 것이 중요한 것이 아니라, 부동산 물건 자체가 중요하다고 이야기한다. 좋은 물건을 싸게 살 수 있는 부동산 경매는 이전에도 그랬고 앞으로도 사라지지 않을 것이다.

우리는 될 수 있는 한 싸게 사려고 노력한다. 똑같은 물건을 조금이라도 싸게 사기 위해 인터넷으로 알아보고 여러 매장을 돌아다닌다. 대놓고 물건을 싸게 파는 곳이 바로 부동산 경매이다. 그것도 국가에서 보증한다. 법원을 통해 법으로 진행되어 일반 물건과 달리, 모르는 상태에서 잘못 사는 일은 절대로 없다. 이렇게 좋은 방법은 없다.

부동산 경매라고 유독 더 싸게 살 수 있는 것은 아니다. 시세보다 싸게 사는 것을 급매라고 한다. 부동산 경매는 이보다 조금 더 싸게 도매가격으로 살 수 있다고 생각하면 된다. 그렇기에 많은 사람들이 조금 더 싸게 사려고 하지만, 제대로 준비되지 않은 사람들은 급매를 넘어 시세보다 비싸게 사는 경우도 있다.

부동산 경매는 결코 어려운 것이 아니다. 이 책의 주인공들을 보더라도 처음부터 엄청난 수익으로 무엇이든지 척척 해낸 것이 아니다. 시행착오를 거치고 수익과 손실을 통해 경험을 쌓으면서 차근차근 밟아 오른 것이다.

성공에 이르는 엘리베이터는 불행히도 고장이 났기에, 우리는 한 계단씩 차근차근 올라가야 한다. 처음에는 힘든 계단이지만, 오르다 보면 근력이 생겨 두 계단이나 세 계단씩 올라갈 수도 있다.

여러분도 이들처럼 할 수 있다. 이들은 결코 대단한 사람들이 아니다. 그저 여러분보다 조금 더 먼저 시작했고, 끝까지 노력했고, 포기하지 않았다. 가진 돈도 많지 않았다. 각자 자신의 상황에 따라 종잣돈은 달랐지만, 그들은 즐거운 마음으로 어려움을 슬기롭게 이겨내서 지금의 순간을 갖게 된 것이다.

이 책의 투자자들은 실체가 존재하는 분들이다. 다들 각자 자신의 블로그나 카페가 존재한다. 마음에 드는 분들에게 찾아가서 그들의 이야기를 더 듣는 것도 도움이 될 것이다.

출판사의 요청 덕분에 나도 아주 즐거운 대화를 나눌 수 있었고, 그들의 투자방법을 팬으로서 직접 듣는 소중한 기회를 얻을 수 있어 너무 좋았다.

이 책에서 소개된 투자자들의 다양한 투자 방법과 마인드 중에 하나만이라도 제대로 자신의 것으로 만든다면, 분명히 다음 부동산 경매 마법사의 인터뷰 대상자는 당신이 될 것이다.

인터뷰 후 5년, 마법사들은 어떻게 변했을까?

〈부동산 경매시장의 마법사들〉이 나오고 마법사들은 어떻게 지낼지, 이 책을 읽은 사람들은 궁금할 듯하다. 예전에 책을 읽은 사람들은 각 마법사별로 운영하는 카페나 블로그에 갔기에 잘 알 듯하다. 아마도 자신과 좀 더 맞는다고 생각하는 마법사에게 가지 않았을까.

여러 마법사들은 각자 자신만의 고유한 영역을 구축하며 묵묵히 걸어가고 있다. 자주 만나진 못하지만, 이들을 세상에 소개한 사람으로 언제나 응원하고 박수치며 지켜보고 있다.

러브님은 현재는 '베리북'이라는 출판사를 운영하며, 좋은 책들을 세상에 소개했다. 너무 유명해서 굳이 언급할 필요가 없을 정도인 투자자들의 책을 독자와 만나게 하며, 둘은 세계 여행도 자주 다니며 즐거운 삶을 살고 있다.

자유롭게님은 현재는 외부에 전혀 노출되지 않고 있다. 운영하는 블로그에도 어쩌다 가끔 글을 올리고 있을 뿐이다. 하지만 본인의 닉네임처럼 즐겁고 자유로운 삶을 만끽하고 있다. 남들 눈에 띄지 않을 뿐 사회복지도 하면서 하루하루 충실히 살고 있다.

앨리스님은 언니인 세라님과 함께 부동산 경매 강의를 할 뿐만 아니라, 다양한 투자로 훨씬 더 많은 자산을 증식시켰다. 지금은 착실히 자신만의 투자로 전원주택을 건축하고 행복하게 잘살고 있다.

제이원님은 사업은 물론이고 투자로 좋은 성과를 이뤄냈고, 책도 3권이나 써서 많은 사람들에게 도움을 주고 있다. 펴낸 책들이 다 인기가 좋아 꾸준히 사랑을 받고 있다.

호빵님은 현재 '남산도식후경' 레스토랑을 경영하고 있으며, 투자도 지속적으로 하고 있다. 가끔 하는 강의는 많은 사람들의 폭발적인 반응을 얻고 있고, 음지에서 알게 모르게 여러 사람들에게 도움을 주고 있다.

처음 마법사들을 인터뷰하고 세상에 소개할 때 제일 심혈을 기울인 부분이 있다. 그것은 바로 엄청난 투자 방법이나 큰돈을 벌었다가 아니라, 시간이 지나도 한결같은 사람인가였다.

투자 세계에서는 수많은 사람들이 스타가 된다. 많은 사람들이 그들에게 환호를 보내며 쫓아가지만, 알고 나면 가짜인 경우가 무척 많다. 이런 부분은 시간이 지나야만 진실이 밝혀진다.

그런 면에서 여기 소개된 마법사들은 그때나 지금이나 여전히 부끄럽지 않게 자신의 길을 묵묵히 가고 있다. 세상에 마법사들을 소개한 나로서는 무척이나 기쁘고 뿌듯하다.

책이 나온 후에 다 함께 만나 이야기꽃을 피우기도 했고, 단체 좌담회를 한 적도 있었다. 많은 분들이 관심을 가져주고 함께 했던 유익한 시간이었다.

책이 나온 이후 지금까지 마법사들을 더 격하게 응원하는 내 입장에선, 시간이 지나도 여전히 이분들을 찾는 사람이 많고, 책을 다시 선

보일 수 있어 너무 행복하다. 여러분들도 책 읽는 동안 이 마음을 함께 느끼지 않았을까 한다.

에필로그와 똑같은 말로 끝내고자 한다. 열심히 노력한 당신이 다음 마법사다. 내가 찾아갈 그 순간까지 꼭 자신의 자리에서 포기하지 말고 이겨내서 승리하길 응원한다.

부동산 경매시장의 마법사들

발 행 일 2019년 9월 2일 (개정판 1쇄)

지 은 이 이재범 (핑크팬더)

펴 낸 이 묵향
펴 낸 곳 책수레
출판등록 2019년 5월 30일 제2019-00021호
주　　소 서울시 도봉구 노해로 67길 2 한국빌딩 B2
전　　화 02-3491-9992
팩　　스 02-6280-9991
이 메 일 bookcart5@naver.com
포 스 트 https://post.naver.com/bookcart5
블 로 그 https://blog.naver.com/bookcart5

ISBN　　979-11-967439-0-1 (13320)

※ 이 책은 2014년에 출간한 『부동산 경매시장의 마법사들』의 개정판입니다.

· 이 책은 저작권법에 따라 보호받는 저작물이므로 무단 전재와 무단 복제를 금합니다.
· 잘못된 책은 구입하신 서점에서 교환해 드립니다.
· 책수레 출판사는 뜻있는 분들의 소중한 경험과 지식을 기다립니다.
　나누고 싶은 경험과 지식이 있다면 bookcart5@naver.com 으로 보내주세요.